社会学从这里起步

——南开社会学早期办学资料简编

南开大学社会学系 编

南开大学出版社

天 津

图书在版编目(CIP)数据

社会学从这里起步：南开社会学早期办学资料简编／南开大学社会学系编.—天津：南开大学出版社，2019.8
ISBN 978-7-310-05858-7

Ⅰ.①社… Ⅱ.①南… Ⅲ.①南开大学－校史－史料 Ⅳ.①G649.282.1

中国版本图书馆 CIP 数据核字(2019)第 168123 号

版权所有　侵权必究

南开大学出版社出版发行
出版人：刘运峰
地址：天津市南开区卫津路 94 号　邮政编码：300071
营销部电话：(022)23508339　23500755
营销部传真：(022)23508542　邮购部电话：(022)23502200
*
天津丰富彩艺印刷有限公司印刷
全国各地新华书店经销
*
2019 年 8 月第 1 版　2019 年 8 月第 1 次印刷
230×170 毫米　16 开本　19.75 印张　12 插页　359 千字
定价：75.00 元

如遇图书印装质量问题，请与本社营销部联系调换，电话：(022)23507125

南开社会学早期办学资料简编

社会学
从这里起步

南开大学社会学系

1981年,美国著名社会学家布劳教授、林南教授与苏驼、晏昇东等老师及社会学专业班学员合影

1981年12月13日,南开社会学专业班结业,在主楼前合影

南开大学社会学专业班结业典礼

布劳教授与社会学专业班周雪光等人交流

布劳教授夫人与社会学专业班学员交谈

费孝通教授与 1982 级南开社会学研究生班学员合影

美国天主教大学李哲夫教授与 1982 级南开社会学研究生班学员合影

1982级南开社会学研究生班毕业论文答辩合影
第一排从左三依次为：苏驼、吴泽霖、袁方、李竞能、曹中德、王处辉

1982级南开社会学研究生班毕业论文答辩合影
第一排从左三依次为：刘珺珺、厉以宁、傅正元、苏驼、张向东

美国著名社会学家英格尔斯教授与1982级南开社会学研究生班学员合影

美国著名社会学家布劳教授与1982级南开社会学研究生班学员交流

1983年9月,全国社会心理学教师进修班开学典礼

全国社会心理学教师进修班在主楼前合影

1984年7月,社会心理学理论与教学问题座谈会在南开大学召开

费孝通教授与1984级南开社会学研究生班研究生合影

南斯拉夫贝尔格莱德大学波波维奇教授与 1984 级南开社会学研究生班研究生合影

1986 年 5 月底，美国纽约州立大学奥本尼分校欧立文校长访问南开大学，商谈两校联合举办社会学博士生班事宜

费孝通教授与美国著名社会学家英格尔斯教授交流,杨心恒老师(右二)作陪

日本东京大学富永健一教授与苏驼、王处辉、彭华民等老师合影

苏驼老师与美国著名社会学家英格尔斯教授交流

1984年2月,苏驼老师与来访的美国人类学社会学代表团团长、马萨诸塞大学社会和人口研究所社会学教授 Alices Rossi(罗西)合影

林南教授与南开大学社会学系部分教师合影
第一排左起：边燕杰、林南、苏驼　第二排左起：白红光、郭大水、宗力、彭华民

林南教授与南开大学社会学系教师合影
左起：王来华、郭大水、苏永和、曹静、林南、苏驼、**、杨心恒、宋丁、白红光、宗力

南开大学社会学系1983级本科生毕业合影

南开大学社会学系1984级本科生毕业合影

引 言

　　南开社会学历史悠久。1910年南开中学毕业生陶孟和赴英国学习社会学，与马林诺夫斯基是同学。作为中国社会学的奠基者，陶孟和后来长期兼任私立南开大学校董，1922年任南开暑期学校教师，开设教育社会学课程。1921年，美国学者罗素（Russell）在梁启超的推荐下受聘南开大学，教授社会学，举办社会学班，并组织调查天津社会情况。1923年李济任南开大学人类学教授，主持人类学系工作，开设过人类学、社会学和统计学课程，其学生陶云逵后来成为人类学家。1926—1929年，南开大学设置哲学社会学系，汤用彤和萧公权开设有社会学课程。1934年陈序经受聘南开大学，开设过社会学和乡村社会学。1942年陶云逵任边疆人文研究室主任，率黎国彬、高华年、黎宗瓛等赴云南少数民族聚集区调查。与此同时，南开形成了以"社会视察"课程为中心的组织、制度系统，开展社会调查，让学生认识中国、服务中国，厚植爱国主义传统。

　　不过，南开社会学的真正发展还是借了改革开放的春风。这是一段大家熟知的历史。在改革开放之始，南开大学主动承担重任，配合国家改革开放的战略，在费孝通等老一辈社会学家的大力支持下，积极参与恢复重建社会学，举办社会学专业班，成立社会学系，发展社会学的教学科研。这一时期的社会学建设方针，用费老的话讲，是以马克思主义为指导，结合中国实际，为社会主义现代化建设服务，目标是创建新中国的社会学。本书的书名《社会学从这里起步》是就此而言的。

　　当时整个社会学界都在积极行动，通过培养专家学者，在高校、科研单位组建相关教学、科研机构，把社会学知识发挥到社会生活、社会行动、经济建设、国家治理、社会管理中去，使社会学知识为中国的社会主义现代化所用。南开社会学作为其中的一员，与有荣焉。后来，南开社会学被坊间誉为中国社会学的"黄埔军校"，大抵讲的是改革开放后初创十年的情况。中国社会学的这段历史，从改革开放四十周年的角度去回顾，可以清楚地看到，社会科学的恢复与发展来之不易，当前"建设中国话语"的学术自觉并非学术转型，而是其来有自，筚路蓝缕。

  本书即截取南开大学社会学系创立的第一个十年，回顾办学历程，拣选相关档案资料和办学信件，汇整师生对这一时期的回忆，通过呈现当时办学的艰辛和老一辈学者的奋斗，以及各方面为社会学发展付出的努力，希望能够比较全面而简要地反映出当时中国社会学恢复重建的一个侧面，以让后来者珍视来之不易的成就，省思创业精神，继续推进社会学的繁荣，更好地服务于新时代的社会建设、国家治理。2019年恰逢南开大学建校百年，社会学的设立发展是南开办学史上的重大事件，展现了南开办学敢为天下先、勇当重任的精神。回顾南开社会学的建设历程，也是为了更好地展现百年南开的发展道路，以史为鉴，为南开的未来探寻历史经验。

  办学十年，南开社会学为各行各业培养出众多人才。考虑到篇幅有限，以及前期积累和准备情况，学生回忆这一部分以社会学专业班为主，随着口述史工作的持续开展，我们也力争将其他各年级的情况整编成册。此外，早期办学期间苏驼与费孝通、林南、富永健一等国内外学者的通信，国内外学者的讲座录音、讲义等资料也将陆续整理出版。

  本书的编纂历时数年，得到了苏驼、杨心恒、王处辉等前辈的指导，也得到了社会学专业班不少成员的倾情相助。赵万里教授、刘集林副教授对本书的编纂提出了中肯的建议。郝光耀同学数年来尽力搜集相关档案、办学信件、照片，参与撰写十年发展历程，多有贡献。冯润兵、蔡倡、周逸然等同学参与档案、信件的转录工作，克服了很多困难。于建琳、王余意、陈丹颖等同学牺牲了很多个周五下午的时间，参与口述史工作。郝光耀和蔡倡承担起繁琐的编辑和校对工作，在封面设计和图片呈现等方面都提出了很好的建议。杜平博士为调查杨心恒先生走上社会学之路的细节，专门访谈了河北大学的盛英先生。本书的出版还得到周恩来政府管理学院王慧书记、孙涛院长的大力支持。这里一并表示感谢！

宣朝庆
2019年3月28日

目 录

第一编 十年初创

一、南开社会学的创立 …………………………………………… 3
二、费孝通与南开社会学的学科建设理念 ……………………… 5
三、师资队伍建设 ………………………………………………… 9
四、教材、期刊和资料室建设 …………………………………… 11
五、分支学科的发展 ……………………………………………… 17
六、南开社会学的人才培养 ……………………………………… 25
七、南开社会学的精神特质与历史贡献 ………………………… 41

第二编 文件汇编

关于举办社会学专修班的请示报告 ……………………………… 47
关于拟办社会学专业报告 ………………………………………… 49
南开大学社会学专业班招生办法 ………………………………… 51
关于社会学专修班经费的请示报告 ……………………………… 53
社会学专业班教学计划时间分配表 ……………………………… 54
社会学讲座安排（1981年）……………………………………… 56
南开大学社会学专业学员名单 …………………………………… 58
在天津南开大学首届社会学专修班开学典礼上的讲话 ………… 60
关于《南开大学哲学系社会专业班情况调查》的报告 ………… 66
关于天津市社会学学会筹备工作情况的汇报（草）…………… 71
关于社会学专业班毕业生分配问题的请示报告 ………………… 74
关于西德社会学教授在我系讲学及接待情况的汇报 …………… 75
会员通讯 …………………………………………………………… 79
1981级社会学专业班毕业生工作情况总结 ……………………… 85

关于接待美国坦普尔大学代表团的汇报 …………………………… 88
关于举办社会学专业班与研究生班的情况汇报 ………………… 90
社会心理学教师进修班教学计划 …………………………………… 99
《社会学教学丛书》序 ………………………………………………… 100

第三编　办学通信

苏驼给李研吾等同志的信 ………………………………………… 105
言心哲回复边燕杰的信 …………………………………………… 106
张之毅给苏驼的信 ………………………………………………… 107
陈道给苏驼等同志的信 …………………………………………… 110
费孝通给教育部长蒋南翔的信 …………………………………… 111
林南给苏驼的信 …………………………………………………… 113
张奚之给苏驼的信 ………………………………………………… 114
给乔木同志的信 …………………………………………………… 115
吴泽霖给苏驼的信 ………………………………………………… 116
林南给苏驼的信 …………………………………………………… 118
郑杭生给苏驼的信 ………………………………………………… 119
蔡文辉给苏驼的信 ………………………………………………… 120

第四编　师生共忆

南开大学社会学系建系的前前后后 ………………………… 苏驼　123
费孝通与南开大学社会学的创立 ……………………… 苏驼　刘军强　127
我与南开大学社会学专业
　　——纪念中国社会学重建20周年 ……………………… 杨心恒　132
费孝通与南开社会学 ……………………………………… 杨心恒　138
社会学重建之初的费老与南开 …………………………… 沈关宝　154
我记忆中的南开社会学系初建期 ………………………… 王处辉　159
缘起南开社会学专业班 …………………………………… 白红光　167
从这里出发——在南开园学研社会学的日子 …………… 边燕杰　174
三进三出的南开 …………………………………………… 江山河　182
从"少争论，多调查"到"文化自觉"
　　——新中国社会学发展的引领人 …………………………… 蔡禾　187

中国的社会学在"开放"中前行 ················· 潘允康 190
南开社会学专业班的学习生活
　　——我的南开日记 ························· 范伟达 198
南开社会学班情缘 ······························ 王辉 230
一生只做一件事
　　——我与社会学之缘 ······················· 张友琴 239
怀念我的导师费孝通先生 ························ 王勋 242
费孝通中国社会学重建战略思想以及对消费社会学的启示 ········ 彭华民 248
费老：永远的尊师 ······························ 宋丁 252

附　录

附录1　南开社会学专业班和研究生班学员名单 ············· 257
附录2　南开大学社会学系1983级本科生课程表 ············· 262
附录3　南开大学社会学系教材建设（1983—1989） ············ 264
附录4　南开大学社会学系学术交流（1981—1989） ············ 268
附录5　南开社会学纪略 ·························· 274

第一编
十年初创

一、南开社会学的创立
二、费孝通与南开社会学的学科建设理念
三、师资队伍建设
四、教材、期刊和资料建设
五、各分支学科的发展
六、南开社会学的人才培养
七、南开社会学的精神气质与历史贡献

一、南开社会学的创立

1979年,中国社会学的恢复重建为南开社会学的发展提供了新的契机。十一届三中全会以后,学校恢复了正常的教学秩序,当时教育部发现我国文科学生比例较小,提出文科要发展的问题。①在这种形势下,很多高等院校开始重视文科发展,南开大学哲学系也在谋求新的发展。哲学系新增专业存在多种选择,经过教师们的讨论,最后决定发展逻辑学、美学和社会学专业。发展社会学专业主要基于三方面的考虑:一是中央提倡,要发展社会学;二是哲学系杨心恒、陈玉茹和曹振刚三位老师决心研究社会学;三是哲学系党总支书记苏驼对社会学有较大的研究兴趣。苏驼曾经在天津市政府统计处、天津市统计局做社会调查研究工作,20世纪50年代后期开始从事毛泽东社会调查思想的研究与教学工作,对社会学有比较大的志趣,因此他投入了社会学的学科建设工作。②

南开大学哲学系为发展社会学专业,不仅到处取经,了解中国社会学的发展状况,而且多方收集国外社会学发展状况的资料,借鉴他们的成功经验。从1979年9月开始,杨心恒到北京、上海等地拜访费孝通、雷洁琼、王康、袁辑辉、吴铎、言心哲等老一辈社会学家,就如何开展社会学研究进行学习交流。1980年4月1日,杨心恒起草并向学校提交了《关于建立社会学研究室的请示报告》,提出有必要在哲学系建立社会学研究室。③滕维藻校长对此报告做了批示,他认为基于目前的条件,拟先建社会学教研室为宜,一边教课,一边研究,积累经验,待条件成熟之后,再建立社会学研究室。④1980年暑期,杨心恒参加了中国社会科学院社会学研究所在北京举办的社会学暑期讲习班。讲习班结束后,杨心恒参与了中国社会学恢复重建后第一本《社会学概论》的编写工作,并成为编写组的召集人。⑤

1980年秋季学期,南开大学哲学系开始设置与社会学相关的课程,如给

---

① 季啸风:《在天津南开大学首届社会学专修班开学典礼上的讲话》,1981年2月26日。
② 苏驼:《南开大学社会学系建系的前前后后》,《社会学与现代化》,1992年第2期,第3页。
③ 杨心恒日记,1980年4月1日。
④ 杨心恒:《岁月沧桑》,济南:山东人民出版社,2008年,第237页。
⑤ 杨心恒:《我在中国社会学重建之初》,未刊稿。

1977 级本科生开设社会调查课程，并组织了 20 多名师生就民族资产阶级改造问题在天津进行为期 40 多天的典型调查。①1980 年 9 月，哲学系安排七七级本科生进行为期 6 周的资料整理工作，一些同学负责在各大图书馆收集与社会学相关书籍信息，最后经过整理和汇总，编印出《社会学书目索引》。②在相当长一段时间内，这本小册子都是师生查阅社会学相关书籍的工具书，发挥了重要作用。

南开社会学学科的建立和发展得益于费孝通的大力支持。1980 年，费孝通考虑在高等院校建立社会学系，当时中国的政治环境乍暖还寒，许多学校和学者对社会学心有余悸。费孝通原计划在北京大学建立社会学系，所以 1980 年上半年他以中国社会学研究会会长和中国社会科学院社会学研究所负责人的身份向北大校方提出建立社会学系的建议，但是北大方面未给出积极回应。③曾经在教育部高教一司文科处工作过的徐经泽回忆：

> 那么这个班在哪里办呢？教育部首先想到的是中国人民大学，因为它是搞马克思主义研究的，能分清楚科学与伪科学，对办社会学的分寸把握得也能好一点。可是当通知人民大学的有关同志时，他们说社会学已经取消了，怎么又恢复？于是我们再找北京大学，可是北京大学也没有接受。找南开大学时，当时该校哲学系的党总支书记苏驼同志认为可以办，还有一位杨心恒老师也非常积极，到教育部表示愿意办。④

在遭遇一些挫折之后，费孝通把目光转移到了曾经是西南联大成员的南开大学。在其他高等院校对开办社会学专业持畏难态度的情况下，南开大学则以"敢为人先"的创业精神，在全国重点高校中第一个申报社会学专业、开办社会学专业班，担负起了培养社会学学科建设急需的专业人才的历史使命。

1980 年 8 月 10 日，费孝通在南开大学召开座谈会宣传社会学，为南开大学带来了社会学的春风，加速了南开大学社会学学科的创建工作。1980 年 9 月开始，杨心恒等人在苏驼的领导下，开始筹备社会学专业班和申报社会学专业。1980 年 10 月 7 日，南开大学向教育部上报《关于举办社会学专修班的请示报

---

① 王杉：《哲学系部分师生进行专题调查》，《南开大学》第 55 期，1980 年 12 月 6 日第 1 版。
② 哲学系通讯组：《哲学系部分师生整理资料成果显著》，《南开大学》第 55 期，1980 年 12 月 6 日第 1 版。
③ 张龙：《社会学"南开班"（1981—1982）》，北京大学 2016 年硕士学位论文，第 21 页。
④ 高鉴国、孙淑霞：《中国社会学的恢复与重建——访徐经泽教授》，《山东大学学报（哲学社会科学版）》，2008 年第 4 期，第 3 页。

告》。教育部认为，应先有社会学专业，才能办社会学专修班；10月18日，哲学系向南开大学做《社会学学科发展情况》的汇报，提出建立社会学专业的意见；12月15日，南开大学校务行政会议正式审议通过该意见，决定在哲学系建立社会学专业。①随后，南开大学向教育部上报《关于拟办社会学专业报告》，申明：南开大学拟办社会学专业的目的是给国家培养社会学的教学与科研人才和实际工作者，发挥社会学在我国现代化建设中的作用；社会学专业编入哲学系建制，作为哲学系的一个专业；社会学专业在招收本科生之前，先办社会学专业班。②12月27日，教育部下发文件，批准南开大学建立社会学专业和举办社会学专业班。③

1981年2月23日，南开社会学专业班开班授课，2月26日下午举行社会学专业班开学典礼。3月5日，《人民日报》以《南开大学社会学专业班举行开学典礼》为题进行报道，南开社会学开始进入大众视野。④为了进一步提高社会学专业班学生的知识水平，1981年底南开大学继续开办社会学研究生班。1982年2月19日，南开大学哲学系召开会议，宣布成立社会学教研室，教研室成员主要有苏驼、杨心恒、孙非、宗力、王玲、张乐宁、郭大水、薛荣昌、唐忠新等人，杨心恒为教研室负责人。⑤在社会学系建立之前，社会学专业和社会学专业班、研究生班的教学科研和管理工作由哲学系具体负责。1982年暑期，苏驼向滕维藻校长写信，提出单独设立社会学系的建议。1982年9月，南开大学建立社会学系，苏驼担任首任系主任。

二、费孝通与南开社会学的学科建设理念

在中国社会学恢复重建时期，费孝通根据中国社会学的发展轨迹和社会发展的需要，为中国社会学恢复重建设定了总目标。这个总目标包括三个方面：一是以马列主义、毛泽东思想为指导思想；二是要站在人民的立场上；三是要

---

① 苏驼：《南开大学社会学系建系的前前后后》，《社会学与现代化》，1992年第2期，第4页。
② 南开大学：《关于拟办社会学专业报告》，南报字[1980]36号，1980年12月15日。
③ 杨心恒：《重建中国社会学》，载中国人民政治协商会议天津市委员会文史资料委员会编：《天津文史资料选辑·第109辑》天津：天津人民出版社，2007年，第254页。
④ 《南开大学社会学专业班举行开学典礼》，《人民日报》，1981年3月5日第4版。
⑤ 杨心恒：《岁月沧桑》，济南：山东人民出版社，2008年，第243页。

结合中国具体实践，为社会主义现代化建设服务。同时，他也指出，我们必须遵循理论与实际相结合、教学与科研相结合、研究工作者与实际工作者相结合的原则开展工作。①在总目标的指导下，费孝通将中国社会学学科建设的指导方针归纳为"五脏六腑""先有后好""古为今用、洋为中用"和"社会学的中国化"等方面。

由于社会学在中国中断了27年，社会学师资队伍和研究人员处于青黄不接的状态，因此费孝通将培养新一代的社会学者作为中国社会学学科建设的首要任务。他指出，为了尽快培养新一代的社会学者，必须打破常规，采取边学边教的办法。对于不同年龄组采取有差别的培养方法：培养青年社会学工作者，采取办专业班、研究生班等特殊方式与正常招生相结合；培养40岁到50岁年龄组的社会学工作者，主要采取开办短期培训班的方式。②除此之外，费孝通提倡开展社会调查，在实践中理论联系实际，培养新一代社会学者。③

南开大学社会学系创建之初，在费孝通社会学学科建设思想的指导下，以培养师资为先导，稳步推进教材、期刊杂志和资料室等学科基础建设。在学科发展方向上社会学系综合各种意见，提出在做强社会学理论与方法的基础上，发展经济社会学、社会心理学和科学社会学的构想，并积极招募师资。苏驼回忆：

> 在搞专业班的过程中，我们确定就是社会学专业的恢复，南开要有什么特点，建系时我们都是考虑过的。我考虑的是这样一个架构：一个是社会学理论和方法，基本的，我们要强。我希望能搞出三个分支学科：经济社会学、社会心理学、科学社会学。首先是经济社会学，第二是社会心理学，第三是科学社会学。我认为研究社会现象、经济现象、心理现象、科学技术非常关键，你有这三个基本分支学科，那么你研究任何一个社会现象、社会问题，就它的角度和认识，就更全面一些，可以抓住根本的东西。我的目标就是发展这三个。
>
> 另外一个重点是经济社会学，当时成立社会学的时候和学校打报告，我们将来搞的是经济社会学，为什么这样考虑呢，南开的经济学比较强。我是有一个想法，南开的经济学和化学，从解放前一直到现在，这俩学科在全国都还能站住脚的，经济学能排上全国重点，经济社会学从一开始还

---

① 费孝通：《费孝通论社会学学科建设》，北京：北京大学出版社，2015年，第153页。
② 费孝通：《费孝通论社会学学科建设》，北京：北京大学出版社，2015年，第82页；湖北省社会学学会编：《社会学研究资料》，武汉：华中工学院出版社，1981年，第5页。
③ 费孝通：《费孝通论社会学学科建设》，北京：北京大学出版社，2015年，第45、84-85页。

闹不清名称,社会经济学呢,还是经济社会学呢,这有个过程,最后叫经济社会学。我的角度就是南开是经济社会学,我在学校经济系工作过,我就是要搞这个,将来最需要的,但是后来没搞起来是好大的一个损失。因为现在好多政策决定,缺乏这个衔接点,它恰好跟经济有关,以后我再说这个怎么失败没搞成。

由此可见,系主任苏驼对学科发展战略有着自己的认识,他将国家需要与南开大学的优势学科相结合,谋求社会学的发展。南开大学社会学系希望利用南开经济学的学科优势,发展经济社会学作为学科特色之一。这种方法也是当时多数高校采取的学科特色建设策略,能够有效地支持薄弱学科的发展。

那么,为什么要发展科学社会学和社会心理学呢?侯钧生认为,科学社会学的发展符合"科教兴国"战略,对建立科学评价体系十分重要,社会心理学能够为人才评价做出贡献,从而适应国家和社会发展的需要。强调科学社会学、社会心理学的实用性特征,他回忆道:

> 中国社会思想史和西方社会思想史是苏驼老师安排的,然后社会心理学、科学社会学也是他安排的。他是因为跟费老还有美国教授的接触,认为这些分支应该都挺重要的。科学社会学是为什么呢?因为当时"科学兴国""科教兴国"嘛,涉及科学的评价问题。对科学技术、科学人才的评价,对科学人才的重视等等这些。因为默顿很重要的一个地方就是科学的评价指标呀,他就是研究这个的,这个显得比较重要。然后社会心理学呢,涉及各行各业对人才的需求。什么样的人才能适应什么岗位,这涉及社会心理学。当时好多开发区聘经理的时候,都上咱们南大这儿来,让给他们做"心理测评"。

南开社会学初期的课程设置受到费孝通"五脏六腑"学说和学系师资队伍整体状况的影响。费孝通提出"六腑"——社会学概论、社会学调查方法、社会心理学、乡村社会学(社区概论)、比较社会学(社会人类学)、西方社会学理论——是社会学系的六门基础专业课程。南开大学社会学系将这六门课作为社会学专业的基础性课程。同时,采取"因人设岗"的模式,根据教师自身的学科背景和个人兴趣做出相应的课程安排。王处辉回忆:

> 在确定课程时,以就近原则,在教师原来方向的基础上搞相近的课程,比较省力。社会学概论,开始是杨心恒老师教,后来曹静老师也讲社会学

概论，他俄语好呀，当时我们政治思想体系还跟苏联的一样，他拿一些俄语的社会学概论翻译呀，备课方便；张向东老师是搞马哲的，就搞马克思主义社会学；唐忠新是农村来的，就搞农村社会学，教这个课程；张乐宁对社会学理论感兴趣，就搞西方社会学理论；宗力是搞社会学方法；孙非对心理学感兴趣，教社会心理学；侯老师搞西方哲学的，就教西方社会思想史；我是搞历史的，我就研究中国社会思想史啦。苏驼老师最早要我教社会问题，因为郭大水在办公室工作，准备让他讲中国社会思想史，一开始这么定的，那么我来之后，苏老师让我讲社会问题，我思前想后，中国社会还有问题，这怎么讲，我跟历史系的老师商量，他们说最好别讲，这个太敏感，你想80年代整个还是计划经济体系，怎么讲。当时就两个问题，一个是人口问题，一个是就业问题，知青回城，哪还敢有其他问题。最后，我就跟苏老师说我讲不了这个，我还是搞中国社会思想史吧，毕竟我是研究生毕业呀，他们都没有这个积累。苏老师说那你就教中国社会思想史吧。郭大水是城市的工人出身，就搞城市社会学。课程就这么定了。

"因人设岗"开设课程的原则，反映了当时社会学系专业人才短缺的境况。针对这种情况，只能发挥已有教师的知识优势，转向相邻社会学分支学科的研究与教学，采用边学边教的方式，最大限度地加快社会学课程建设，以便满足培养社会学学科建设急需的专业人才的要求。

南开社会学的学科定位是承担起培养中国社会学学科恢复重建的师资队伍和研究人员的重任。为了实现这个学科定位，就要敢于打破常规，采取特殊的人才培养方式与机制。当时比较流行的手段是办短期的补习班或者培训班，但是南开社会学不仅提倡集中力量培养学生，而且强调集中学习的连续性，提高学员水平，培养社会学高级人才。苏驼回忆：

> 学科要发展首先是要培养学科建设的人才，发展定位很清楚，就是为了学科建设培养急需的人才。为什么那么短时间采取那么多措施？社会急需，所以做这些工作就是为这些服务。它这个逻辑都是根据当时社会需要下来的，我们做的工作也是因为社会发展需要，比方说办专业班满足社会需要的人才，后来水平要逐步提高，办研究生班，后来想到还要提高，只是国外提取不行，就搞了高级班，当时学科建设需要做的工作，办学会、出刊物、搞教材，就围绕这个主线。当时那个历史阶段，社会发展和学科发展需要，就是这个路线。

根据当时中国社会学的基本状况，南开社会学提出"引进来"的战略，倡导开放包容、兼收并蓄的思想。南开社会学对世界各国的社会学兼收并蓄，美国社会学、苏联社会学和欧洲社会学都要学习和借鉴，不着眼于某一个国家。因此，南开大学社会学系积极地开展国内外的学术交流，邀请国内外著名的社会学家来南开访学授课，派遣师生到多个国家访学、留学以及开展学术交流活动，以便进行比较分析，从而更好地吸收西方社会学的优秀成果。苏驼回忆：

> 学社会科学，我的主张是开放，要吸取全世界的营养，把各国优秀的东西都吸收过来。我们目标是要学习世界各国的社会科学精华——欧洲是发源地，美国是发展最好的，苏联的翻译作品比较多，学习苏联也不少。我们每次都是请那些拔尖的社会学家，我是觉得还是要兼收并蓄，文化要交流，你可以鉴别，但是鉴别之前，你要了解。你如果不了解，就说不好，这不行。接受西方的东西，不应该全部拿来，也不应该绝对排斥，还是要经过自己的实验，要比较要分析的。我们当时的布局是全世界的，不是着眼于某一个国家，而是世界各国兼收并蓄，所以你看我们送出去学习的学生，去的国家还是比较全面的，请人也是各国都照顾到的。

从整体上看，南开社会学立足于培养社会学学科建设的急需人才，提出了一系列学科建设的构想，推进学科体制化建设。在学科特色上，将时代发展需要与南开的优势资源相结合，进行社会学学科体系的谋篇布局，打造社会学的南开特色；在人才培养上，坚持系统性与连续性的原则，创新形式，短时间内建成大专、本科、硕士和博士等不同层次社会学人才的培养体系；在学风上，倡导开放包容、兼收并蓄，开阔师生的视野；在目标上，主张社会学要解决与日常生活息息相关的社会问题，发挥社会学的实用性功能，为社会主义现代化建设服务。

三、师资队伍建设

为加快师资队伍建设，南开大学社会学系主要采取了两种方法充实师资力量：一是利用社会力量办学，聘请著名社会学家作兼职教授，邀请国际著名的社会学者和有工作经验的同志到南开大学讲学,通过这些途径培养自己的专职教师;二是基于社会学在中国中断27年的现实情况,动员引进相关学科学有所成且有志于社会学研究的教师和毕业研究生,扩大师资队伍,并使之尽快成熟。①

南开大学社会学系成立之前,苏驼就已经开始为发展社会学学科储备师资力量。首先,从1977级哲学系应届毕业生中挑选有志于社会学教学与研究的学生留校任教。1982年2月,哲学系毕业生宗力、张乐宁、郭大水、唐忠新、薛荣昌、王玲留系任教,从事社会学专业的教学和行政管理工作。其次,吸收南开社会学专业班、研究生班的同学留校任教。南开社会学专业班和研究生班培养的学生是未来社会学系师资的骨干力量,为此南开大学也适当提高了本校学生在专业班和研究生班的比例,希望他们在毕业后留校任教,充实社会学系的教师队伍。1984年7月,社会学研究生班毕业生白红光、边燕杰、彭华民、边馥芹留校任教。

在吸收本校青年师资的同时,社会学系也积极引进人才,扩充师资队伍。一方面,聘请费孝通、吴泽霖、张之毅、傅正元等老一辈社会学家为兼职教授,负责研究生班的教学和学生毕业论文指导工作;另一方面,从其他院系和高校招聘专业教师,壮大师资力量。1981年,从中国社会科学院研究生院美学专业毕业的孙非分配到南开大学哲学系,1982年孙非转向社会学方向,从事社会心理学研究。1982年建系前,南开大学从事马克思主义哲学史研究的张向东、从事俄语研究的曹静、南开大学历史系分配来的应届硕士毕业生王处辉和应届本科毕业生杨栋梁,以及辽宁大学分配来的应届硕士毕业生侯钧生,都划分到哲学系社会学专业。1982年建系后,从事经济学研究的何桂林、从事心理学研究的孔令智、从事苏联东欧政治研究的张大本等相继从外系或外校调入社会学系。1985年,哲学系从事自然辩证法研究的刘珺珺调到社会学系任教。同年,南开大学又以引进人才的方式,将从美国取得博士学位回国的吴忠博士以及在中国科学院心理学研究所读完博士课程的乐国安安排到社会学系任教。②到1989年,南开大学社会学系有教授4人,副教授5人,讲师10多人(见表1)。

---

① 国家教委高教司文科处编:《高校社会学在发展》,北京:高等教育出版社,1995年,第61页。
② 国家教委高教司文科处编:《高校社会学在发展》,北京:高等教育出版社,1995年,第61页。

表 1　1989 年之前南开大学社会学系教师统计表

时期	全职任课教师	名誉教授或兼职教授	客座教授
1980—1981 年	苏驼、杨心恒		林南①
1982 年底	苏驼、杨心恒、何桂林、孙非、张向东、曹静、王处辉、侯钧生、杨栋梁、宗力、张乐宁、郭大水、唐忠新、薛荣昌等	费孝通、陈元晖、吴泽霖、张之毅②	林南
1986 年	苏驼、孙非、张向东、曹静、张大本、孔令智、刘珺珺、吴忠、乐国安、王处辉、侯钧生、宗力、张乐宁、郭大水、唐忠新、白红光、彭华民、边馥芹、李文等	费孝通、陈元晖、吴泽霖	林南、富永健一
1989 年	苏驼、孔令智、冯承柏、刘珺珺、曹静、张向东、张大本、孙非、乐国安、王处辉、侯钧生、彭华民、白红光、汪新建、关信平、郭大水、周登科、钟元俊、李文、欧阳马田、方敏、李锦等		林南、富永健一、查露西③

资料来源：苏驼：《南开大学社会学系简介》，《社会学研究》，1986 年第 4 期，第 125 页；南开大学社会学系老教师访谈、南开大学档案馆资料等。

四、教材、期刊和资料室建设

（一）教材建设

教材建设是学科建设的中心环节。鉴于社会学教学无教材可用的局面，南开大学社会学系教师开展了多种形式的社会学教材建设活动，并取得了丰硕成

---

① 惠远：《美籍社会学教授林南被聘为我校客座教授》，《南开大学》第 105 期，1982 年 6 月 22 日第 2 版。
② 1986 年，张之毅教授因为身体原因不再在南开社会学系指导研究生和承担写稿任务。张之毅给南开大学社会学系全体老师和同学的信，1986 年 2 月 6 日。
③ 南开大学校长办公室编：《南开大学"七五"期间事业发展综览（1986—1990）》，天津：南开大学内部出版物，1994 年。

果。南开大学社会学系的教材建设工作主要包括四项：一是发动全系力量与中国社会科学院社会学研究所合作编印《社会学参考书目》；二是组织社会学系教师翻译国外社会学经典著作并撰写社会学教材；三是发起成立《社会学教学丛书》和《社会心理学丛书》编委会，有计划地进行教材建设，为全国社会学教学提供紧缺的教材；四是开展旧书重印工作，整理老一代社会学家经典作品，重新编辑出版。但是，由于种种原因，一些计划在实施过程中搁浅。

为了方便社会学专业师生查阅国内社会学相关书籍，南开大学哲学系社会学图书调查和整理小组曾经编印《社会学书目索引》，但是由于力量有限，书目的收集并不完整。南开大学社会学系以《社会学书目索引》为蓝本，倾全系之力开展《社会学参考书目》的收集、整理和编辑工作，中国社会科学院社会学所资料室的刘沦洲、马有才也做出了很大贡献，最终将全国三十多家大型图书馆收录的自清末到 1982 年底出版的社会学专著进行了集中登记整理。1984 年 11 月，中国社会科学院社会学研究所和南开大学社会学系共同编制的《社会学参考书目》由南开大学出版社出版。①

南开大学社会学系从开始筹备起，便着手组织人员编写和翻译社会学专业的专著、教科书和工具书，先后翻译出版了日本的《经济社会学》，苏联的《社会心理学》《辩证法与心理学》《社会研究的方法论问题》《应用社会学》，美国的《社会心理学》《科学的革命》，英国的《社会心理学教科书》等近 20 部著作。②

1983 年，为了满足社会学教学、科研与普及的需要，南开大学社会学系与重庆出版社商定，编辑出版一套《社会学教学丛书》。费孝通为本丛书作序，介绍了编写本丛书的初衷，并提出本着"先有后好"的精神，希望这些书可以在社会学各个领域起到抛砖引玉的作用。③ "社会学教学丛书"编委会由南开大学社会学系、重庆出版社政治理论编辑室和中国社会科学院情报所、社会学所四个单位的苏驼、孔令智、何鸿钧、佟庆才、傅正元、杨心恒、曹静和张向东等同志组成，苏驼同志为主编，张向东同志为责任编委，协助主编工作。同时，为了保证"丛书"质量，编委会还聘请费孝通、吴泽霖、赵范、陈元晖、袁方、

---

① 中国社会科学院社会研究所、南开大学社会学系编：《社会学参考书目》，天津：南开大学出版社，1984 年。
② 国家教委高校司文科处编：《高校社会学在发展》，北京：高等教育出版社，1995 年，第 60 页；青：《南开大学社会学系 1983 年社会学教材及参考资料的编写和翻译计划》，《社会学与现代化》，1983 年创刊号第 72 页。
③ 费孝通：《社会学教学丛书序言》，1984 年，复印件。

王康、季啸风、吴承毅、何桂林等同志为顾问。"社会学教学丛书"计划 5 年完成，出版图书 19 本。① 可惜该套丛书只出版了潘允康的《家庭社会学》。②

1985 年，为了推动我国社会心理学的快速发展，南开大学社会学系与云南人民出版社商定，编辑出版一套"社会心理学丛书"，丛书包括：专著、译著、教材、工具书、普及读物。"社会心理学丛书"编委会由中国社会心理学会会长陈元晖任总编，北京大学副教授沈德灿、南开大学副教授孔令智、云南人民出版社副总编辑程志芳三人任副总编，编委会负责组稿，拟定近期和长期选题计划，云南人民出版社负责出版。③ "社会心理学丛书"一共出版 8 本译著和专著（见表 2）。

表 2 《社会心理学丛书》出版书籍目录表

书目名称	作者	出版时间
存在心理学探索	（美）A. H. 马斯洛 著 李文湉 译 林方 校	1986
妇女心理学	（美）珍妮特·希伯雷·海登 B. G. 罗森博格 著 范志强 周晓虹 译 孔令智 校	1986
人性能达到的境界	（美）A. H. 马斯洛 著 林方 译	1987
科学心理学	（美）A. H. 马斯洛 编 林方 译	1988
大众社会心理学：人类行为奥秘	钟元俊 著	1988
广告的心理学原理——说服的精髓	杨中芳 著	1988
中国人的心理	（美）M. H. 邦德 主编 张世富 等 译	1990
当代人际交往奥秘——社会心理学新潮流	（美）凯·杜克斯 劳伦斯·S. 赖茨曼 著 邵晟东 译	1991

资料来源：综合在南开大学图书馆和网络上检索"社会学心理丛书"收集到的信息，可能存在遗漏。

南开大学社会学系还承接了旧书重印的工作，计划将老一辈社会学家的经典著作重新编辑，由南开大学出版社出版。中国社会科学院社会学研究所赵范曾经给苏驼邮寄过一份由杨雅彬开具的建议重印的社会学旧著名单。④ 虽然苏驼组织社会学系教师进行了大量的整理工作，但是后来由于种种原因，南开大

---

① 青：《〈社会学教学丛书〉编委会正式成立》，《社会学与现代化》，1983 年创刊号，第 17 页。
② 潘允康：《家庭社会学》，重庆：重庆出版社，1986 年。
③ 社会学系：《〈社会心理学丛书〉编委会成立》，《社会学与现代化》，1985 年第 2 期，第 48 页。
④ 赵范与苏驼的通信，1984 年 11 月 16 日。

学社会学系的旧书重印计划落空。

截至1989年底,南开大学社会学系教师编写和翻译的社会学书籍共57本。

(二) 期刊建设

1983年,为了满足社会学教学、研究和学科建设的需要,向社会学者提供学术交流的平台,南开大学社会学系自筹经费,创办学术期刊《社会学与现代化》。在中国社会学恢复重建初期,专业期刊建设刚刚起步,数量十分有限,最早的社会学期刊有复旦大学分校(今上海大学)主办的《社会》杂志、中国社会科学院社会学研究所主办的《社会学通讯》(后改名为《社会学研究》),因此,《社会学与现代化》杂志是我国创办较早的社会学类期刊之一,在传播社会学知识、建设有中国特色的社会学方面做出了一定贡献。王处辉回忆:

> 当时办杂志是在1983年,杂志叫什么名字,我们还研究了半天,我们起的名字好像就是"南开社会学研究",类似这样的题目,我忘记具体叫什么名字了。我印象有"南开"二字。报到学校去之后,当时的教务长叫刘焱,他做了批示,说同意办这个杂志,但是名字最好叫《社会学与现代化》,既然教务长都说了,那就叫《社会学与现代化》吧。最早一届的负责人是曹静,他是主编,我就是做编辑。当时为了省钱,在河间的一个印刷厂印刷,跑那么远,是因为那里便宜,杂志就这么办起来的。我们做得比较早,影响力还是挺好的,我们不卖钱,就是给各个社会学系所赠送,就是做学科交流。

南开大学社会学系主任苏驼为《社会学与现代化》创刊号写过一篇前言,明确了创办《社会学与现代化》的主要动机和目的:一是为了适应我国全面开创社会主义现代化建设局面的需要,从社会学的角度研究我国社会主义现代化建设的理论问题和实践问题,促进社会主义现代化的发展;二是为了适应社会学学科本身发展的需要,发表有关社会学理论和应用方面的研究成果,以促进社会学学科发展;三是为了社会学教学的需要,利用这个刊物交流教学经验,选登有关的社会学教材,并适当介绍国外的社会学教学资料,推广和普及社会学知识,为我国社会学教学的发展尽一点力量。[①]

[①] 苏驼:《写在前面》,《社会学与现代化》,1983年创刊号。

从 1983 年《社会学与现代化》创刊号（试编）发行到 1994 年停刊，《社会学与现代化》杂志共发行 35 期。1983—1984 年，《社会学与现代化》杂志处于试刊阶段，内部发行；1985 年，《社会学与现代化》杂志改为季刊；1985 年 7 月，南开大学社会学系向南开大学党委提交报告，拟将《社会学与现代化》由内部发行改为全国公开发行，该刊公开发行后，拟更名为《社会学季刊》，由曹静同志担任主编，在社会学系办公室设置编辑部；①7 月 10 日，南开大学党委宣传部向中共天津市委宣传部提交拟将《社会学与现代化》由内部发行改为全国公开发行的报告②，但是未获得批准。鉴于经费限制，《社会学与现代化》杂志从 1992 年开始改为半年刊，直到 1994 年停刊。《社会学与现代化》杂志历届主编与编辑成员的具体情况，如表 3 所示。

表 3 《社会学与现代化》杂志编委会与编辑部成员表

时间	部门	职务	人员
1983—1989	编辑部	主编	曹静
		编辑	王处辉、彭华民等
1989—1991	编委会	主编	杨心恒
		副主编	乐国安
		编委	孔令智、冯承柏、刘珺珺、乐国安、孙非、苏驼、张大本、张向东、杨心恒、曹静
	编辑部	主任	李文
		编辑	王晋民、乐国安、关信平、钟元俊、彭华民
1992—1993	编委会	主编	王处辉
		副主编	侯钧生
	编辑部	编辑	白红光、侯钧生、陈钟林、王处辉、彭华民、方敏、李文

资料来源：《社会学与现代化》杂志。

《社会学与现代化》杂志虽然创办较早，但是因未能获准全国公开发行，每期印刷五六百册，主要是赠送给与南开大学社会学系有联系的研究机构和学者，作为学科交流的一种途径，至今仍为部分学者所怀念。

---

① 南开大学社会学系：《关于将〈社会学与现代化〉改为全国公开发行的请示报告》，1985 年 7 月 10 日。
② 中共南开大学党委宣传部：《关于将〈社会学与现代化〉改为全国公开发行的请示报告》，1985 年 7 月 10 日。

（三）资料室建设

资料室建设是学科建设的重要内容之一。从社会学专业班开始，社会学书籍和教学资料十分匮乏，不能满足正常的教学需要。在这种情况下，社会学专业负责人苏驼采取多种措施，进行社会学专业资料室建设，为教师教学和学生学习创造了良好的条件。社会学系建立初期，办公条件十分简陋，但是系里将最大的一间办公室用来存放图书，支持资料室建设。

社会学系资料室自创办以来，薛荣昌、王茹、韩进水和肖碧华等都担任过资料管理员。哲学系81届毕业生薛荣昌最早负责社会学专业资料的管理工作，后因薛荣昌考取硕士研究生，不再担任资料室管理员；1983年，王茹和韩进水先后调到社会学系资料室，具体负责资料室的管理工作；1985年，肖碧华随吴忠一起调到社会学系，成为社会学系资料室管理员，1988年离开南开大学。之后，王茹也因为工作调动原因，离开社会学系，韩进水在资料室一直工作到2001年退休。

社会学系资料室的图书和期刊主要有两个来源：一是主动购买；二是接受捐赠。为了充实图书资料，社会学系每年都会拿出专款，购置社会学图书和预定专业期刊，有时也请与社会学系有交流的学者选购国外社会学经典著作。一些在社会学系讲学的学者也会捐赠一些专业书籍，如布劳、林南、雅各布斯、波波维奇、富永健一等，他们都在社会学系资料室建设方面给予过帮助。[①] 1982年，林南教授为社会学资料室选购国外社会学经典著作三百余本。[②] 1985年，蔡文辉教授给社会学系寄过一些中英文书籍，并表示以后会陆续寄来社会学相关书籍。[③] 1986年，社会学博士生班开学以后，纽约州立大学奥本尼分校社会学系通过购买、教师捐赠、与出版商洽谈捐赠等多种途径为社会学系提供了一批外文图书资料。[④] 1990年，南开大学社会学系资料室拥有中文藏书1900余种，中文期刊150余种，外文图书1500余种，外文期刊30余种（见表4）。南开大学社会学系资料室丰富的藏书，尤其是大量的外文书籍，为社会学系师生了解世界社会学前沿理论与研究成果提供了便利，对教学和科研工作大有裨益。

---

① 国家教委高教司文科处编：《高校社会学在发展》，北京：高等教育出版社，1995年，第64页。
② 南开大学社会学系：《关于举办社会学专业班与研究生班的情况汇报》，1982年12月18日。
③ 蔡文辉给苏驼的信，1985年10月7日。
④ 林南给苏驼的信，1986年10月6日；林南给苏驼的信，1986年12月19日。

表4 1990年南开大学社会学系资料室图书资料情况表

出版物 出版语言		图书种数	比例	期刊种数	比例
中文	大陆版	1500	44%	150	83.3%
	港台版	400	12%		
外文	英、俄、日	1500	44%	30	16.7%
	合计	3400	100%	180	100%

注：(1) 中文书种类中含相当数量的中译本；(2) 中文期刊中含译刊。

资料来源：方敏：《中外学术交流及其在学科建设发展中的地位与作用——1981—1990的南开社会学系》，《社会学与现代化》，1993年第1期，第44页。

五、分支学科的发展

（一）理论社会学

从南开社会学专业班、研究生班到博士生班，社会学理论课程主要由外国社会学者讲授。社会学专业班，邀请美国纽约州立大学奥本尼分校彼得·布劳（Peter Blau）教授和西德比勒菲尔德大学伯格教授讲授社会学理论课程；1982级社会学研究生班，邀请了美国斯坦福大学亚里克斯·英格尔斯（Alex Inkeles）教授讲授社会现代化理论；1984级社会学研究生班，邀请了南斯拉夫贝尔格莱德大学社会学教授波波维奇（M. Popovici）讲授马克思主义社会学理论；[①]日本东京大学富永健一教授也曾为研究生班学生讲授社会现代化理论；社会学博士生班由纽约州立大学奥本尼分校的福斯特（Foster）和海斯（Advian Heyce）教授讲授社会学理论。1986年以后，社会学系教师开始开设西方社会学理论课程。

除了邀请国外社会学家讲授社会学理论外，社会学系也在培养理论社会学方向的师资力量。杨心恒参与了中国社会学恢复重建后第一本《社会学概论》（试讲本）的编写工作，并作为编写组的召集人，[②]在社会学系主讲社会学概论。社会学系张向东、张乐宁两位老师的研究方向是社会学理论：张向东主攻马克

[①] 南开大学社会学系：《学术交流》，《社会学与现代化》，1985年第1期，第38页。
[②] 杨心恒：《我在中国社会学重建之初》，未刊稿。

思社会学理论，张乐宁主攻西方社会学理论。另外，南开社会学重视社会思想的研究，力图发掘中西方社会学思想的源与流，建构具有本土特色的社会学理论，因此在师资配备和课程设置上下了很大功夫，开展中国社会思想史和西方社会思想史研究。王处辉借助历史学的学术功底，以中国社会思想史为研究方向，为本科生开设中国社会思想史、中国社会思想文选课程；侯钧生依靠西方哲学史的基础，从事西方社会思想史研究，为本科生开设外国社会思想史和外国社会思想史原著选读课程。侯钧生回忆：

> 我和王处辉老师进社会学系，是因为苏驼老师认为社会学和历史关联很大。我是学西方哲学史的，就把我调进来，让我搞西方社会思想史。王处辉老师学的中国史，所以让他搞中国社会思想史，这是两个方向。社会学理论再往前推便是思想史。因为其他学校都没有，所以这也是咱们学校的特色。因为没有教材，所以当时我和王处辉老师的任务就是编教材。我编西方社会思想史，他编中国社会思想史。

1987年，南开大学社会学系设立社会学理论教研室，杨心恒担任教研室主任，统筹规划社会学理论的教学与研究工作。时至今日，在西方社会学理论和中国社会思想史领域，南开社会学仍处在全国前列。

（二）社会学调查方法

社会学作为一门经验学科，注重社会调查，学习和掌握社会调查方法是社会学专业学生的基本功。南开社会学早期的社会学调查方法课程一直依靠聘请外籍教授和校外兼职教授开课。华裔社会学家、美国纽约州立大学奥本尼分校林南教授负责教授社会学调查方法，美国天主教大学李哲夫教授负责社会学专业班的社会统计课程，美国纽约州立大学奥本尼分校约翰·罗根（John Logan）和梅思乐（Steve Mecthel）教授在社会学博士生班分别开设社会方法与统计、社会调查方法课程。费孝通多次到南开大学社会学系开设讲座，讲授如何开展社会调查研究。

为了充实社会学调查方法的师资力量，社会学系将1982级社会学研究生班毕业生边馥芹、白红光留校，专门从事社会调查方法的教学工作，开设社会学研究方法和社会统计学课程。苏驼和白红光回忆：

当然我是更重视调查研究的方法,因为我觉得社会学科学不科学,在于你的方法。所以"社会调查研究方法"是一个重点。我想在南大形成社会调查研究方法,因为这是跟我的专业有关系的。我研究毛泽东调查研究思想,一直对调查研究感兴趣。我这个调查研究的实践,我好像从参加工作就从事调查研究的工作,从未间断。然后我想理论上提升,使其成为独立的学科。(苏驼)

我是 1984 年 9 月正式留校任教。当时苏老师给我安排工作,就说让我负责社会统计方法和计算机应用,苏老师当时还讲授方法课,我是负责研究生,边馥芹负责本科生。(白红光)

1985 年 3 月,南开大学社会学系举办为期半年的社会学调查方法培训班。1986 年 11 月 24 至 29 日,"全国首届社会调查方法学术研讨会"在天津召开,天津、北京、上海、湖北、云南等十一个省市 60 多人参会。[①]会议之后,来自全国高校的有关教师普遍感到,社会调查研究方法急需一本系统反应国内外最新研究成果,同时又适合大学本科教学的教材。基于此,苏驼主持了全国六所重点高校合编教材《社会调查原理与方法》的编写工作,参与编写的人员有南开大学的苏驼、边馥芹、白红光、刘廷亚(政治学系),复旦大学的范伟达,武汉大学的江山河,厦门大学的张友琴,云南大学的严建,武汉水利电力学院的黄本笑。[②]1987 年,南开大学社会学系设置社会调查方法教研室,苏驼担任教研室主任,负责安排社会学调查研究方法的教学和研究工作。苏驼开展了多项社会调查研究项目,他主编的《社会调查基础知识》和《社会调查研究方法》是年轻学子进入社会调查研究的规范指导书。[③]后来,在南开学者的倡导下,中国社会学会设立社会调查研究方法专业委员会,苏驼担任首届理事长,秘书处设在南开大学。

(三)经济社会学

南开大学社会学系在规划分支学科时,提出要充分利用南开经济学的优势,进行跨学科综合研究,发展经济社会学的思路。鉴于此,曾经在南开大学经济

---

① 津社:《社会学调查方法学术研讨会综述》,《社会学研究》,1987 年第 2 期,第 123 页。
② 苏驼:《社会调查原理与方法》,武汉:湖北科学技术出版社,1989 年。
③ 南开大学新闻出版中心编:《永续的学脉——南开大学学科发展历程》,天津:南开大学出版社,2009 年,第 95 页。

研究所工作过的何桂林副教授到社会学系任教，作为经济社会学的学科带头人，负责经济社会学的学科建设工作。

20 世纪 80 年代，南开大学社会学系作为全国最早开始经济社会学教学与研究的单位，是国内经济社会学教学和研究的中心，何桂林是中国社会学恢复重建以来最早开展经济社会学研究的学者之一，1982 年开始招收经济社会学方向研究生。他在社会学系任教期间，指导了一批经济社会学方向的研究生，如 82 级研究生班的彭华民、方明、折晓叶，82 级研究生刘长春，83 级研究生薛荣昌、杨伟民、杨继明等。[1]1983 年，《社会学与现代化》刊登经济社会学专题文章，这是国内开展经济社会学研究较早的文献。[2]何桂林还承担了天津市重点课题项目——"天津市经济社会协调发展研究"。彭华民、杨继明等在研究生期间发表多篇经济社会学方向的学术论文。[3]

为了发展经济社会学，南开大学社会学系邀请日本东京大学教授、经济社会学家富永健一到南开讲学。1984 年 10 月 1 日至 12 月 28 日，富永健一教授访问南开大学，受聘为客座教授，在社会学系开设经济社会学课程。[4]之后，富永健一教授多次到南开大学为社会学系学生开设经济社会学相关课程。[5]1984 年，社会学系教师杨栋梁等人翻译富永健一教授的《经济社会学》，并由南开大学出版社出版。[6]该书作为经济社会学课程的主要参考书，在国内产生了一定影响。1985 年 6 月 11 日至 15 日，经济社会学研讨会在天津召开，这是我国第一次召开经济社会学全国性会议。[7]南开大学社会学系多名师生参加了此次会

---

[1] 南开大学研究生注册卡片，档案号：2-JX121-01-7、2-JX121-01-27、2-JX121-01-29，南开大学档案馆藏。

[2] 主要文章如下：何桂林：《论经济学与社会学的相互渗透》，《社会学与现代化》，1983 年创刊号；张延衡：《经济发展计划和社会发展计划的统一问题》，《社会学与现代化》，1983 年创刊号；司马云杰：《论社会文化与经济改革及发展》，《社会学与现代化》，1983 年创刊号。

[3] 彭华民等：《"四班三转运"的经济与社会效果》，《南开学报（哲学社会科学版）》，1982 年；杨继明：《后发社会的产业化和近代化——富永健一经济社会学理论简介》，《天津社会科学》，1985 年的 3 期；杨继明：《帕森斯与经济社会学》，《社会学与现代化》，1985 年第 4 期；杨继明：《国外经济社会学研究趋势》，《社会学与现代化》，1986 年第 1 期；杨继明：《企业保险向社会保险过渡的重要一步——沙市集体所有制企业职工退休费用统筹的尝试和深远意义》，《社会学研究》，1986 年第 1 期。

[4] 南开大学社会学系：《学术交流》，《社会学与现代化》，1985 年第 1 期，第 38 页；南天大学社会学系：《富永健一应聘为我校客座教授》，《南开大学》第 171 期，1984 年 12 月 26 日第 5 版。

[5] 富永健一在南开大学社会学系讲课录音磁带，1987 年 6 月，南开大学周恩来政府管理学院资料室藏。

[6]（日）富永健一：《经济社会学》，孙日明、杨栋梁译，天津：南开大学出版社，1984 年。

[7] 彭华民：《简讯：经济社会学研讨会在津召开》，《社会学与现代化》，1985 年第 2 期，第 48 页。

议，提高了南开经济社会学的影响力。①

1984 年彭华民毕业后留校任教，从事经济社会学研究。她曾经担任富永健一教授经济社会学课程的助教。1986 年秋季学期，彭华民给 1983 级社会学本科生开设经济社会学选修课，这也是社会学恢复重建以来首次给本科生开设经济社会学课程。②1985 年何桂林从社会学系离职，宋丁、梁向阳、陆开锦、邓子强等研究生也陆续毕业。

（四）社会心理学

孔令智是南开大学社会心理学学科的奠基人和学科带头人。孔令智调到社会学系以后，负责社会心理学学科的筹建工作。1983 年 9 月至 1984 年 7 月，南开大学受教育部委托，举办全国社会心理学教师进修班，共招收来自 35 所院校的 39 名学员，这是中华人民共和国成立以来我国高等院校培养的第一批社会心理学教师队伍。③

1984 年，南开大学社会学系开始招收社会心理学方向的硕士研究生。为了探索快速培养社会心理学研究生的新途径，南开大学社会学系提出国内高校之间、中外高校之间联合举办社会心理学研究生班的建议。1984 年 4 月 4 日，南开大学向教育部研究生司提交《关于南开大学和广州师院联合举办社会心理学研究生班的请示报告》④；1985 年秋，在南开大学代表团访问纽约州立大学奥本尼分校前，社会学系向学校提出要与纽约州立大学奥本尼分校合办社会心理学研究生班的建议⑤。这些建议因为没有获得教育部与南开大学的支持而作罢。但是，苏驼和孔令智并不气馁——他们都曾担任中国社会心理学会副会长，致力于推进社会心理学学科建设工作。

---

① 参加研讨会的有中国社会科学院社会学所折晓叶、方明、梁向阳，天津社会科学院王来华，南开大学社会学系 1982 级研究生刘长春，1983 级研究生杨伟民（人大）、杨继明，1984 级研究生陆开锦（福建省委政研室）、严立贤（中国社科院）、邓子强等。引自彭华民：《美美与共三十年（上）》，2011 年 11 月 17 日，http://blog.renren.com/share/281229879/10013661862，2017 年 3 月 18 日。

② 彭华民：《费孝通中国社会学重建战略思想以及对消费社会学的启示》，苏州吴江发布公众号，2015 年 12 月 7 日。

③ 国家教委高教司文科处编：《高校社会学在发展》，北京：高等教育出版社，1995 年，第 62 页；青：《南开大学社会学系举办社会心理学教师进修班》，《社会学与现代化》1983 年创刊号，第 72 页。

④ 南开大学：《关于南开大学和广州师院联合举办社会心理学研究生班的请示报告》，南报字（84）50 号，1984 年 4 月 4 日，档案号：2-DZ-06-989-73，南开大学档案馆藏。

⑤ 南开大学社会学系：《关于与美国纽约州立大学奥本尼分校共同合办社会心理学研究班的几点意见》，1985 年 10 月 5 日。

1984年1月7日，南开大学社会学系建立社会心理学教研室，孔令智担任教研室主任，这是中华人民共和国成立以来建立的第一个社会心理学教研室。[①]后来，社会心理学教研室升级为社会心理学研究室，至1988年底，拥有8名教师，其中教授1名（孔令智），副教授2名（孙非、乐国安），讲师及硕士留校的研究生5名（2人正在国外攻读博士生）。[②]1986年7月，南开大学社会学系牵头组织的"社会角色和认知"研究协作组正式成立，来自全国十多个单位的20多位社会心理学工作者及研究生在南开大学举行了协作组成立暨规划会议，协作组选出孔令智担任协作组组长，并制定了五年工作计划和近期工作安排。[③]1988年，南开大学社会学系设立社会心理学实验室，这也是全国高校第一个社会心理学实验室。

（五）科学社会学

刘珺珺是南开大学科学社会学学科的奠基人和学科带头人。1985年，刘珺珺从哲学系调到社会学系任教，刚从美国毕业的吴忠博士也加盟南开社会学，大大增强了科学社会学方向的师资力量。1985年12月31日，社会学系设立科学社会学与科学史研究室，刘珺珺担任研究室主任。[④]研究室成立后，刘珺珺和吴忠制订了科学社会学与科学史研究室1986年工作计划，此计划重在向学术界宣传科学社会学，增强科学社会学的学术吸引力与影响力，同时逐步壮大南开科学社会学的教学与科研实力。[⑤]

1986年，社会学系开始招收科学社会学方向的研究生。刘珺珺和吴忠也积极申请科研项目，开展科学社会学的研究工作，将教学与科研相结合。1986年，刘珺珺主持国家教委"七五"课题"科技革命与当代社会"，吴忠获批国家教委"七五"青年课题"科学社会学的理论与实践"。[⑥]1986年11月15日—20日，中国科学院《自然辩证法通讯》杂志社主办的"科学社会学理论研讨会"在广

---

① 南开大学：《关于建立社会心理学教研室的通知》，南发字（1984）5号，1984年1月7日，档案号：2-DZ-06-64，南开大学档案馆藏；南开大学：《关于部分系主任、馆（所、厂）长任命的室（科）级干部的通知》，南发字（1984）42号，档案号：2-DZ-06-72-5，南开大学档案馆藏。

② 杜立：《天津社会科学手册》，天津：天津人民出版社，1989年，第123页。

③ 南社心：《通讯"社会角色和认知"研究协助组成立》，《社会学与现代化》，1986年第2期，第9页。

④ 南开大学校长办公室编：《南开大学一九八五年行政工作大事记》，档案号：2-DZ-06-505，南开大学档案馆藏；楠生：《我校建立科学社会学与科学史研究室》，《南开周报》第207期，1986年1月13日第1版。

⑤ 刘珺珺、吴忠：《科学社会学与科学史研究室86年工作计划（草案）》，1986年1月20日。

⑥ 国家教委高教司文科处编：《高校社会学在发展》，北京：高等教育出版社，1995年，第71页。

州举行，这是第一次举办全国性的科学社会学理论研讨会，参加会议的代表共70余名，其中南开大学社会学系有13名，刘珺珺和吴忠在大会上做了发言，介绍西方科学社会学家的学术思想。①

在此后的人事调整中，吴忠和刘珺珺先后担任南开大学社会学系系主任，科学社会学成为社会学系优先发展的学科方向。在刘珺珺和吴忠等老师的持续努力下，科学社会学一直是南开社会学的优势，南开大学社会学系也成为中国科学社会学人才培养和学术研究的重镇。

（六）马克思主义社会学

南开大学社会学系充分利用教师的语言优势，组织力量发展马克思主义社会学。建系伊始，社会学系集聚师资力量从事苏联社会学的研究工作。曹静、曹中德、张大本、侯钧生等俄语比较好的老师负责介绍苏联社会学发展的基本情况，翻译苏联社会学的经典教材，以及开设苏联社会学课程。

1982年，曹静从外文系中调入社会学系，从事苏联社会学的教学与研究工作。他的工作主要包括以下三方面：一是负责教学，在研究生班和学校开设公共课，讲授马克思主义社会学；二是组织北京、天津等地教师翻译苏联社会学的教材；三是在党校、政府和社会机构讲授马克思主义社会学。

张大本是从哈尔滨外国语专科学校调到南开大学社会学系的，他原本从事俄语研究，到社会学系后转向苏联社会学和苏联青年问题研究，发表论文《南共的民族政策》《铁托与南苏关系》等。②1986年，张大本申请了国家教委课题"苏联社会青年问题研究"。③

侯钧生本科学习俄语，硕士研究生期间研究西方哲学，也从事苏联社会学的相关研究。1986年，利用交流学习的机会，苏驼选定侯钧生到乌克兰基辅大学攻读社会学博士学位，为南开大学社会学系进一步开展苏联社会学研究做准备。1991年侯钧生取得博士学位（副博士）回国，提出苏联没有马克思主义社会学的论断。他认为，苏联的马克思主义社会学就是哲学的辩证唯物主义，苏联社会学就是强调实证取向的应用社会学，因此侯钧生转向了西方社会思想史和西方社会学理论的研究。从此之后，社会学系教师不再从事苏联社会学研究。

---

① 陆建华：《全国"科学社会学理论研讨会"综述》，《社会学与现代化》，1986年第4期，第29-30页。
② 杜立：《天津社会科学手册》，天津：天津人民出版社，1989年，第447-448页。
③ 国家教委高教司文科处编：《高校社会学在发展》，北京：高等教育出版社，1995年，第71页。

1982年，哲学系长期从事马克思主义哲学史研究的张向东调入社会学系，主攻马克思主义社会学理论，给研究生班和本科生开设马克思主义社会学思想、马克思主义社会学理论等课程。从1986年开始，张向东指导社会学理论与方法硕士研究生，围绕马克思主义社会学理论开展跨学科实证研究。①张向东提出以社会经济形态为中心，以社会有机体思想、社会分层、社会行动理论和社会变迁理论为主体的马克思主义社会学科学的理论体系。②侯钧生回忆：

> 当时也是刚建系，就是在当时那种条件下要研究马克思主义社会学，所以也比较强调马克思主义社会学，曹静老师和研究马克思主义哲学史的张向东老师一起，研究马克思主义社会学。

1990年7月6—12日，南开大学社会学系受国家教育委员会委托召开"第一届全国马克思主义社会学理论研讨会"。③同时，在国家教育委员会的支持下，南开大学开办马克思主义社会学思想课程研讨班，共有来自全国15所院校的20名教师参加，冯承柏和张向东负责该班的教学与研讨工作。④南开大学社会学系为全国马克思主义社会学思想课程建设和教师队伍建设做出了重要贡献。

后来，张向东还获批了国家社会科学"八五"重点课题——"马克思主义社会学理论研究"以及国家社科青年基金项目——"新马克思主义社会思想研究"。⑤在留校的毕业生中，李文从事马克思社会理论研究，主持国家社科青年基金课题——"西方马克思社会理论研究"。⑥

到1987年，南开大学社会学系基本完成了学科体系建设，建立了社会学理论教研室、社会学调查方法教研室、社会心理学研究室以及科学社会学与科学技术史研究室，确定了以社会学理论与方法、经济社会学、社会心理学、科学社会学、马克思主义社会学作为南开社会学的特色。

---

① 陆学艺：《中国社会学年鉴（1989—1993）》，北京：中国大百科全书出版社，1994年，第402-403页。
② 张向东：《马克思主义社会学理论辨析》，《社会学研究》，1986年第4期，第107-113页。
③ 张琢：《当代中国社会学》，北京：中国社会科学出版社，1998年，第674页。
④ 国家教委高教司文科处编：《高校社会学在发展》，北京：高等教育出版社，1995年，第62页。
⑤ 国家教委高教司文科处编：《高校社会学在发展》，北京：高等教育出版社，1995年，第71页。
⑥ 国家教委高教司文科处编：《高校社会学在发展》，北京：高等教育出版社，1995年，第71页。

六、南开社会学的人才培养

人才培养是学科建设的重要支柱之一。[①]1979 年,邓小平提出"社会学补课论",在这种背景下,中国社会学界采取了多种快速培养人才的速成模式,可以称之为社会学的"补课"模式。在"补课"模式下,南开大学社会学系采取了常规机制和特殊机制相结合的形式,开创了人才培养方式的多个第一,为中国社会学恢复重建培养了大批急需的专业人才。

（一）探索特殊的育人机制

1."黄埔一期"：南开社会学专业班[②]

1980 年 12 月 27 日,教育部批准南开大学开办社会学专业班,该班由教育部委托南开大学与中国社会科学院社会学研究所联合开办,学制一年。南开社会学专业班的目标是培养社会学学科建设和发展所急需的教学与研究人才,以适应我国社会主义现代化建设的需要。专业班的筹备工作,得到了教育部和中国社会科学院社会学研究所的大力支持和帮助,重点帮助南开大学解决学员招收、教师聘请和教学计划制定等工作。专业班从全国 18 所重点院校招收正式学员 43 人,另外有进修教师 3 人、旁听生 11 人,一共招收了 57 名学员。同时,在费孝通的亲手策划和指导下,集聚全国之力,聘请国内外社会学家来专业班授课。1981 年 2 月 26 日,南开社会学专业班举行开学典礼。

面对有利的学习条件和繁重的学习任务,专业班全体学员学习积极性很高,他们在认真完成规定学习任务外,还利用业余时间组成"马列主义社会学思想研究""社会问题研究""行为科学研究"等五个兴趣小组,积极开展学术活动。为教学需要,学员自发组织起来,编译社会学教学资料,作为教学与阅读的材料。与此同时,一些英语较好的学员利用课余时间,翻译西方社会学经典作品,

---

[①] 李强,《中国高校哲学社会科学发展报告（1978—2008）·社会学》,桂林：广西师范大学出版社,2008 年,第 3 页。

[②] 关于南开社会学专业班详细的介绍,可以参阅 2016 年北京大学张龙的硕士毕业论文《社会学"南开班"（1981—1982）》。

引进西方社会学的前沿理论。①通过这样的方式,学员不仅提高了阅读水平和知识存量,也为以后的教学与研究工作打下了基础。

暑假期间,在哲学系党总支的组织领导下,专业班学员运用社会学调查方法课上学到的知识,围绕青年婚姻状况、城市劳动力就业问题、农民家庭和退休老人晚年生活,以及社会学在中国普及状况等主题进行了广泛的社会调查。②这些社会调查活动,使学员得以将课堂学到的理论知识运用到社会实践当中去,提高了学员灵活运用社会学知识的能力。

专业班的授课老师对学员的质量和学术水平给予了很高的评价,认为专业班学员学习刻苦、成绩较好。布劳教授上课后发现,专业班学生的接受能力不低于他在美国教的研究生;林南教授指出专业班中有十五名同学就社会调查方法这门课来说,和他在美国教的研究生水平相当;陈道同志也认为同学们作业做得很好。③

1981年12月13日,社会学专业班举行结业仪式,费孝通、黄天祥、季啸风、陈道、张再旺等领导同志参加。在专业班毕业时,学员们普遍认为对社会学有了较系统的学习和认识,坚定了从事社会学教学与研究工作的决心。同学们为表达从事社会学教学与研究的决心,写下了"横下一条心,献身社会学"的标语。④费孝通和教育部的领导同志对专业班的学员提出了希望,要他们回到自己的学校后充当"播种机",播下社会学的种子,让它扎根、开花、结果,要求大家不要仅把社会学当作"职业",更要当作"事业"。⑤

专业班一年的学习生活对于学员来说是十分珍贵的,在那个相对封闭的时代,很多学员第一次接触世界也是从南开社会学专业班开始的。专业班的学习之旅也成为很多学员去异国他邦求学的钥匙。⑥

南开大学社会学系原计划在1986年上半年举办第二期社会学专业班,学制半年。第二期社会学专业班将从全国录取来自不同研究机构和大学的50名学员,但是与1981年社会学专业班相比,该期专业班要求更加严格,申请者必须

---

① 帕森斯:《社会分层理论再探讨》,周雪光、阮丹青、王玲等译,1981年10月。
② 严建:《社会学班广泛开展社会调查》,《南开大学》第78期,1981年9月11日第1版。
③ 南开大学社会学系:《关于举办社会学专业班和研究生班的情况汇报》,1982年12月18日。
④ 苏驼:《南开大学社会学系建系的前前后后》,《社会学与现代化》1992年第2期,第4页。
⑤ 张友琴:《一生只做一件事——我与社会学之缘》,群学南开微信公众号,2015年6月4日。
⑥ 张友琴:《一生只做一件事——我与社会学之缘》,群学南开微信公众号,2015年6月4日。

是擅长高等数学的社会学专业的学生。①后来由于种种原因，专业班没有被批准招生。

2. 不拘一格：南开社会学研究生班

在费孝通的帮助和教育部的支持下，南开大学首先打破高校未办过研究生班的惯例，在中国社会科学院社会学研究所的帮助下，办起了社会学研究生班，这种方法越过大学本科，集中力量集体培养社会学研究生，开辟了一条快出人才的路。②

（1）1982级社会学研究生班

在专业班开办不久，费孝通等领导同志就考虑到社会学专业班学生毕业后继续提高和深造的问题。经过中国社会科学院社会学所领导集体研究，决定在专业班基础上开办研究生班。1981年6月7日，费孝通给教育部部长蒋南翔写信，沟通南开社会学专业班学员下一步的发展情况，并提出开办社会学研究生班的建议。费孝通说："因考虑到社会学实际上是一门重新建立的学科，不仅力量薄弱，而且缺乏经验。为了集中力量培养师资，不得不越过大学本科，先抽调其他学科的大学生及毕业生开办专业班及研究生班。在研究生的培养方法上，也不能严格采取个别导师制，还得吸收今年专业班的经验，由集体上课、专题讨论、逐步发展到导师的个别指导，不妨称它做研究生班制。同时，由于缺乏本科的基础训练，须在研究生期间补课，研究生期限可能需要较其他学科为长。这些适应特殊情况，即在建设中的新学科，所采取实验性的具体办法，拟请教育部考虑作为专案处理。"③费孝通最早提出研究生班制的研究生培养模式，后来成为我国培养学科建设急需人才的一种特殊方式。

决定开办社会学研究生班以后，苏驼委托杨心恒负责与教育部的沟通与申报工作。杨心恒为申请社会学研究生班付出了很大努力，在京津之间来回奔走，商谈社会学研究生班事宜。1981年10月12日，南开大学将继续办研究生班的方案上报教育部。教育部研究生司认为，硕士研究生只有导师制的培养方式，因为没有办研究生班的经验，他们不能确定研究生班的培养方式能否保证教学质量。最后经过协商，双方达成一致意见：南开大学要开办社会学研究生班，必须解决任课教师的落实问题。因此，1981年12月9日，南开大学又向教育

---

① Rossi, Alice S. ed. *Sociology and Anthropology in the People's Republic of China-Report of a Delegation Visit February-March 1984* [M]. Washington D. C.: National Academy Press, 1985: 28.
② 周贵华：《中国社会学的现状及其原因分析》，南开大学1988年硕士学位论文，第11页。
③ 费孝通给教育部长蒋南翔的信，1981年6月7日。

部补报了社会学研究生班指导教师名单及其来校指导时间。1981年底,教育部批准南开大学在社会学专业班基础上开办社会学研究生班。①

由于研究生班批准时间已经接近考试时间,有些同学来不及准备,或原选送学校怕以后统一分配,不同意学生报考,以至于有些优秀的学生没能参加考试。社会学专业班共有21名学员参加了研究生入学考试。考试科目分为政治、外语、社会学原理、社会统计学、社会心理学五门课程,外语考试用的是全国研究生统考B卷,其余几门课程都是请国内外有关专家审定。经过考试录取了十四名学生。②研究生班的学习期限是两年,开设的课程分为必修课和选修课,共37学分(见表5)。

表5　1982级社会学研究生班课程表

课程类型	课程名称	学分
必修课 (31学分)	马克思主义经典著作	3
	社会学原理	6
	社会调查方法	6
	经济社会学	2
	人口学	2
	社会现代化	2
	西方现代社会学	3
	政治课	2
	外语	3
	计算机应用	2
选修课 (6学分)	世界近现代史	—
	生物学	—
	外国现代哲学	—
	科学方法论	—
	……	—

资料来源:南开大学社会学系:《关于举办社会学专业班与研究生班的情况汇报》,1982年12月18日。

除了正常的教学活动,社会学研究生班也十分注重对学生社会调查能力的培养。1982年3月,南开社会学研究生班开展为期两个半月的社会调查活动,本次社会调查分为三组:苏驼指导的"今日定县"调查(白红光、宋丁、马和

---

① 苏驼:《南开大学社会学系建系的前前后后》,《社会学与现代化》,1992年第2期,第4-5页。
② 南开大学社会学系:《关于举办社会学专业班与研究生班的情况汇报》,1982年12月18日。

建、王勋、林征宇、余艳菊六名研究生和七八级两名本科生)、杨心恒指导的武清县农业生产责任制调查(边燕杰、梁向阳、周贵华)、何桂林指导的天津纺织行业"四班三运转"制度调查(王来华、方明、彭华民、边馥芹、折晓叶)。①

和社会学专业班一样,研究生班也是借助国内外社会学界的力量开办的,邀请费孝通、张之毅、傅正元、吴泽霖、何桂林、李竞能为研究生班的指导教师。经过学生和指导老师之间的沟通,4 名同学在费孝通教授指导下进行我国的小城镇研究,2 名同学由张之毅教授指导进行方法论方面的研究,3 名同学由傅正元教授指导进行社会学理论研究,3 名同学由吴泽霖教授指导进行犯罪、社区和人口研究,2 名同学由何桂林副教授指导进行经济社会学研究。②

从 1983 年 5 月开始,研究生班学生开始准备他们的毕业论文。③虽然研究生班只有 14 名学生,但是他们论文涉及的主题十分广泛,包括独生子女家庭、社区变迁、老年问题、就业问题、社会企业、典型调查作为一种数据方法、变迁理论、有闲阶级、默顿的科学社会学等方面。他们一些人的论文是基于经验性的调查资料,一些人依赖大量的人口数据,还有一些人借助图书馆的文献进行写作。④1984 年 6—7 月,研究生班学生完成毕业论文答辩,1984 年 8 月正式毕业和分配工作。⑤

南开社会学研究生班是没有先例的研究生培养方式,教育部出于稳妥起见,曾经派过调查组来南开大学调研社会学研究生班的学生质量和教学情况。经过调研,调查组的同志十分满意学生的培养效果,专门邀请南开大学社会学系撰写开办社会学专业班和研究生班的经验。研究生班的办学方式逐渐获得了教育部的认可,并在全国部分高等院校推广。

(2) 1984—1990 级社会学研究生班

1983 年,教育部发布《关于一九八四年拟在部分高等学校试办研究生班的暂行办法》,指出当前办研究生班,主要是为了加强某些对经济和社会发展影响较大而且在国内又比较薄弱的学科、专业及高等学校某些公共课、基础课的师资队伍建设,使研究生的培养更加适应我国四化建设的要求。研究生班主要是

---

① 《社会学研究生班动态》,《会员通讯》第 2 期,1982 年 5 月。
② 南开大学社会学系:《关于举办社会学专业班与研究生班的情况汇报》,1982 年 12 月 18 日。
③ 《南开大学研究生毕业论文答辩情况表》,1984 年 6 月 19 日,档案号:2-JX14-01-567,南开大学档案馆藏。
④ R Rossi, Alice S. ed. *Sociology and Anthropology in the People's Republic of China-Report of a Delegation Visit February-March 1984* [M]. Washington D. C.: National Academy Press. 1985: 27-28.
⑤ 小林:《南开大学社会学系首届硕士研究生毕业》,《社会》,1984 年第 5 期,第 20 页。

学习硕士生课程，学制两年，一般结业后即分配工作，在工作中结合实际完成学位论文者，可向原学校或相关学校申请学位，通过论文答辩者，可获硕士学位；少数学习成绩优秀者，尤其是具有一定实践经验者，如办理学校具备指导力量，也可直接进入论文阶段，通过论文答辩者，可获硕士学位。①因此，南开大学从1984年继续招收社会学研究生班学生，直到1990年停止招生。

南开社会学研究生班有两个重要的特征：一是招生人数多，每年招生名额都在30人左右；二是招生不限制专业，不看学历，有教无类，尽可能地吸收有志于社会学研究的人才。1984年，南开大学和北京大学才刚招收两届社会学本科生，创办较早的复旦大学分校社会学系也只有一届本科生完成学业，因此研究生班采取不限制专业的招生模式也是基于生源不足的无奈之举。胡荣回忆1984级社会学研究生班时说："招生不看学历，不看资历，就看考试成绩。我们那一年参加考试的同学原来学的专业五花八门，有哲学、中文、历史、经济、外语，甚至还有学物理和造船的。因为入学考试有许多选考科目，所以没学过社会学也没关系。大家都是冲着费孝通教授的大名来考的，所以考的人特别多。"②因此，南开社会学吸收了一大批具有多重学科背景和实践经历的学生，之后他们活跃在社会学的各个研究领域。周晓虹论及1984年报考南开大学社会心理学方向研究生的经历时说道：

> 虽然这时的我除了对心理学尤其是心理学理论和学说史有着比较好的基础以外，对社会学可以说几乎是一窍不通，但好在那时的南开大学社会学系提倡有教无类、兼容并蓄，我记得社会心理学方向甚至可以选考生理学，而那正好是我的长项，所以我想都没再想，当即决定报考南开。③

王处辉作为南开社会学系研究生招生政策的制定者与参与者，回忆了1984年招生的情形：

> 1984年可以招研究生班，1983年我们就想，没有社会学毕业的本科生，哪里去招研究生？办社会学研究生班，一招就是三四十个人，哪来这么多人呢？怎么办呢？当时我们定了一个原则，广纳天下人才，在确定考试科目时，我们给大家一个多选的机会，除了社会学概论是必考的之外，其他

---

① 教育部：《关于一九八四年在部分高等院校试办研究生班的暂行办法》，1983年，复印件。
② 胡荣：《怀念费孝通》，《政协天地》，2007年第6期，第44页。
③ 周晓虹：《邂逅时代，或如何寻找我们的志业》，"社会学吧"微信公众号，2015年9月3日。

至少有三门可供选择的考试科目，比如考社会学调查研究方法，大家都没学过，就可以考数学、统计学。总而言之，只要是你想来考社会学，准有一门考试科目适合你，有一门课程是你以前专业学过的。读研究生是一件很荣耀的事情，年轻的学子都愿意往上走，我们开放考试科目，很多人愿意来。第一，社会学很热；第二，我们研究生班招得多，考上的机会大；第三，我们的考试科目开放，给大家机会，总有一科适合考生。这样的背景下，招来的这些学生什么专业都有，给人的感觉可能是专业性不强，但是它给社会学留下了更大的空间，社会学的综合性更大地被体现，这些人出来，很多都很有出息。

从1981年到1989年，南开大学社会学系研究生班一共招生178人。1984级至1986级的研究生班更是中国社会学恢复重建的基础性力量之一，支援了全国各大高校和研究机构的社会学学科建设。关信平、张静、景跃进、胡荣、张文宏、冯钢、罗教讲、刘林平、翟学伟等都是研究生班的学生，其中关信平是中国社会学会副会长，胡荣、张文宏、翟学伟是长江学者。[①]南开大学社会学系研究生班培养的社会学研究生数量占当时全国总数的一半，在中国社会学的恢复重建过程中发挥了不可替代的作用。

3. 多元发展：社会学分支学科进修班

（1）社会心理学教师进修班

为了培养一支社会心理学教师队伍，以适应高等院校的教学需要，1983年9月，教育部委托南开大学举办为期一年的全国社会心理学教师进修班。[②]进修班招收来自南京大学、中山大学、山东大学、中国社会科学院社会学研究所等三十五所大学、科研单位的39名学员，其中在高等院校任教者36人，其他3人。在高等院校任教的学员，有讲师职称以上者8人，助教4人，81届毕业生6人、82届毕业生10人，83届毕业生8人。这是中国社会学恢复重建以来，第一次在高等院校大规模培养社会心理学教师，这批学员日后都是我国社会心理学教学与研究的骨干力量。

南开大学社会学系发挥社会心理学师资队伍较强的优势，为社会心理学教师进修班的成功举办付出了很多心血，孔令智和孙非全力投入社会心理学教师

[①] 彭华民：《南开为社会学贡献了两个杰出学术团队》，2015年1月11日 http://weibo.com/1222691972/BF1lgl0hC?mod=weibotime&type=comment，2017年3月8日。

[②] 青：《南开大学社会学系举办社会心理学教师进修班》，《社会学与现代化》，1983年创刊号。

进修班的授课和管理工作。孔令智借助自己在心理学界的人脉和影响力，聘请全国社会心理学界多位权威学者前来讲学。社会心理学教师进修班总共开设十四门课程，共544个学时（见表6）。

表6　南开大学社会心理学教师进修班开设课程表及任课教师情况统计表

姓名	职称	教授内容	讲授学时	工作单位
吴江霖	教授	社会心理学	40	广州师范学院
林传鼎	教授	心理学原理	90	北京师范学院
伍棠棣	副教授	心理学原理		教育部教科所
孔令智	副教授	心理学原理		南开大学社会学系
赵璧如	研究员	苏联心理学史	60	中国社会科学院哲学所
李沂	副研究员	苏联心理学史		中国科学院心理学研究所
孙晔	副研究员	苏联心理学史		中国科学院心理学研究所
张世臣	讲师	苏联心理学史		北京师范学院
汪青	讲师	苏联心理学史		北京大学心理学系
徐联仓	副研究员	管理心理学	56	中国科学院心理学研究所
何钟秀	副研究员	管理心理学		天津市科委
沈德灿	副教授	西方心理学史	48	北京大学心理学系
张厚粲	教授	实验心理学	24	北京师范大学心理学系
达克斯	教授	实验心理学		荷兰
孟庆茂	讲师	统计心理学	52	北京师范大学心理系
郑日昌	讲师	统计心理学		北京师范大学心理学系
杨心恒	讲师	社会学概论	60	南开大学社会学系
张世富	副教授	民族心理学	24	昆明师范学院
段淑贞	副研究员	医学心理学	24	中国科学院心理学研究所
罗大华	讲师	犯罪心理学	24	中国政法大学
朱传一	研究员	社会学	22	中国社会科学院美国研究所
乐国安	助教	认识心理学	10	中国科学院心理学研究所
刘恩久	副教授	心理学专题讲座	10	南京师范大学

资料来源：南开大学：《关于社会心理学教师进修班改为助教进修班的请示报告》，南报字[1984]55号，1984年4月12日，档案号：2-DZ-06-64，南开大学档案馆藏；南开大学：《关于南开大学举办社会心理学助教进修班的报告》，南报字[1984]70号，1984年5月15日，档案号：2-DZ-06-64，南开大学档案馆藏。

1984年，在社会心理学教师进修班即将结业时，一方面考虑到进修班大部分学员是高校的助教或相当于助教的青年教师，要把他们培养成这门学科的合格师资，需要进一步加强其理论学习，另一方面考虑到人才培养的连续性，避免造成人力、物力、时间上的浪费,南开大学两次向教育部提出在社会心理学教师进修班基础上继续办助教班的申请。4月12日,南开大学向教育部干部局提交《关于社会心理学教师进修班改为助教进修班的请示报告》,建议将正在举办的社会心理学教师进修班改为社会心理学助教进修班,延长时间半年,并提供了助教进修班增设课程表。①5月15日,南开大学再次向教育部干部局提交《关于南开大学举办社会心理学助教进修班》的报告,申请在社会心理学教师进修班基础上,今年再举办一期社会心理学助教进修班,并提交了拟开课程、招生对象及招生名额、考试科目及时间等详细规划。②因为种种原因,该申请没有获得教育部的批准。

1984年7月,全国社会心理学教师进修班结业,经过一年的专业训练与学习,40多名学员从南开起航,踏上社会心理学教学与研究的岗位。就在进修班结业之时,中国社会心理学会于1984年7月4—5日在南开大学召开全国社会心理学理论与教学座谈会,教育部杨志坚、郭晋鲁同志出席座谈会,来自中国社会科学院社会学研究所、中国社会科学院青少年研究所、复旦大学、华东师范大学、南京师范大学、上海大学、福建师范大学、内蒙古师范大学、中国人民公安大学等十几个单位的代表以及南开大学社会心理学教师进修班的全体师生参加了座谈会。③此次座谈会意义重大,不仅是对进修班学员一年来学习成果的检验和总结,还为今后如何在高校开展社会心理学的教学与研究工作指明了方向。在全国社会心理学教师进修班的基础上,南开大学组织全国八所院校的社会心理学教师合编出版《社会心理学教程》④,缓解了当时社会心理学学科建设急需教材用书的困境。

(2) 社会学调查方法进修班

1985年3月,为了适应有关部门学习和掌握现代化社会调查研究方法的需要,南开大学社会学系举办社会学调查方法进修班,为期半年,学员来自全国各地的中国社会科学院分院、大专院校、党校和党政调研部门。社会学调查方法进修班旨在普及现代化调查研究方法的知识和技术,探索并建立适合我国国

---

① 南开大学:《关于社会心理学教师进修班改为助教进修班的请示报告》,南报字[1984]55号,1985年4月12日,档案号:2-DZ-10-821-6,南开大学档案馆藏。

② 南开大学:《关于南开大学举办社会心理学助教进修班的报告》,南报字[1984]70号,1984年5月15日,档案号:2-DZ-06-76,南开大学档案馆藏。

③ 《全国社会心理学理论与教学座谈会通讯录》,1984年7月5日;《全国社会心理学理论与教学问题座谈会大会发言录音带》,1984年7月4日,南开大学周恩来政府管理学院资料室藏;《全国社会心理学理论与教学问题座谈会闭幕式录音带》,1984年7月5日,南开大学周恩来政府管理学院资料室藏。

④ 孙非等编:《社会心理学教程》,兰州:兰州大学出版社,1986年。

情的社会调查方法体系,希望通过一个学期的学习,使学员了解当前的社会调查方法体系,掌握进行现代调查的技术,为科学开展社会调查打下理论基础。3月29日,费孝通教授出席开班典礼,并亲自给进修班授课,做了《谈社会调查》的演讲。进修班开设了以下课程:"社会调查方法""马、恩、列、斯及毛泽东调查研究思想和方法研究""社会统计""计算机应用""社会心理学""社会学概论""西方社会学流派""系统论、信息论、控制论"和"社会调查专题讲座"。[①]

4. 联合办学:社会学博士生班

中国社会学恢复重建进程不断加快,对社会学高级人才的需求越来越大。1985年北京大学社会学系开始招收博士生,这是国内唯一具有社会学博士学位授予权的高校,费孝通、雷洁琼、袁方是仅有的三位博士生导师。为了培养社会学高级人才,南开大学在没有社会学博士授予权的情况下,探索与国外高校联合培养博士生的新形式,开办社会学博士生班。

社会学博士生班,即1986年南开大学与美国纽约州立大学奥本尼分校(State University of New York, Albany)合办的博士生班,由南开大学负责在国内招收已经获得社会学、心理学、哲学等学科硕士学位者,或86年应届毕业的研究生,或获得社会学讲师(或相当于讲师)职称的人员,学员前三年在南开大学学习,由美国纽约州立大学奥本尼分校派教授来华授课,通过论文资格考试者,第四年去美国纽约州立大学奥本尼分校撰写博士论文,通过答辩者由该校授予博士学位。

1985年4月,苏驼在与林南的通信中,提出南开大学与纽约大学奥本尼分校合办社会学博士生班的构想。经过半年的准备工作之后,1985年10月19日和1986年2月3日,南开大学两次向国家教育委员会外事局提交《关于南开大学和美国纽约州立大学奥本尼分校合办社会学博士生班的请示》。报告提出:为了结合实际,尽快为我国培养适合社会主义现代化建设需要的社会学专门人才,并节省国家外汇,探索一条与国外力量合作培养我国博士生的新形式,我校拟与美国纽约州立大学奥本尼分校合办社会学博士生班。[②]1986年1月,社会学系拟定《南开大学与美国纽约州立大学奥本尼分校合办社会学高级研究班招生

[①] 白红光:《南开大学社会学系举办社会学调查方法进修班》,《会员通讯》第13期,1985年4月。

[②] 南开大学:《关于南开大学和美国纽约州立大学奥本尼分校合办社会学博士生班的请示》,南请字(1985)79号,1985年10月19日,档案号:2-DZ-06-277-42,南开大学档案馆藏;南开大学:《关于南开大学和美国纽约州立大学奥本尼分校合办社会学博士生班的请示》,南外发(1986)23号,1986年2月3日,档案号:2-DZ-8-571,南开大学档案馆藏。

简章》，并于 4 月 17 日提交给南开大学。校领导母国光、王大燧和研究生处负责人翁心光、魏长日等对招生简章进行了批示。①

资格方面，获得国家教育委员会的支持是开办博士生班的关键。南开大学一直在争取国家教育委员会对博士生班的正式认可，但是国家教育委员会以没有博士学位授予权不能招生、没有先例等原因拒绝批准。②招生方面，由于没能获得国家教育委员会正式认可，因此无法公开在国内招生；由于博士生班学位得不到保障，有些学生倾向于申请国外奖学金直接出国读博，因此博士生班招生没有达到预期效果。③

1986 年 5 月 29 日，纽约州立大学奥本尼分校欧立文校长应南开大学母国光校长的邀请访问南开大学，以设法解决与两校合办社会学博士生班的有关问题。5 月 31 日，南开大学与美国纽约州立大学奥本尼分校达成备忘录，建立校际交流合作关系。④1986 年 5 月底，经过推荐和考试，博士生班共招生 12 人，正式生 10 人，试读生 2 人。后来又有 2 名学员加入，博士生班开学时有 14 名学员，后来有 1 人中途退出。博士生班学员向奥本尼分校递交入学申请表和托福成绩单后，通过该校研究生委员会审核的，可以在奥本尼分校注册入学。关于招生情况，苏驼给林南的信中写道：

> 招生考试已于五月二十一日改毕，初步评判结果，可以正式招收 10 名，试读 2 名。这 12 人情况是社会学专业的研究生 8 名，哲学 1 名，历史 1 名，医学 1 名，理工 1 名。但这 4 名也都进修过社会学，外语水平都及格，但口语稍差，统计有两名稍差，作为试读生。⑤

1986 年 6 月下旬，社会学博士生班正式开学。纽约州立大学奥本尼分校社会学系每年派 3—4 名教授来华给博士生班上课，并给予课外指导。1986—1988 年，美方教授来华给博士生班开设课程 12 门（见表 7）。

---

① 南开大学社会学系：《南开大学与美国纽约州立大学奥本尼分校合办社会学高级研究班招生简章》，1986 年 1 月。
② 苏驼给林南的信，1986 年 3 月 31 日；苏驼给林南的信，1986 年 6 月 1 日。
③ 苏驼给林南的信，1986 年 6 月 1 日。
④ 南开大学校长办公室编：《南开大学"七五"期间事业发展综览（1986—1990）》，天津：南开大学内部出版物，1994 年，第 231 页；《南开大学纽约州立大学奥本尼分校备忘录》，1986 年 5 月 31 日，档案号：2-DZ-8-571，南开大学档案馆藏。
⑤ 苏驼给林南的信，1986 年 6 月 1 日。

表7　南开大学与纽约州立大学奥本尼分校合办博士生班课程表

时间	课程名	教师	备注
1986年夏	社会统计与方法（I）	约翰·罗根（John Logan）教授	考试
1986年夏	社会学理论（I）	福斯特（Foster）教授	论文考试
1986年夏	社会分层	瑞克特（Maurice Richter）教授	考试
1986年11月	劳动社会学	贺查理（Richard Hall）教授	4学分
1987年5月	组织社会学	贺查理（Richard Hall）教授	4学分
1987年夏	社会调查方法（II）	梅思乐（Steve Mecthel）教授	
1987年夏	社会学理论（II）	海斯（Advian C. Heyce）副教授	
1987年冬	社会调查方法（III）	林南教授	
1987年冬	社会心理学	特德斯科（Jame Tederchi）教授	
1987年冬	社会心理学方法	菲尔逊（Richard Felson）副教授	
	越轨社会学	李斯卡	
	法律社会学	钱萍	

资料来源：国家教委高教司文科处编：《高校社会学在发展》，北京：高等教育出版社，1995年，第67页；林南给苏驼的信，1986年6月14日、1986年10月6日、1986年12月19日、1987年1月21日、1987年3月31日；美国纽约州立大学海斯（A. C. Hayes）副教授函南大外办逄诵丰处长，1987年10月3日，档案号：2-DZ-8-571，南开大学档案馆藏。

美方对于社会学博士生班比较满意，来南开讲学的教授回国后，介绍了这个班的情况，在美国社会学界产生了一定的影响。1989年3月，博士生班的必修课程全部结束，南开大学与纽约州立大学奥本尼分校签订关于两校合办社会学博士生班项目的补充协议，就所有博士候选人的资格考试、毕业论文撰写、组织答辩以及授予学位等问题达成一致意见。①

南开大学和奥本尼大学都认为，1986年合作举办的社会学博士生班在中美两国社会学界引起了巨大反响，探索出了一条联合培养博士生的合作模式，专家估计博士生班最终将有一半以上学员通过资格考试，并获得奥本尼大学的博士学位，这将对南开大学社会学系师资和研究人员队伍建设产生重要影响，并对不久的将来南开大学获得博士学位授予权起到了决定性作用。社会学在中国重建刚刚十年，在未来相当长的一个时期仍需要高水平的专家，考虑到两校合作已有多年，并且在合作培养博士生方面已有不少经验和教训，因此，双方讨论了在1986年社会学博士生班基础上，继续合作的必要性和可能性，签订了《关

---

① 《中国南开大学与美国纽约州立奥本尼大学关于两校合办社会学博士班项目的补充协议》，1989年3月10日，档案号：2-VS-09-271，南开大学档案馆藏。

于南开大学和奥本尼大学联合举办第二届社会学博士班意向书》。该协议指出，南开大学与奥本尼大学将在1990年秋季合作举办第二届社会学博士生班，该博士生班将得到中国国家教育委员会及美国纽约州政府的同意和支持，在全国范围内公开考试选拔学员，学员一旦录取即在南开大学和奥本尼大学获得博士生学籍，博士学位由南开大学和奥本尼大学联合授予，相互承认。①

鉴于中国高等院校只有北京大学有社会学博士点，多数社会学博士生培养需要出国留学的现状，南开大学立足本土，探索出了中外合作办学、开办社会学博士生班的方法，借助国外高校力量在国内培养博士生。这种探索不仅为国家节约了宝贵的外汇，而且克服了"中心外倾"的弊端，培养的博士生既有本土情怀，又学到了西方社会学博士课程，是社会学中国化的一种途径。

（二）常规培养机制的建立

1. 本科生的培养

南开大学社会学系从1983年开始正式招收社会学本科生，学制4年。②这是全国重点高校社会学专业首次招收本科生（同年，北京大学社会学系也开始招收社会学本科生）。

社会学系十分重视本科生的招生工作。系主任苏驼认为，第一届学生在树立风气方面，具有十分重要的带头作用。因此，他动员全系教师到全国各地的重点中学进行招生宣传，物色优秀学生报考南开大学社会学专业。1983年南开大学社会学系招收来自全国13个省市的优秀高中毕业生30人。在文科专业中，社会学专业的录取平均分仅次于世界经济和经济管理专业，居第三名。③虽然南开社会学起步较早，但是在课程设置和教学方面仍然力有不逮。1982年建系时，社会学系教师都不是社会学科班出身，一些老师对社会学知之甚少，这也加大了开课的难度。社会学系为1983级本科生开设22门社会学专业课，其中社会学专业必修课11门，但是没有开设社会学理论课程，直到1987年下半年，才第一次在本科生中开设西方社会学理论课程。④

从1983年开始，南开大学社会学系每年招收本科生30人左右。到1989年，

---

① 《关于南开大学和奥本尼大学联合举办第二届社会学博士班意向书（草案）》，1988年9月，档案号：2-VS-09-271，南开大学档案馆藏。
② 《南开大学简介·社会学系》，《南开大学》第146期，1984年1月6日第3版。
③ 《八三年各系、专业录取新生成绩统计表（文、外）》。
④ 《南开大学学生历年学习成绩总表》，1988年，档案号：2-JX13-01-759，南开大学档案馆藏。

南开大学社会学系培养本科毕业生95人,在校本科生109人(见表8)。这一时期,与其他开办社会学专业的高校相比,南开大学社会学系培养的本科生数量仅次于上海大学社会学系。

表8　1980年代南开大学社会学系本科生招生情况统计表

年级	招生人数	备注
1983	30	首届本科生
1984	40	
1985	25	
1986	30	
1987	31	
1988	29	
1990	19	1989年招收的本科生
总计	204	

资料来源:数据整理自南开大学社会学系1983—1990级学生注册卡片,档案文件号:2-JX12-01-120、2-JX12-01-153、2-JX12-01-189、2-JX12-01-228、2-JX12-01-269、2-JX12-01-315、2-JX12-01-410,南开大学档案馆藏;《关于报送南开大学1983年扩大招生计划的报告》,南报字(1983)29号,1983年5月30日,档案号:2-DZ-06-76,南开大学档案馆藏;《关于落实八四年招生计划的报告》,南报字(1983)86号,1983年12月14日,档案号:2-DZ-06-76-84,南开大学档案馆藏;《关于调整我校一九八五年招生计划的请示》,南报字(1984)166号,1984年12月12日,档案号:2-DZ-06-76-154,南开大学档案馆藏;《南开大学一九八七年分专业招生计划》。

2. 硕士研究生的培养

南开大学是全国最早开始招收社会学研究生的高等院校之一。1981年,北京大学开始招收社会学硕士研究生,南开大学开办社会学研究生班。1985年,能够招收社会学硕士研究生的高等院校也只有北京大学、中山大学、南开大学和华东师范大学。就培养方向而言,北京大学是人口社会学和劳动社会学,中山大学是社区发展,华东师范大学是社会学原理,南开大学是经济社会学和社会心理学。在这四所大学中,只有南开大学开办社会学研究生班,且对考生专业没有限制。[①]之后,北京大学、中山大学、华中理工大学也曾开办过社会学研究生班。

南开大学社会学系由于师资力量限制,培养硕士研究生能力有限。1982年社会学建系时,教师中只有何桂林有副教授职称,可以指导硕士研究生。因此,

---

① 劳勤:《自学社会学有哪些参考书籍　社会学专业开设哪些主要课程　报考社会学研究生有哪些必考科目》,《社会》,1984年第6期,第64-65页。

在 1982 年，社会学系仅招收 1 名经济社会学方向研究生，1983 年仅招收 3 名经济社会学方向硕士研究生。随着孔令智、刘珺珺调到社会学系以及苏驼、曹静、张向东获得副教授职称，社会学系硕士研究生招生人数不断增加，并维持在 8 人左右。南开大学社会学系硕士研究生专业为应用社会学，下设四个研究方向：社会学理论和方法、经济社会学、社会心理学和科学社会学。从 1981 年到 1989 年，南开大学社会学系共招收硕士研究生 46 人，委托培养硕士研究生 11 人。研究生的培养，除了硕士研究生之外，南开大学社会学系还采取了社会学研究生班的方式，快速培养高层次的社会学人才。研究生招生具体情况，如表 9 所示。

表 9 1981—1989 年南开大学社会学系招收研究生人数统计表

年份	招生人数		报考人数
1981	国家计划内	0	25
	研究生班	14	
	委托培养硕士	0	
	共计	14	
1982	国家计划内	1	
	研究生班	0	
	委托培养硕士	0	
	共计	1	
1983	国家计划内	3	
	研究生班	0	
	委托培养硕士	0	
	共计	3	
1984	国家计划内	6	800
	研究生班	31	
	委托培养硕士	0	
	共计	37	
1985	国家计划内	8	398
	研究生班	34	
	委托培养硕士	0	
	共计	42	
1986	国家计划内	8	690
	研究生班	28	
	委托培养硕士	2	
	共计	38	

续表

年份	招生人数		报考人数
1987	国家计划内	6	383
	研究生班	20	
	委托培养硕士	8	
	共计	34	
1988	国家计划内	8	408
	研究生班	22	
	委托培养硕士	1	
	共计	31	
1989	国家计划内	6	
	研究生班	19	
	委托培养硕士	0	
	共计	25	
	总计	235	

资料来源：周贵华：《中国社会学的现状及其原因分析》，南开大学1988年硕士学位论文，第17页；南开大学研究生注册卡片，档案文件号：2-JX121-01-7、2-JX121-01-27、2-JX121-01-29、2-JX121-01-42、2-JX121-01-58、2-JX121-01-69、2-JX121-01-86、2-JX121-01-99，南开大学档案馆藏。

今天来看，改革开放以来，诸多学科的恢复重建急需专业的师资人才，用常规机制培养人才花费时间太久，不能适应空白学科和薄弱学科发展的需要。鉴于此，在人才培养的常规机制之外，逐渐发展出了学科建设急需人才培养的特殊机制，即通过在高等院校开办专业班、研究生班、进修班等形式快速培养学科建设急需的高级人才。这种人才培养的特殊机制，适应了当时学科恢复重建对专业人才的需求，是对我国高等教育人才培养方式的制度创新。

就中国社会学学科建设而言，国家委托费孝通主持社会学学科恢复重建的工作，明确了学科重建的任务，但并没有给出学科重建的具体方法，20世纪80年代，中国社会学学科建设是在摸索中不断前进的。费孝通决定从南开大学起步，在中国高等院校恢复重建社会学学科，就是把南开大学作为中国社会学恢复重建的平台和试验场，发挥"孵化器"的作用。南开大学社会学系在正常招生的人才培养常规机制之外，积极进行学科建设急需人才培养的制度创新，发展出了专业班、研究生班、教师进修班、博士生班等师资人才培养的特殊机制，在短短六年时间里，建立了从专科生到博士生的人才培养体系。这种探索与创新不仅加快了中国社会学恢复重建的进程，也为与社会学有相似遭遇的学科重建提供了可资借鉴的师资人才培养模式。

1983 年教育部发布《关于一九八四年拟在部分高等学校试办研究生班的暂行办法》，将研究生班作为发展薄弱学科和培养其师资队伍的有效方法，从而推动了国家研究生人才培养制度的局部改革和创新，这是 1982 级南开社会学研究生班示范效应的积极影响。1986 年，南开大学与纽约州立大学奥本尼分校合办社会学博士生班，是国内最早进行中外联合培养博士人才的制度探索。虽然这种中外合作办学的形式没有获得国家教育委员会的认可，但是在国家教育委员会外事局和南开大学校领导的支持下，社会学博士生班顺利进行，为后来中外联合办学形式的推广积累了经验。

七、南开社会学的精神特质与历史贡献

南开社会学前十年的繁荣发展，为中国社会学界培养了大批学科建设的急需人才，加速了中国社会学的恢复重建工作。这些成就，使得南开社会学不仅在国内社会学界具有很高的学术声望，而且在国际社会学界也具有较高的知名度，被视为新时期中国社会学的摇篮。

（一）精神特质

勇于担当、敢为人先是流淌在南开社会学人心中的精神血液，是南开社会学最可宝贵的精神财富。南开社会学是在中国社会学界乍暖还寒之时建立起来的，当其他重点高等院校还对社会学"心有余悸"之时，南开大学则以勇于担当、敢为人先的精神，肩负起为中国社会学学科恢复重建培养急需专业人才的重担，在短短半年时间里，完成了申报社会学专业、办班招生的工作。南开大学在决定发展社会学学科之初，就在政策和物质方面给予了全方位的支持，使得南开社会学在短时间内成为中国社会学恢复重建的人才培养基地。面对办学困境，南开社会学不囿于传统，敢于打破体制禁锢，积极探索"补课"模式下人才培养的新方式，实现了在短时间内为我国社会学学科恢复重建培养急需的专业人才的目标。

多元开放、兼收并蓄的战略，使得南开社会学具有国际视野。从专业班开始，每年都会有数名国外知名社会学家到南开讲学，使得南开社会学专业的学生能够和社会学各个领域的专家对话，学习国外前沿的社会学知识。在这样的

开放氛围中，学生们不仅能够学到社会学专业知识，而且有机会和社会学大师面对面交流、讨论，提高对社会学专业的兴趣，增强对社会学的认知。大师们的学识素养、人格魅力也会影响学生，成为他们从事社会学研究的标杆。同时，南开社会学的教师也可以借此机会学习社会学前沿理论，与国内外社会学界保持学术对话，丰富、提高他们自身的理论修养，并结合中国社会实际，加以改造，为我所用。

南开社会学人具有踏实苦干、甘于奉献的"傻子精神"。鲁迅在厦门大学演讲时曾说："聪明人不能做事，世界是属于傻子的。"[①]以社会学系首届系主任苏驼为代表的南开社会学教工队伍，秉持着踏实苦干、甘于奉献的精神，不计名利，抱着"南开一定要为中国社会学做出贡献"的信念，积极投身社会学学科建设当中，艰苦创业。南开社会学一直秉持沉稳的作风，勤勤恳恳做事，这种精神特质对南开社会学学子也产生了重要影响。他们作风朴实、内敛，有责任感和担当意识，往往能够成为各行各业的中坚力量，受到用人单位的好评，成为南开社会学的靓丽名片。

有教无类、自由开放是南开社会学前期培养学生的基本原则。南开大学社会学系研究生招生不限制本科专业，为更多学子提供了攻读社会学研究生的机会，也为中国社会学分支学科的发展培养了人才。在自由开放的学术氛围中，各类社会学思想得到广泛传播，学生可以根据自己的兴趣爱好，选择研究对象，在比较中加深对社会学的理解，养成独立思考、自主学习的习惯，在思想的碰撞中提升自我。

敢为人先、勇于创新的开拓精神，踏实苦干、甘于奉献的"傻子"精神，多元开放、兼收并蓄、有教无类的特征，是南开社会学留给中国社会学界最宝贵的一笔财富。南开社会学人秉持知识分子的社会责任心和担当意识，具有强烈的历史使命感，自觉承担起学科重建的重任，不断创新，贡献南开智慧，彰显南开的历史担当。

美国社会学代表团在中国考察后，认为"中国的社会学在天津最有生气、最有组织、也最年轻。南开社会系的队伍和研究，也最有深刻印象"[②]。新时期南开社会学的发展，应该传承前期办学的精神特质，在创新人才培养模式、加强与国内外社会学界——尤其是国外社会学界——的学术交流等方面做出成

[①] 1926年11月27日，鲁迅先生在厦门集美学校以"聪明人不能做事，世界是属于傻子的"为主题进行演讲。

[②] 林南给苏驼的信，1984年6月11日。

绩，紧跟时代潮流，保持南开社会学的时代感和学科特色。

（二）历史贡献

南开社会学作为中国社会学恢复重建的典型之一，承载起改革开放后建设中国社会学的发展道路的责任，见证了中国社会学的成长。它在早期对社会学学科体制化的探索是在没有经验的情况下艰苦进行的。在整体发展战略上，南开社会学基本践行了费孝通提出的"五脏六腑""先有后好""古为今用、洋为中用"和"社会学中国化"等学科建设思想。在学科基础建设上，南开社会学以师资队伍建设和教材与资料建设为主线，为建构学科体系和培养人才奠定了基础。在建构学科特色上，南开社会学以社会需要为指向，依托南开优势学科，开展具有南开特色的学科体系建设。在人才培养方式上，南开社会学在"补课"模式下，采取常规机制和特殊机制两种人才培养方式，强调连续性和层次性。在学术交流方面，南开社会学积极开展国内外学术交流活动，使得南开社会学成为中国社会学界最活跃的对外开放平台。通过一系列的学科体制化建设，南开社会学从无到有、从特殊到常规，形成了完整的学科建制与人才培养体系，成长为中国社会学界的翘楚。南开社会学前期的发展道路，立足于本土化，坚持对外开放的路线方针，借助国内外社会学界的力量，培养学科建设急需的专业人才，建设中国特色的社会学，为社会主义现代化建设服务。

通过学科体制化建设，南开社会学培养的学生成为各地区、各高校和科研机构社会学的骨干力量，为中国社会学的学科重建提供了大量急需的师资和机构研究人员。南开社会学在建设的前十年为中国社会学界贡献了两个杰出的学术群体：南开社会学专业班和 84 级社会学研究生班。南开社会学专业班走出 20 多位社会学教授，其中宋林飞、李友梅担任过中国社会学会会长，王辉、潘允康、王思斌、蔡禾等担任过中国社会学会副会长。从 84 级社会学研究生班中走出了周晓虹、关信平、张静、胡荣、冯钢、罗教讲、刘林平等知名社会学者，其中周晓虹和关信平担任过中国社会学会副会长。[①]此外，郭申阳、周晓虹、张文宏、胡荣和翟学伟等"长江学者"都是这一时期的重要代表。因此，南开社会学是中国社会学发展史上的一座里程碑，南开社会学的血液融入了中国社会学日渐强壮的躯体之中，中国社会学也被赋予了鲜明的"南开"标签。

---

① 彭华民：《南开为社会学贡献了两个杰出学术团队》，2015 年 1 月 11 日，http://weibo.com/1222691972/BF1lgl0hC?mod=weibotime&type=comment，2017 年 3 月 18 日。

从学科史的角度看，在中国社会学恢复重建的过程中，南开社会学起步早、贡献大，是中国大陆社会学学科恢复重建历程的一个缩影。南开社会学的发展模式基本上代表了中国社会学恢复重建初期所采取的基本途径和经验。在中国社会学恢复重建时期社会学学科体制化进程中，无论是新一代社会学家群体的形成，还是社会学的教材与期刊建设，无论是学科建设急需人才培养体制的制度创新，还是社会学对外交流体系的建设，南开社会学都起着重要的作用。南开社会学前期培养的学科建设急需的师资人才，服务于高等院校社会学系以及社会学科研机构的创立与发展，对中国社会学的恢复重建做出了积极贡献，从而推动了中国社会学学科建设的体制化进程。

（郝光耀、宣朝庆）

第二编
文件汇编

关于举办社会学专修班的请示报告
关于拟办社会学专业报告
南开大学社会学专业班招生办法
关于社会学专修班经费的请示报告
社会学专业班教学计划时间分配表
任课教师与教材
社会学讲座安排
南开大学社会学专业学员名单
在天津南开大学首届社会学专修班开学典礼上的讲话
南开大学哲学系社会学专业班情况调查
关于天津市社会学学会筹备各工作情况的汇报
关于社会学专业班毕业生分配问题的请示报告
关于西德社会学教授在我系讲学及接待情况的汇报
会员通讯
1981级社会学专业班毕业生工作情况总结
关于接待美国坦普尔大学代表团的汇报
关于举办社会学专业班与研究生班的情况汇报
社会心理学教师进修班教学计划
《社会学教学丛书》序

关于举办社会学专修班的请示报告

南报字（1980）22 号

教育部：

为了尽快地把我国已经中断近三十年的社会学重建起来，发挥它在社会主义现代化建设中应有作用，经与中国社会科学院社会学研究所和中国社会学研究会共同研究，拟在我校举办社会学专修班，并提出以下几条意见：

一、主办单位：

教育部委托南开大学与中国社会科学院社会学研究所联合举办本专修班。

二、办班目的：

为有关重点大学和社会学研究机构培养社会学教学与研究专门人材。

三、学生来源：

从有关重点大学目前在校的七七级学生中选拔，以文科为主，同时选拔少数理科学生（选拔办法另定）。

四、开设课程：

1. 社会学概论；

2. 社会调查；

3. 社会研究的统计分析；

4. 社会心理学；

5. 社会学说史；

6. 社会学为现代化服务；

7. 社会学原著（外文）选读。

五、专修班的规模、学习期限和毕业生分配：

学员三十名，学习期限为一年（1981.2—1982.2）。结业后仍参与七七级原专业同班学生的毕业分配，不影响原有国家招生与毕业生分配的专业计划。

六、师资与教材：

师资和教材由中国社会科学院社会学研究所帮助解决，主要课请国内专家讲授。社会调查与社会学说史拟请外籍专家讲授（邀请外国专家来华短期讲学计划另报）。

七、经费：

（1）学生入学每人交人民币 400 元，由派出学校支付，聘请国内教师讲课费及学生生活管理等费用由此项经费内开支，学生住宿问题由南开大学解决，教学行政组织工作由南开大学哲学系承担。

（2）邀请外国专家的费用、国际旅费所需外汇由社会学研究所筹集；专家在国内的生活、零用、旅游等项开支估计约需一万五千元，拟请教育部拨专款解决，或由派出学生的单位按学生人数平均分担。

以上意见当否，请批示。

南开大学
一九八〇年十月七日

关于拟办社会学专业报告

南报字（1980）36号

教育部：

　　为了给国家培养社会学的教学与科研人材和实际工作者，发挥社会学在我国现代化建设中的作用，我校拟创办社会学专业，兹将有关事项请示报告如下：

　　一、社会学专业编入我校哲学系建制，作为哲学系的一个专业。在师资、教材和基建等基本条件具备以后，即招收社会学本科学生。社会学本科学生的修业期限四年。

　　二、社会学专业的编制拟定为52人（其中包括社会学概论6人，部门社会学12人，社会越轨与犯罪3人，社会问题3人，社会工作3人，社会调查6人，社会统计3人，社会心理学3人，中外社会史及社会思想史各4人，资料员3人，教学行政与后勤管理人员2人），请教育部在规划我校的编制时予以考虑。

　　三、社会学专业在招收本科学生之前，为给第一批建立社会学专业的有关院校和科研单位培养师资和研究人材，经与中国社会科学院社会学研究所商定，拟于一九八一年二月开始举办社会学专业班（关于社会学专业班的有关事项我校已于十月七日以南报字第22号文件报部待批），经与有关单位联系，学生来源分配方案如下：

　　　　北京大学　　　　　5名
　　　　中国人民大学　　　4名
　　　　复旦大学　　　　　4名
　　　　中山大学　　　　　4名
　　　　武汉大学　　　　　3名
　　　　复旦大学分校　　　3名
　　　　华中工学院　　　　1名
　　　　新疆社会科学院　　1名

　　另请教育部考虑分配给有关学校5名。

招生办法由有关学校从七七级在校学生中选送。具体办法我校将另发通知。

四、第一届社会学专业班结束后,将根据情况,决定是否继续举办。

以上报告当否,请批示。

南开大学

一九八〇年十二月十五日

南开大学社会学专业班招生办法

根据教育部__字__号文件批示精神，特制定我校社会学专业班招生办法如下：

一、招生人数和对象

社会学专业班共招收学生 40 名，主要从有关大学和学院的七七级在校学生中选拔。

二、名额分配

北京大学	5 名
中国人民大学	4 名
复旦大学	4 名
中山大学	4 名
武汉大学	3 名
复旦大学分校	3 名
华中工学院	1 名
新疆社会科学院	1 名
南开大学	10 名

另请教育部考虑分配给有关学校 5 名。

三、学生条件

1. 本人有志于从事社会学的教学与研究工作。

2. 马列主义基础理论比较扎实；中文写作能力较强；基础外语学习成绩优良；初等数学基础较好，并有一定的高等数学知识。

3. 思想作风正派，身体健康。

四、选送手续

1. 本人自愿报名，由所在单位从中择优选拔，向我校推荐。

2. 被选送的学生填写"社会学专业学生登记表"，经所在单位签署意见后，连同学生成绩表、身体检查表一并于一九八一年一月十五日以前寄我校哲学系。

3. 经我校审查合格后，即发入学通知书。

五、其他事项

1. 学生在校学习期间的生活费自理,享有助学金学生的助学金由原学校按月发给。

2. 学生入学时每人交人民币 400 元,由学生所在学校支付。

南 开 大 学
年 月 日

关于社会学专修班经费的请示报告

教育部：

（80）高教一字 104 号文件收悉。关于开办社会学专修班所需 15000 元经费，批复从校内经费调剂解决。现因我校经费十分紧张。如不另行拨款，开班确有困难。特此报告，望予批示。

南开大学
1981.1.12

社会学专业班教学计划时间分配表

(1981年1月—1982年2月)

(单位：周)

学期		总周数	讲课和自学	考试	机动	毕业分配
第一学期	1981年2月23日—7月12日	20	18	1	1	
第二学期	1981年9月12日—1982年2月	19周零5天	16	1	1	1周零5天

学期	课程	授课总时数	授课时间顺序	周授课时数	考试或考查	备注
第一学期	社会学概论	108	1～18周	6	考试	
	社会调查	48	13～18周（5月11～6月28）	8	考查	
	社会经济统计学原理	72	1～13周	6	考试	
	社会学说史	48	13～18周	8	考查	
	专业外语	72	1～18周	4	考试	
	专题讲座	36	1～18周	2		
第二学期	社会心理学	72	1～12周	6	考试	
	都市社区与乡村社区分析	108	1～12周	9	考查	
	苏联东欧社会学		13～16周			
	专业外语	64	1～16周	4	考试	
	专题讲座	32	1～16周			

注：第一学期讲课与自学18周，每周44学时，共计792学时。讲课与自学比例为1：1，讲课时间应为396学时，现安排为388学时。第二学期讲课与自学16周，每周64学时，共计704学时。讲课与自学比例为1：1，讲课时间应为352学时。

任课教师与教材

课程	任课教师	原工作单位	教材与参考材料
社会学概论	社会学编写组成员	北大、人大、武大、复旦、中山、南开等校	《社会学概论》草案
社会调查	林 南	美 AlBany 大学教授	
社会经济统计学原理	刘 儒	天津财经学院副教授	社会经济统计学原理（中国财政经济出版社出版）
社会学说史	布 劳	美 Albany 大学教授	
社会心理学	心理学研究所与北京大学	心理学研究所	
都市与乡村社区分析		西 德	
专业外语（英语）	崔约翰	天津机械配件公司	自 选
专业外语（俄语）			

社会学讲座安排（1981年）

讲课时间	题目及内容	主讲人姓名和职称	授课地点	到校日期	接待要求
三月七日	统计学与调查研究	戴世光教授	主楼434教室	3月6日	①派车接送 ②吃住自理
三月十四日	各国社会学发展的情况	吴泽霖教授	主楼427（乙）教室	3月14日	①派车接送 ②吃住审稿会议解决
三月二十一日	半殖民半封建社会的分析	全慰天教授	同上	3月20日	①派车接送 ②吃住在天大专家招待所
三月二十八日	我国劳动就业问题	袁方教授	同上	3月27日	同上
四月四日	南斯拉夫哲学界情况和社会研究	赵凤岐副研究员	同上	4月3日	同上
四月十一日	新中国民族学的研究	林耀华教授	同上	4月10日	同上
四月十八日	社会人类学的现状及方法	李有义教授	同上	4月17日	同上
四月二十五日	法国社会学派	杨堃教授	同上	4月24日	①派车接送 ②吃住自理 ③派人去北京
五月二日	题目待定	雷洁琼教授	同上	5月1日	①派车接送 ②吃住天大专家招待所
五月九日	我和社会调查	李景汉教授	同上	5月8日	①②同上 ③派人去北京
五月十六日	关于科学社会主义的几个问题	马句 北京市党校研究室主任	同上	5月15日	①派车接送 ②吃住天大专家招待所

续表

讲课时间	题目及内容	主讲人姓名和职称	授课地点	到校日期	接待要求
五月二十三日	社会学与现时代——各国社会学学派	吴文藻教授	同上	5月22日	①②同上 ③派人去北京
五月三十日	科学社会主义方面的问题	高平	同上	5月29日	①派车接送 ②吃住天大专家招待所
六月六日	人才学或系统工程论方面的问题	钱伟长教授	同上	6月5日	同上
六月十三日	优生学问题	吴旻	同上	6月12日	同上

备注：讲课时间均为上午 8 点—11 点

南开大学社会学专业学员名单

姓名	性别	年龄	政治面貌	原校、系、专业	备注
王思斌	男	31	党员	北京大学哲学系	
王依依	女	28	党员	北京大学哲学系	
曹建民	男	24	团员	北京大学经济系	
孙立平	男	25	群众	北京大学中文系新闻	
阮丹青	女	22	团员	北京大学西语系英语	
郭鲁晋	男	25	党员	人民大学哲学系	
谢 文	男	24	团员	人民大学哲学系	
任 昕	女	24	团员	人民大学哲学系	
林克雷	男	26	群众	人民大学哲学系	
宣兆凯	男	33	党员	北京师范大学哲学系	
郭申阳	男	26	党员	复旦大学经济系	
范伟达	男	34	群众	复旦大学哲学系	
周雪光	男	22	党员	复旦大学国际政治系	
王 勋	男	24	团员	复旦大学分校社会学系	
林征宇	女	23	团员	复旦大学分校社会学系	
蔡 禾	男	26	党员	武汉大学哲学系	
江山河	男	24	党员	武汉大学哲学系	
余艳菊	女	23	党员	华中工学院哲学系	
严 建	男	27	党员	云南大学哲学系	
折晓叶	女	31	党员	兰州大学经济系	
方 明	男	22	团员	山东大学经济系	
丘海雄	男	26	团员	中山大学经济系	
董遵圻	男	21	团员	中山大学哲学系	
梁向阳	男	24	团员	中山大学哲学系	
李觉敏	女	23	团员	中山大学哲学系	
彭华民	女	23	团员	四川大学经济系	
宋林飞	男	32	党员	南京大学哲学系	
张友琴	女	28	党员	厦门大学哲学系	
王建民	男	31	群众	华东师范大学政教系	

续表

姓名	性别	年龄	政治面貌	原校、系、专业	备注
李晓丽	女	26	团员	吉林大学哲学系	
周 华	女	23	党员	湘潭大学哲学系	
李 军	男	34	党员	南开大学哲学系	
边馥芹	女	31	党员	南开大学哲学系	
白红光	男	28	党员	南开大学哲学系	
边燕杰	男	26	团员	南开大学哲学系	
宋 丁	男	26	团员	南开大学哲学系	
王 颖	女	26	团员	南开大学哲学系	
何 娟	女	28	团员	南开大学哲学系	
韩广生	男	28	党员	南开大学历史系世界史	
马和建	男	26	团员	南开大学历史系世界史	
王来华	男	23	团员	南开大学经济系	
李建设	男	28	党员	南开大学中文系	
王 玲	女	26	党员	南开大学外文系英语	

在天津南开大学首届社会学专修班开学典礼上的讲话

(1981年2月26日)
教育部高教一司 季啸风

同志们:

教育部派我来参加社会学专修班开学典礼,向大家表示祝贺。请允许我向热心创办这个班的费孝通教授、南开大学的领导同志和有关同志,向支持这件事的天津市委宣传部、市社会科学院的领导同志表示深深的谢意。

上面好几位同志已发表了很好的意见,我只想介绍一点情况。

首先,介绍一点文科的情况。我这里说的"文科",不是科学意义上的"文科",而是习惯上所说的"文科",人们有时叫它"大文科",包括文法财经在内。我们这个文科要加强。一九七八年六月间,在武汉召开了一个高等学校文科教学座谈会。当时"四人帮"刚刚打倒不久,在这个会议上反映出来的问题,可以归纳为三句话:第一句话叫做"文科无用";第二句话是"文科危险",搞自然科学的失败99次,最后一次成功了,就可以获得荣誉,搞社会科学说错一句话就可能被打翻在地,踩上一万只脚叫你永世不得翻身,所以说文科危险,搞不得。由于人们认为文科无用、文科危险,因此,文科就不受重视,这便出现了"文科落后"。文科真的无用吗?我们说不对。我想文科至少有三大用处。

第一,从教育的角度看,文科担负着培养理论人材、管理人材的重任,实现四个现代化除了要有一支科技队伍,还必须要有一支理论队伍和管理队伍。如果说医生的任务是为了保健、给人治病的话,那么理论人材和管理人材就应该说是为社会保健、为社会治病的。因此,这样的人材就不能说不如医生重要。文科培养的人材,是要管理社会的。对社会的管理要是出了差错,它的影响往往是全局性的。对这个问题,我们大家都有切身的体会。大家知道,对于政治形势作出错误的估计,使我们的社会发生过10年动乱。可见管理社会的重要性。管理社会的人材靠谁来培养?当然不仅是靠文科,但是文科确实负有很大的责任。这是文科的第一个用途。

第二，从社会科学研究的角度看，文科还负有继承历史遗产，借鉴外国经验和总结我们自己的革命和建设经验的任务。中国有几千年的灿烂的文化遗产，但是，中国资产阶级没有能够对它做出科学的整理，这个历史任务，要靠我们无产阶级，靠我们无产阶级的知识界，靠无产阶级的社会科学家来完成。否则，就不能很好地继承这份珍贵的遗产，我们的社会文化也就很难提高。现在的世界，谁也不能闭关自守。外国的情况要研究，外国好的经验要借鉴，自然科学是如此，哲学、社会科学也是如此。除了继承遗产、借鉴外国，我们还要总结自己的经验，建国三十年来，我们积累了很丰富的经验，也有很沉痛的教训。需要从理论上加以概括，用以指导今后的实践。这个任务，当然也不是搞文科的人所能单独完成的，但是搞文科的人也负有义不容辞的责任。这是文科的第二个用途。

第三，我们文科还承担着建立一个好的文风、学风、好的社会风气，发展精神文明的光荣任务。只有物质文明，而没有精神文明，是不行的。毛主席在许多著作中，论述过党风、文风的重要性。建设精神文明尤其是当前的重大任务。这一任务也是我们文科应该承担的。譬如说调查研究，这样一种好的风气是毛主席历来倡导的。但是我们党的这个好传统，在"文化大革命"期间，被林彪、"四人帮"糟蹋地不成样子了。康生居然说凭他几十年经验就可以嗅出谁是特务。要恢复我们党的优良传统，需要大家一起努力，我们搞文科的同志尤其要自觉担负这个任务。

我说文科至少有上述三大用途。我们的文科应该在马克思主义理论指导下，努力实现这个任务。"文科无用论"是不正确的，是没有根据的。近几年来，胡乔木同志一有机会就要宣传文科的重要。研究历史的，要讲历史学的用途；研究经济学的，要讲经济学的用途；研究政治学、民族学、人口学的，要讲政治学、民族学、人口学的用途。我们今天来举行社会学专修班的开学典礼，就应该强调社会学的用处。

同学们就要开始学习社会学了，我相信，学得越多、越深，越能了解社会学用途之大。可是，我们文科的实际情况却同它的重要性极不相称。我给同志（们）念几个数目字。据联合国教科文组织的调查，现在全世界人口在 1000 万以上的 49 个国家中，文科在校学生在全部在校学生中的比重，占 50% 以上的 13 个国家；占 40~50% 的也是 13 个国家；占 30~40% 的也是 13 个国家；占 20~30% 的有 6 个国家；占 18~20% 的是 4 个国家。可是，我们的文科学生在整个大学生中的比重，一九八〇年只占8.8%，其中，尤其可怜的是政法，只占0.5%。我们说教育同整个经济不成比例；其实，在教育的内部，文科和理工科，也不成比例。要改变这个不合理的结构，加强文科，是我们大家在八十年代共同的任务。

重理轻文，由来已久。重理是对的，中国长期以来重文轻理，结果是自然科学落后；但轻文则是不对的。它的严重后果是：对我们祖国的优秀文化遗产不能加以科学的整理，使其古为今用；对我们有用的外国文化不能有效地借鉴，使其洋为中用；对我们自己的丰富经验无力进行科学的总结。人才青黄不接，不少学科面临后继无人的危险。必须在八十年代认真地逐步地来改变历史形成的这个状况。要改变这个状况，需要采取什么措施呢？

我认为，首先要培训我们的文科师资。文科的教师不论是数量和质量，都远远不能适应客观需要。必须把师资的培训工作提到重要的议事日程上来。第二，要建设文科的教材。如果我们没有一套合格的适合教学需要的文科教材，让教师把大量时间花在编写讲义上，不仅没有工夫去从事科学研究，甚至不可能去积累知识，就无法提高教学质量。在一九八五年以前，我们无论如何先要解决教材的有无问题，在此基础上再逐步提高质量，解决从有到好的问题。第三个措施是加强图书资料的建设。我们现在好多图书资料，国内的印不出来，国外的进不了口，订的外国期刊中断了10年，现在补不齐了，已有的资料在"文化大革命"中很多都被烧掉或失散了。有的学校，几十年积累的资料，毁于一旦，实在令人痛心！我们有的图书馆到现在为止，很多书上不了架，成捆地堆在那个地方霉烂、虫蛀、风化，让老鼠的牙齿批判。从云南来的同志大概知道，云南有一批"东巴"文资料，是当今活着的象形文字，但是，认识这种文字的人已经不多了。如不及时抢救，将会造成无法弥补的损失。还有一些资料就在我们一些老教授的脑子里、文稿中。但是，他们年事已高，精力不够了，需要给他们配备得心应手的助手，协助他们把它整理出来，印刷出来，保存下来。还有一些资料需要从外国进口。培训师资、编写教材、积累资料，这是三项基本建设。要加强文科，就必须从这里起步。这是我给同志们介绍的一个情况，说的是文科要加强。

其次，介绍一点社会学专业的情况。据说社会学传到中国来是一八九七年，离今年80多年了。当时，严复翻译斯宾塞的一本叫做《社会学研究》的书，译名《群学肄言》，第一次把西方社会学介绍到中国来。一九一三年，上海的一些高等院校先后开出一些社会学课程，这是我国高等学校最早开设社会学这一门课程，离开今年也是 68 年历史了。一九三〇年，旧中国成立了一个中国社会学学会，这件事至今也有 51 年历史了。这是解放前的情况。一九五二年院系调整，高等学校取消了社会学课程。刚才几位同志的讲话中表扬我们教育部支持办社会学专修班，我们教育部要首先作自我批评，因为取消社会学课的通知是我们发出的。现在知过必改，这是我们的责任。从一九五二年起，我们的社会学教学与研究工作停顿了二十多年。刚才费老已经讲了，解放以后社会学专业的毕业生现在年龄最小的已经 50 多岁，而且多数已经改行了，现在要把这些同志请回来，很不容易，而且有些同志不愿意回，这些同志的业务已丢了 20 多年，已经改学了别的业务，再要他们丢掉现在的专业也太可惜了。可是，我们这么大一个国家，不能没有社会学，不能不从事社会学的教学、研究工作，不能不培训社会学的专门人才。在粉碎"四人帮"以后，一九七八年胡乔木同志代表我们党，恢复了社会学的名誉，并倡议创建以马列主义为指导的社会学，开展这方面的研究工作和教学工作。到一九七九年初，费老受乔木同志的委托，邀集了一批社会学家，商讨成立了中国社会学学会。大家公推费老为会长。一九七九年是己未年，在中国社会学的发展历史上，在这一年是一个转折点，我把它叫做社会学的"己未中兴"。从这一年开始，重新开始了这门科学的研究工作和培训人才的工作，着手创建以马列主义为指导的新的社会主义的社会学。社会学会成立后，紧接着成立了社会科学院的社会学研究所，由费老任所长。据说现在这个所已经发展到 40 多人。后来，又请来了美国的几个学者到中国来，介绍美国社会学的研究情况，开始打开了社会学研究内外交流的局面。去年夏天，举办了 40 人参加的为时两个月的讲习班，效果良好。讲习班结束以后，又留下来八位同志，教育部聘请费老任主编，着手编写《社会学概论》。这本书的初稿已经打印出来了，三月份要在南开大学举行讨论会。在这个期间，上海复旦大学分校建立了社会学系。教育部也批准了在北京大学筹建社会学专业，今天又在南开大学开办了这个专修班，准备开十门课程，为全国的部分高等院校培训社会学师资。概括起来讲，两年期间，我们披荆斩棘，迈出了五步：第一步是办学会，第二步是办研究所，第三步是办讲习班，第四步是编写教材，第五步就是我们现在办的专修班。这每一步都有费孝通教授的辛勤劳动在内。头一个功劳应该记到费老的名下。人生七十古来稀。他以古稀之年，这几年当中奔走国内外，而且计划在五年之内要培养出用马列主义、毛泽东思想武装起来的新一代社会学人材，要在一些大学里逐步建立起社会学的专业和系科。"老骥伏枥，志在千里，烈士暮年，壮心不已。"我们应该向费老表示深深的敬意。我们在座的同志将来有哪一位有志于编写中国社会学发展史，这个过程，我想是不能不写的。

第三，我想谈谈我们青年同志应该努力学习。我有这么一个想法：经验在老年，工作靠中年，希望在青年。今天在座的，有好几位研究社会学的老前辈。他们是研究社会学的第一梯队。在创建中国新的社会学事业中，还有许多无名英雄，其中包括南开的同志和社科院的同志，他们正当中年，为了筹办这个班，他们做了许多工作，他们很辛苦，应该向他们表示慰问和感谢。我们是一个有几千年历史的、有十几亿人口的大国，历史上多灾多难，在30年中就有10年浩劫，有很多社会问题需要我们研究解决。这是一项事业，是一项社会主义事业，人民需要这样的事业。完成这个事业，希望在青年。所以，同志们到这个地方来学习社会学，是人民的需要，祖国的需要，四个现代化的需要。我们要学习社会学，研究社会学，不仅要运用马列主义的原理，研究社会学的一般规律，而且要研究中国社会学的特殊规律。不仅要研究中国社会学的特殊规律，而且要研究当代中国社会学中更加特殊的规律。现在，我们研究社会学的队伍还很小，因为这项新的事业还是昨创伊始，但是我相信是大有希望的。正因为我们的队伍还很小，所以就越显得同志们的任重而道远。为了完成这样一个任务，就需要我们很好地学习。

我们的教育方针仍然是德智体全面发展，我们的口号，仍然是又红又专。这是不应动摇，也是不能动摇的。对于大学生的学习，过去周扬同志曾经提倡三项基本训练。这便是马列主义基本理论的训练，本门学科基础知识的训练，以及基本技能的训练。我想这三项基本训练同样适于我们学习社会学。在学习马列主义、毛泽东思想的问题上，30年出现过两种偏向：一种偏向是把马克思主义一般原理代替具体科学。譬如说，把马克思主义的历史唯物主义代替社会学；另一种偏向就是否认马列主义的指导作用，甚至怀疑马列主义学习的必要。这两种偏向都是我们要注意防止的。研究任何科学，都不能离开马列主义的指导；研究社会学，尤其需要把这个基本功打扎实点。这个基本功不扎实，我们就没有灵魂，就没有思想武器，就会偏离方向。现在我们高等院校的一些同志中间出现一种偏向，认为马列主义无用，上课时带上录音机，耳机往耳朵里一插，老师讲的他不听，听录音机里的东西。这是非常错误的。我们这个班的课程中专门设置了《马克思主义经典作家论社会学》。我们的同志们，要把马列主义理论的学习放在首位，认真读懂几本马列的书，譬如说恩格斯的《家庭、私有制和国家的起源》，这本书可以说是恩格斯运用马克思主义所写的一本社会学研究的成果。

除了学习马列主义,还要认真学习社会学的基础知识。基础知识不巩固,就好比楼房的基础不扎实。在学习知识的问题上,过去 30 年中也出现过两种偏向。一种偏向是,认为书本知识无用,只要参加实践就行了。这种"知识无用"论在"四人帮"破坏的那几年发展到了荒唐的程度,造成一代人知识准备不够的严重后果。另一种偏向就是上课满堂灌,学生成了笔记的奴隶。最近几年,教育界人士,一方面提倡学生要认真读书,一方面又提倡不要单纯灌输知识,而要强调能力的培养,注意治学方法的训练。世界上有许多科学家,在向老师学习的时候,他们在某些方面的知识甚至超过了老师,这些人向老师学习主要是学习老师的方法,一旦掌握了某种方法,他们在科学上就有了新的突破,成了科学家,成为诺贝尔奖获得者。用一句通俗的话说:他到老师那里学的是点金术,而不是搬黄金;拿的是开门的钥匙,而不是搬运他仓库里的陈列品。这样,才有可能"青出于蓝而胜于蓝"。

第三个基本训练就是基本技能的训练。这里所说的基本技能,包括使用中外语文工具,调查研究的能力,等等。学习社会学,尤其要注意作社会调查的能力的训练。要搞访问,要分析问题,要能够写出简明生动的调查报告,要会作群众工作,等等。费老到一个街道里去搞调查,老太太都不愿意让他走,什么话都愿意告诉他,这就是本领,这就是学问,如果我们去做调查,人家见了只说三分话,那么我们这个调查就失败了。因此基本技能、方法的训练也是不可忽视的。杨献珍同志办党校,多次给学员讲笑话,说有一个同学毕业时,带了一箱子笔记本回去,以为这次可丰收了;走到半路上发大水,不小心箱子掉到水里冲走了,他就很伤心,感到三年功夫白费了。这个学生是来贩货的,不是来学马列主义的立场、观点、方法的。这个故事可以供同志们参考。总之,希望大家加强三项基本功的训练。

教育部很关心我们这个专修班。我们十亿人口,一百多万大学生,同志们是 43 个人。中国的社会学靠我们这支队伍是很不够的。我们有 3000 人也不够,三万人也不多。同志们现在身负重任,今天是课堂上的学生,回去以后再经过一段进修、提高的时间,明天就要成为社会学的教师、研究人员。今天你们是在接受培养、教育;明天就要去担负培养教育别人的重任,希望在一九八五年以后,在座的诸位,能把组织、训练社会学下一个梯队的历史任务担当起来。这是党和人民对大家的希望,预祝专修班取得成功。

关于《南开大学哲学系社会专业班情况调查》的报告

_____同志:

现将社会学专业班社会学概论课任教师何炳济同志所作的关于社会学专业班学生情况调查报告送上,供领导参阅。报告中反映的同学们要求选修概率论、数理统计课问题、免修外语问题、社会经济统计课进度问题已经解决,我们认为这个调查对进一步做好专业班的工作很有帮助。

南开大学哲学系
1981.3.18

南开大学哲学系社会学专业班情况调查

三月二日至六日,我运用填写问卷、个别谈话、开二至六人的小型座谈会等方式对专业班学生选择社会学的动机、入学后的精神状态、学习情况等等,做了普遍的调查。全班四十二人,每人至少谈话一次。现将调查情况综述如下:

一、基本情况

1. 学生来自十八所大学、院校。

各校名额分配表

校名	南开大学	北京大学	人民大学	中山大学	复旦大学	复旦分校	湘潭大学	四川大学	南京大学	华中工学院	云南大学	北京师大	华东师大	厦门大学	兰州大学	山东大学	吉林大学	武汉大学	合计
名额	12	5	4	3	3	2	1	1	1	1	1	1	1	1	1	1	1	2	42

2. 性别、年龄分组及党团员人数

性别、年龄分组及党团员人数表

项目	性别		年龄分组			党、团、群数		
	男	女	21~25岁	26~30岁	31~35岁	党员	团员	群众
人数	27	15	17	17	8	19	19	4
占全体人数的百分比	64%	36%	40.5%	40.5%	19%	45.3%	45.3%	3.5%

3. 原来专业及所学语种情况

原专业及语种统计表

项目	原来学习的专业								原学语种			
	哲学	政经	历史	中文	英语	社会学	国政	政教	英语	俄语	德语	日语
人数	26	6	2	2	2	2	1	1	35	4	2	1
占全体人数的百分比	61.8%	14%	4.7%	4.7%	4.7%	4.7%	2.4%	2.4%	83.4%	9.5%	4.7%	2.4%

由于这个班的学生年龄较大，有近百分之六十的同学在二十六岁以上（平均年龄为26.4岁），因此四十二人中，无一人是一九七七年的应届高中毕业生。他们都经过下乡插队、进工厂或当教师等社会实践锻炼，有的同学的工龄长达十年以上，他们的经历对于学习社会学，是很有益处的。

在这四十二名学生中，有百分之八十五来自哲学、政治经济学、国际政治、政治教育等科系，在来专业班之前，已系统地学习过马列主义基础理论课，这对他们参加社会学学习，创建在马列主义指导下的社会学，将是一个重要的有利条件。

二、选择社会学专业的动机

促使这批学生参加专业班的学习的因素，是多方面的。其中主要有：

第一，在我国恢复社会学的宣传影响下，对社会学发生了兴趣。在这些学生中，许多人都说，曾阅读过费孝通同志及其他一些同志写的有关社会方面的文章，受到很大启发。有的同学在得知开办专业班的消息之前，就曾主动给老一辈社会学家：费孝通、李景汉、刘绪贻等同志写信，并得到他们的热情指导。有的同志早已开始阅读社会学书刊，收集这方面的材料。如原南开大学哲学系宋丁同学，在中国社会学研究会成立的消息的鼓舞下，一九七九年暑假，假期尚未结束,就提前20多天,从太原赶回学校,专门攻读社会学。从那时开始,到进专业班这段时间里,他已作了20万字的社会学的读书摘记,并写出《家庭的职能及其演变》《关于人口质量问题》等几篇社会学专题论文。再如华中工学院哲学系的余艳菊同学,去年十月份,她在得知湖北省成立社会学学会的时候,先是要求参加学会成立会议,未被同意,后又要求当学会会员。由于本人多次积极要求和省社会学学会、学校领导的争取,她这才能来到专业班,学习社会学。

第二,认为哲学"太空洞",研究哲学前途难卜,社会学比较具体,可能有出路。专业班里学过哲学和经济学理论同学,一般都说哲学太抽象,"空得很""体系僵化""解决不了社会实际问题"。还有人认为,我们三十多年来的学校理论教学,已经把哲学弄成了"经院哲学"了,老是在名词概念上兜圈子,太没意思。与此相反,社会学关心现实的社会问题,比较具体,又是跟人打交道,是大家所需要的,因此很可能是一门有前途的学科。

由于许多人对哲学、政治经济学理论有这样的看法,所以纷纷转向史的研究。权衡起来,不少同学认为,与其研究历史,还不如转向社会学。"社会学是新学科,搞的人少,物稀为贵,容易出成果。"

两位英语专业的同学,原来的方向是搞西方文艺理论。他们觉得,中国人搞外国文艺理论,在我们国家不具备条件,难以成就,所以不如早日改行。两位学文学的同学也有类似的看法。

第三,坎坷的经历,导致他们对社会问题的关心。这些学生在不同程度上都受过"文化大革命"的害。他们在很小的时候就失去学习的机会,被送到农村插队,然后又去从事各种各样的社会工作。他们自身感到,许多社会问题需要科学地解决。

第四,可以充分利用这一年的时间多学一点东西。在这些学生中,除二人外,均为七七届学生。在原校系,必修课程已经学完,最后一年主要是写一篇学年论文和毕业论文。有人说,"玩也可以玩毕业的"。转入社会学专业班,人虽然辛苦一些,但可以多学点东西。况且,又能就读两所大学、两个专业,实在不无益处。

第五,进专业班,同时解决了毕业分配问题,安下了心。有学生说:"我无后门,毕业后不知分配何处,分到什么单位。今天给了这个机会,当然很高兴。"

正因为以上原因,虽然开学后遇到一些困难,如资料缺乏、自习找不到座位、宿舍拥挤、部分南方来的同学不习惯北方生活等,但绝大多数同学仍然精神振奋,情绪饱满。据调查,进入专业班的同学感到满意的有三十九人,占全班总人数的百分之九十二点八,感到勉强与后悔的有三人,占百分之七点二。勉强与后悔的原因是:①认为课程安排不如原校好;②家庭有实际困难;③身体不舒适(支气管炎及胃痛),不大适应北方的气候和吃不惯北方伙食;④学习语言的同学对自己能不能学好理论,信心不足。

全班同学对一年后生活去向的考虑:

去向	考研究生	回校当教员	从事科研工作	做社会工作	未定
人数	27	5	6	3	1
占全班人数的百分比	64.7%	11.9%	14%	7%	2.4%

三、社会的支持

参加社会学专业班的名额分配到学校,各校均进行了认真的选拔。北京大学为选拔五名学生,一位专职人员竟花费了一个多月的时间。南开大学为从一百多位报名的学生中选拔十二人,进行了数学和社会学常识的专门考试。武汉大学的系总支书记和系主任,先后跟选送学生谈过三次话。在送行的头一天晚上谈话长达二个多小时,语重心长地嘱咐他们一定要把社会学学好,不要辜负学校的期望。南京大学哲学系的领导,在一周之内,多次跟选送学生谈话,做他们的思想工作。他们为什么都很重视这件事呢?主要是大家认为,时至今日,实在有恢复社会学的需要。目前,许多大学都在酝酿成立社会学系或社会学专业,至少是准备开办社会学选修课。然而,最大的困难是没有人讲课,据兰州大学来的同学说,在兰州只找到一位过去曾经学过社会学的人,兰大开社会学选修课,就指望这位先生上课。云南大学选派的是一位成都籍学生,学校再三征求他的意见,在他同意留校,而且家长也同意他留校工作的情况下,这才派他来学习。许多学校对只给一二个名额,很不满足。

学生的家长、亲友,绝大多数表示支持。据调查,支持子女参加社会学专业班的家庭占全部家庭的百分之八十一,不同意的仅有一户,占百分之二点四,任凭学生自己决定的七户,占百分之十六点七。家长的顾虑主要有两点,一是丢下已经学习的专业,有些弃之可惜;二是社会学的前车之鉴,不可小视,怕搞社会学冒风险。有些家长虽然对社会学专业不感兴趣,但从分配角度考虑,能分在本市、原校,还是满意的。

老师、同学一般均表示支持,因为社会学在我国是新学科,可能比老学科有出息。认为进专业班是"好事"的约占全部师生的百分之八十以上,但也有人说:"社会学是力图改变政治而又改变不了的学问。""在我们国家,搞社会学可不是玩的，回顾过去历史，有几个搞社会学的没有被打成'右派'！"

二月二十六日下午，教育部、天津市委宣传部、社会科学院社会学所、天津市社会科学院的负责同志，尤其是著名社会学家费孝通同志参加专业班的开学典礼，同学们深受教育，许多人会后写了日记。通过这项活动，进一步强化了他们的专业思想。

四、在调查中发现了几个问题

1. 个别单位在选送学生时，考虑不够全面，或由于其他什么原因，派来的学生不太理想。这样学生现在发现有二、三名，占全体学生的百分之四到百分之七。

2. 所选学生有八个专业、四个外语语种，基础理论学习有好有差，参差不齐，这样对理论教学、语言教学都会带来一定困难。

3. 有些学生对现在开设的几门课，有看法，因此不够重视。

《社会学概论》除第八章，其余各章均已发到他们手里。然而，一边喊叫没有书读，一边却放着现成的材料不看。据了解，截至三月六日，只有个别同学才看完第七章，绝大多数只读了已经讲完的一、二两章。有人说，一、二两章，只要花一两个小时就看完了。

经济统计课，意见较大，许多人不太想听下去。认为这个课没有什么新内容，讲得太慢。听完了也就完了，不复习。许多同学要求选修概率论和数理统计课。

对英语，比较重视。由于学习基础不同，对现在的教学方法有满意的，有不满意的，反映很不一样。英语程度高的，可否免修？其余的似乎分为快慢班为好。

个别同学说："《社会学概论》只不过是历史唯物主义的另一种写法，《统计学》没有什么上头。"还有个别人说，他们到专业班来主要就是要把外语好好学一学。

4. 必须加强学生的思想工作。这些学生，虽然多数学习成绩和个人表现比较好，但是，他们是带着各种各样的想法来的，是已经拿到"铁饭碗"的人。他们的党、团组织关系又是临时的。如果抓不紧，很可能放任自流，各行其是。

5. 学习资料缺乏，阅览自学条件比较差，组织上应尽量想办法帮助解决。南开哲学系同志正在努力之中，但有些问题，像资料问题，是一时难以解决的。

1981.3.9

关于天津市社会学学会筹备工作情况的汇报（草）

1981 年 3 月 20 日
天津市社会学学会筹备小组

天津市的学习和研究社会学的活动，是在全国社会学的学习和研究活动的影响与推动下开展起来的。一九七九年三月十六日，中国社会学研究会成立，会上胡乔木同志代表党中央讲了禁止社会学在中国发展、存在、传授是错误的，提出要尽快恢复并开展社会学的研究的号召。在这次会议之后，全国的社会学的学习和研究工作有计划、有步骤地，稳步地开展起来。在这种形势的鼓舞下，天津市一些关心社会学和爱好社会学的同志开始了社会学的学习和重新研究的活动。

一九八〇年八月，中国社会学研究会会长、中国社会科学院社会学研究所所长费孝通教授来津讲学，阐述了社会学的研究对象和开展社会学研究与实现我国社会主义现代化的关系以及社会学研究方法等方面的问题，进一步激发了更多的理论工作者与实际工作者学习和研究社会学的深厚的兴趣，提出了在天津建立社会学学会的希望和要求。为了做好社会学学会成立的准备工作，在同年十月份由天津市社联召集了部分社会学爱好者的座谈会，座谈关于如何更好地在天津市开展社会学的学习和活动的问题，会上很多同志提出了许多宝贵的意见和建议。同年十一月份，在天津市社联的直接领导和有关部门的支持下，由天津市市委政研室、天津市社会科学院哲学研究所和院刊编辑部、团市委、民政局、南开大学等几个单位派人参加，成立了天津市社会学学会筹备小组。筹备小组建立之后，主要是开展了社会学的学习宣传、研究调查和组织建设等几个方面的工作。现在分述于下。

1. 学习宣传方面。

由于社会学的教学和研究工作，在我国中断的时间较长，因此，学习和重新学习的任务很重。在市社会科学院哲学研究所的支持下，编印了《社会学资料与动态》，翻印了胡乔木同志在中国社会学研究会成立会上的讲话和于光远同志在上海市社会学学会成立会上的讲话。这对于了解我们党关于创建新中国社会学的方针政策是很有必要的。与此同时，在部分同志间还组织了关于社会学研究对象和研究范围以及理论社会学的学习。由教育部委托南开大学与中国社会科学院社会学研究所合办的社会学专业班二月份开学，对于我们学习和宣传社会学是一个有利的条件，本市有八名专业社会学工作者和业余社会学研究人员参加了专业班的旁听学习。为了满足各部门爱好社会学者的要求，筹备组和市委政策研究室、市社联、天津市文化宫共同举办了社会学讲座，主要讲授社会学概论和社会调查方法，有八十多人参加。除此之外，筹备组的同志还写了一些宣传社会学研究对象和国内外社会学研究动态的文章。通过这些学习和宣传，已有越来越多的人对社会学有了初步的了解，随之而来的越来越多的人已经从事于社会学研究工作和打算从事社会学的研究工作。

2. 研究与调查工作

在对社会学的学习和了解的基础上，也开展了一些研究和调查工作，如以团市委为主的几个部门举办了青年婚姻问题的讨论和研究。市社会科学院哲学研究所周禄同志写出了关于天津市青年婚姻问题的调查报告。根据国民经济调查的需要和会后社会经济发展情况，市委政研室与几个有关部门正在筹划进行关于劳动就业问题的专题研究。此外，南开大学学生中的社会学爱好者还进行了农村情况调查和酝酿进行关于纺织工业实行四班制的社会意义的调查，部分老年社会学爱好者还开展了老年人问题的调查。我市的社会学的研究和调查工作显然是至其初步的，但是也有了一些可喜的成果。

3. 组织建设方面

在学习宣传和开展社会学的调查研究过程中，也组织了一些课题、研究小组，如市自然博物馆成立了家庭起源的研究小组，有的还具备了研究会的雏形，如青年婚姻问题研究会。同时，有更多的社会学爱好者提出了加入社会学学会的申请。在开展社会学学习和研究的活动中，在有关部门的支持下，经过反复酝酿和协商，提出了理事会的组成建议名单。

以上是筹备小组工作情况的简要汇报。在这里需要着重说明的是，第一，上述这些工作都是在天津市社联的直接领导下，在各级党委组织和行政领导的大力支持下，社会学爱好者和关心者的共同努力下进行的。而且，其中不少活动得到了社会学所的直接的帮助。第二，这些工作都是紧密围绕着筹备建立天津市社会学学会这一中心任务进行的。

经过这段筹备和组织工作，天津市的社会学专业工作者和业余爱好者都认为，目前在天津市建立社会学学会的条件已经成熟，而且适逢教育部委托费孝通同志主编的《社会学概论》审稿会在天津召开，不少社会学界人士汇聚于津，良机勿失。在社会学爱好者的要求下，经过社会学学会筹备组申请，天津市社会科学联合会批准正式成立天津市社会学学会。今天召开的就是天津市社会学学会正式成立大会，出席我们大会的有中国社会学研究会会长费孝通同志，吴泽霖同志，还有湖北省社会学学会和黑龙江省社会学学会的同志，让我们表示热烈的欢迎和感谢。在这次大会上，将由王畅江同志代表发言，作关于天津市社会学学会章程草案说明和宣布关于天津市社会学学会理事会成员建议名单，提请大会通过。同时，还邀请领导和来宾讲座。会后，还要进行关于如何开展社会调查研究工作的座谈。

关于社会学专业班毕业生分配问题的请示报告

南报字（1981）30 号

教育部：

  为了尽快的把我国已经中断近 30 年的社会学重建起来，发挥它在社会主义现代化建设中应有的作用，我校于 1980 年 10 月 17 日以南报字第 22 号文件报请教育部举办社会学专业班，"为有关重点大学和社会学研究机构培养社会学教学与科研专门人材"。教育部于 1980 年 12 月 27 日以高教一字 104 号文件批准我校举办社会学专业班，并批复："为了满足有关高等学校的需要，专业班学员可以增至 40 名左右。学员由有关学校从七七级文科学生中选拔，专业班结业后，学员按社会学专业仍随该校七七级毕业生分配做社会学教学、科研工作"。

  根据教育部的批示，我校从北京大学、人民大学、中山大学、武汉大学、复旦大学等十八所高等院校中选拔四十三名学生，于 1981 年 2 月来我校社会学专业学习。在一年当中他们学习了十一门社会学专业课，学习成绩优良，学生表示愿意为建设新中国的社会学贡献力量。现在，该专业班即将结业，学生要回各校参加毕业分配，但国家下达的七七级分配方案中没有社会学专业，因此，教育部 104 号文件的规定不能落实，无法保证学生毕业后做社会学教学、科研工作。现毕业分配在即，学生情绪很不稳定，曾多次找学校领导要求落实教育部文件的规定。我们认为学生的要求是合理的，特请教育部部分调整七七级分配方案，即减少该专业班学生原在专业分配名额，相应地增加社会学专业毕业生的分配名额。

  特此报告，请速批示。

南开大学
一九八一年十二月五日

关于西德社会学教授在我系讲学及接待情况的汇报

中国社会科学院社会学研究所：

为适应高等院校恢复社会学教学和研究工作的需要，教育部与中国社会科学院社会学研究所于去年委托我校举办了社会学专业班，这对于培养社会学的师资和研究人员、对于创建新中国的社会学具有十分重要的意义。专业班开课以后，曾先后请到国内外的教授和教师开了社会学概论、社会学说史、社会学方法、社会统计、社会心理学等课程，同学们反映收获很大，但对社会学的历史、西方社会学流派及分科社会学还缺乏深入细致的了解。在国内资料贫乏、师资缺少的情况下，社会科学院社会学研究所及时地邀请了西德比兰弗尔德大学及自由柏林大学的社会学教授贝格尔与芭芭拉·哈萨来我校社会学专业班讲学，从而解决了教学上的困难。两位教授分别讲授"西方社会学流派"和"社区分析"的课程，共授课100学时。这次西德专家讲学，使同学们开阔了眼界，丰富了知识。实践使我们感到：中国社会科学院通过聘请外籍教授到高等院校讲学来培养专业队伍和加强学科建设的尝试是成功的和可行的。

现将西德社会学教授贝格尔和芭芭拉·哈萨在我系讲学及接待情况简要汇报如下。

贝格尔客观地介绍了西方历史上几位重要的社会学家的基本观点，如马克思、斯宾塞、杜尔克姆、韦伯等。他授课比较系统，对于同学们了解社会学的发展历史和西方社会学主要派别形成的理论基础，具有一定的启发和帮助。经济社会学是贝格尔教授研究的课题之一。他重点讲授了马克思在《资本论》中阐述的社会学观点。贝格尔教授对《资本论》的熟悉和精通程度深为同学们所佩服，有的同学说："原来自以为我们是马克思的信徒，读了一点儿马克思的书就自以为懂了，其实，比起贝格尔教授的治学态度来还差得远。"

芭芭拉·哈萨主要给同学们介绍了"农村社会学"和"都市社会学"的基本知识，通过她的讲授，同学们初步了解了农村社会学和都市社会学的主要内容和基本方法。芭芭拉·哈萨本人热爱并研究农村社会学，她授课生动活泼，尤其能对于中国农村的有关问题从社会学的观点出发提出一些个人看法，对此，同学们十分感兴趣。有的同学说："中国是农业国，农业人口占80%左右，我们社会学的研究方向应该面向农村,但是,过去我们对农村社会学了解得太少了。"有的同学立志把农村社会学作为自己的研究方向,并愿意与芭芭拉·哈萨教授保持联系,交流这方面的学术情况,得到她的帮助和指导。

总结两位教授的授课情况,有以下几个特点。

一、知识领域较广,有独特的见解。

贝格尔教授在讲解马克思学说中历史唯物论的基本观点"不是意识决定存在,而是存在决定意识"这段话时,指出关于这段话的五种解释方法,并阐明自己的观点:"决定"这个词对于经济基础和上层建筑这两个体系来说,不是简单的因果关系,而是指"一体系规定另一体系的活动范围",使两个体系协调起来。这个观点对同学们启发很大,过去同学们也多次读到过这段话,但并没认真地去理解它。听了贝格尔教授的讲解,感到对于理解经济基础与上层建筑之间的作用与反作用关系,有一定的参考价值。

芭芭拉·哈萨在讲授农业生产的组织形式时,介绍了三种形式——家庭体系、集体体系、农场——的利与弊,特别谈到家庭企业的存在及其原因。从生产规模问题、农业生产的性质、家庭企业结构的优越性等方面谈到家庭企业的生产效率往往比农场高的原因,以及家庭企业对经济的稳定作用和对社会的功能,分析得有一定道理,尤其对同学们理解现阶段我国农村实行的生产责任制政策很有帮助。她还谈到社会主义乡村发展规划问题,肯定了合作社制度是继承了家庭企业和农场企业二者的优点,结合中国乡村的特殊问题,预测到随着机械化的发展,还要走集体化道路。看到一个外国人对中国农业问题如此关心,许多同学深深感到作为一个中国人的责任。

二、授课方法灵活多样,善于运用比较的方法。

两位教授授课各有特点,千方百计使同学能够明白、接受。如芭芭拉·哈萨每次课前要在黑板上写出本节课讲授要点,而贝格尔每次上课都要先作复习,把上次课的内容归纳为几个要点,进行概括、提高。两位教授很善于运用比较的方法,使同学们对所讲内容得到更为清晰、明确的印象,如芭芭拉·哈萨的课上,从头至尾贯穿了比较的方法,进行城市内、乡村内、城市间、乡村间、城乡间、西方城市和东方城市间的比较,在黑板上列表,内容一目了然。贝格尔教授在讲到杜尔克姆分析的两种团结——机械性团结与有机性团结的不同点及韦伯区分传统精神与资本主义精神的区别时,也运用了比较的方法。

三、课上课下配合,注意讲课效果。

两位教授讲课,非常提倡让同学发问,以便反映同学的理解能力、接受程度。用他们的话讲:"如果同学对我所讲的内容提不出问题,则我的讲课是失败的。"除了课上留出一定时间提问外,他们还采取了课下配合的措施。如芭芭拉·哈萨在课后,多次留作业,让同学们笔答。所出的问题都是结合中国的实际情况编出的,它主要是看同学的理解和消化能力,同时,她也能从中了解搜集中国的社会情况,如"中国目前的主要家庭形式""生产责任制的利与弊""在你所居住的城市中,城市规划的三个主要问题""目前中国农民的价值观"等等。同学们将作业交上之后,她认真批改,并安排时间与同学专题讨论。再加上客观上的有利条件:她能讲中文、又居住在离校很近的天津大学专家楼,所以同学们经常去那里讨论问题,她在和同学们的接触中了解大家的兴趣,便于思想的交流和感情的沟通。芭芭拉·哈萨对这批学生的评价是好的,认为他们学习刻苦,理解问题快,质量高,并几次提出希望能有机会再来华讲学。贝格尔教授从客观上来讲,在接触同学方面存在一些不利条件:他不懂中文,居住地点又距学校较远(当时由于天津大学专家楼不能解决住宿,贝格尔住在天津友谊宾馆),因此同学中的一些问题不能及时通过课下讨论的方式解决。但尽管如此,他还是想尽办法来接触了解同学,他主动出钱举办茶话会与同学们座谈,了解大家过去所学的专业、今后的研究方向、工作志愿等等。为了解决语言专业的障碍,他还邀请了两位能讲中文的德国留学生作为与同学沟通的桥梁。有时汽车因故未能按时到宾馆接他,贝格尔为了不耽误同学们上课,就及时借自行车从八里以外骑车赶到学校。由于工作紧张,天气寒冷,贝格尔曾一度感冒、咳嗽,但他仍然坚持上课,使同学们很受感动。总之,二位教授对教学工作是十分认真和负责的。

以上总结了贝格尔和芭芭拉·哈萨来我校讲学的主要成绩,当然也存在一些不足。比如,由于他们是短期讲学,因此授课的内容受到时间的严格限制,这样同学们获得的知识还不是很深入、很具体,而是框架性的、粗线条的。另外,在课程的衔接上,有的地方我们考虑的还不够细致。比如,社会学专业班曾请美国社会学家布劳讲过社会学说史,其中重点介绍了西方社会学几个重要代表人物的观点,这次贝格尔的授课内容与布劳有所重复。这种情况我们预先没有估计到,而贝格尔在国内准备课程时,也不知道这边的情况。讲课开始后,再更改教案已来不及了。事实上,如果减去重复的部分,则可能使同学们从其他方面多得到一些知识。

根据上述情况,我们在安排外籍教授教学方面有以下两条体会:

第一,请外籍教授讲学,提前不但要商定讲学的课题,而且要商定讲学的具体内容。对于外籍教授教学的详细提纲，系里应胸中有数。另外，应当将讲学对象的情况，包括同学们现有的知识水平、能力以及开过哪些课等，提前向外籍教授交代。

第二，在安排外籍教授的住宿时，应考虑到教学的需要，就近安排。应努力创造条件使学生在课下和外籍教授有较多的接触，以便于消化和补充课上所学的知识。

从对两位外籍教授的接待来看，系里有专人负责，而且均有两名英文好的同学做课代表。基本上根据他们的建议、要求安排了参观和访问活动，他们表示满意。不过，芭芭拉·哈萨曾婉转地提出关于她的旅游去向安排有些不周，上次来华安排她到南京、上海旅游，这次仍然如此，她希望能换一个地方旅游。后来，又鉴于她个人方面的原因，主动放弃了一周的旅游。

两位西德教授在这样短的时间里讲授的内容较多，同学们还需一定的时间进行消化，对于他们所阐述的有些观点，还需要运用马列主义的观点做深入的分析和研究。现在，我系保存着他们演讲的全部录音，并准备组织人力陆续整理出文字材料。

无论是在联系西德专家讲学，还是具体安排接待计划，中国社会科学院外事局及社会学研究所都给了很大的支持和帮助，戴可景同志在此间做了大量的接待工作，在此我们一并表示感谢。

此致

敬礼！

南开大学哲学系
1982.3.12

会员通讯

第二期

南开社会学班同学会主办

出刊日期：1982 年 5 月

张之毅先生谈《会员通讯》

阳春三月，方明和我拜访了社科院社会学所副研究员张之毅先生。张先生十分关心同学会的刊物——《会员通讯》。他仔细阅读了《会员通讯》的创刊号，并剪贴在自己的卡片上。他说，这是一种好的方法。它形成一个全国的联络网，有关社会学的信息在这个网络中传递，对新中国的社会学的建立，有很大的益处。望坚持办下去、办好。各地同学要积极投稿，关心自己的刊物，通过这个刊物，互相学习，互相激励，互相促进。

又讯，张先生在南开讲学后返京。给北大研究生讲课期间，曾因病卧床。现在病情已有好转，特告慰各地同学与会员。

（彭华民）

更名启事

经班友会名誉秘书长杨心恒老师提议，征求各地会员意见通过，《会员在各地》从本期起更名为《会员通讯》。

来信综述

会员近况

为使大家及时了解会员近况，现将近期会员来信综述如下：

本会会长韩广生已于三月十八日到沈阳市公安局报到，开始工作。主要工作是进行全市刑事犯罪情况的调研分析，目前正忙于熟悉公安业务，看资料，翻案卷，跑看守所，审犯人。他认为这是一种理论联系实际的工作，较适合个人特点，尽管很紧张，但很愉快。

宋林飞同志分配留校。春节前，他曾到江村参加社会调查，并写出了《江村农民生活追踪调查》的调查报告。本学期宋林飞同志给毕业班开"社会学讲座"课，并于四月八日带毕业生到安徽省涂县和江苏省常州市搞社会调查，现已结束。最近，他又接受了给一个进修班讲授历史唯物主义课程的任务。宋林飞的来信还希望把同学会的会刊办好，长期办下去。

宣兆凯正在紧张地备课，准备下学期开社会学概论课。信中讲，由于这是第一次在北师大开社会学课，讲授质量直接影响人们对社会学的看法，因此要特别认真地准备，"讲出新中国社会学的味道来"。

王建民同学的工作问题尚在联系，他现在正利用业余时间整理资料、笔记，准备写点东西。另外，他还准备把美国伊滋尼的《社会问题》一书译完。

范伟达于四月中旬应邀到杭州大学给78届哲学系学生、党委宣传部和各系团总支书记讲课，主要内容是社会调查及其方法，时间六天半。听课者反映较好。周雪光于三月份调到哲学系从事教学工作，现分工搞社会心理学教研工作。

郭申阳于五月初去四川大学参加教育部外事局主办的人口学出国人员英语培训班，为期一年的学习分为语言训练和人口学专业课二阶段。

复旦分校的几位教师均忙于授课备课工作。黄渭梁老师已经上阵，本学期除给分校有关系讲"社会学知识"外，还到上海市团校讲授社会学。张青准备下学期讲社会学专业英语。李友梅在从事家庭社会学教研工作。

据北京方面王思斌来信，北大社会学系已于四月十日成立，并准备下半年为全校各系开设社会学概论课，已通知王思斌、孙立平准备社会学概论课程；曹建民备"社会学方法"课；阮丹青备社会心理学课。王依依目前正与中央电视台联合搞一个关于电视剧《安娜·卡列尼娜》播出后观众反映的调查，问卷表回收率达到100%，王依依对这一调查充满信心。

李建设已分配到天津理工学院企业管理系，从事社会心理学教研工作。

张友琴、李晓丽同学目前在武汉参加第三期社会学讲习班。

又悉，郭申阳、张友琴、王建民等均已完婚。

（方明）

社会学研究生班动态

南开社会学研究生班为期二个半月的社会调查已基本结束，现将调查情况介绍如下：

"今日定县"调查方案设计基本完成

由南开大学和河北大学联合组织的"今日定县"调查方案设计工作经过两个半月的努力,已于五月上旬基本结束。方案设计组由10人组成,主持人是南开大学哲学系主任苏驼,河北大学哲学系教师金榜以及南开大学哲学系社会学研究生班六名研究生和七八级两名学生参加了方案设计工作。

三十年代初,社会学家李景汉先生曾在河北定县主持过一次大型调查,写出《定县社会概况调查》一书。半个世纪以后的今天,对定县再一次进行综合性的社会调查,对于系统地研究定县农村现代化的发展规模和水平,对有关领导和部门制定发展规划以及对于新县志的编写,都具有很大的参考意义。这次调查方案设计就是为将来的正式调查打基础的。整个方案设计过程分为三个阶段:一、准备阶段;二、实地探索阶段;三、设计阶段。方案初稿经修改后,拟打印成《"今日定县"调查方案》,送交有关领导、专家和部门征求意见。

宋丁供稿

武清县农业生产责任制调查

今年3月至4月间,杨心恒老师带领研究生农业生产责任制调查组到天津市郊武清县调查。调查组成员有:边燕杰,周华,梁向阳。调查报告现已打印,准备提交今年的社会学年会。调查报告的题目是:因队制宜,分类指导,做好农业生产责任制的完善工作。

调查以武清县为总体进行抽样。抽样误差为5%,可信度取95%,共抽了547个生产队。统计分析分两部:第一,分析生产力水平(用劳动生产率指标衡量)对责任制形式(按经营权集中程度不同划分和排列)的决定作用,得出此两个变项有较强的正相关,并在此基础上,参照经营效果,确定各种生产力水平范围的生产队实行责任制形式的最佳方案;第二,分析干部条件与责任制形成的正相关。报告还对统计结果进行理论分析。说明实行责任制过程中经营权统与分的辩证关系。最后,报告提出了因队制宜、分类指导的模型以及在完善责任制过程中广开生产门路等建议。

梁向阳供稿

"四班三运转"制度调查

"四三制"是我国纺织行业近年来实行的一种新的劳动制度。

由王来华、方明、彭华民、边馥芹、折晓叶五人组成的"生产制度"调查组,在《南开学报》副总编何桂林老师的指导下,以"四三制"带来的经济效果和社会效果为题,对天津纺织行业部分企业进行了为期两个半月的调查。

调查主要采用典型抽样调查法,同时兼施档案法、访问法和问卷法。在调查中,通过到纺织部和天津纺织局了解情况,掌握了"四三制"的演变过程、推广情况和有关经济资料,利用问卷调查表和小型座谈会的形式,取得了有关社会效果的资料。在此基础上对资料进行了分析,自己编写了计算机程序,利用计算机进行了统计分析。

调查报告是在资料分析和理论分析的基础上产生的,报告主要内容包括对"四三制"特点及其社会、经济效果的分析;制度实施者对"四三制"的看法;对劳动制度改革的理论探讨和具体建议。

折晓叶供稿

——课程介绍——

南开大学社会学研究生班的社会学概论课,计划从今年 5 月 3 日开始到本学年末结束。以费孝通先生主编的《社会学概论》(第二次修改稿)为基本教材,由杨心恒老师主持,每两周集体讨论一章并编出各章的参考资料。

(佘艳菊)

南开大学哲学系张向东老师讲授的"马克思主义社会理论"于 5 月 4 日开始,计划课时 68 学时。讲授内容为《1884 年的经济学哲学手稿》《英国工人阶级状况》《德意志意识形态》中的马克思主义的社会思想,以帮助同学们了解和掌握马克思主义社会的立场、观点和方法。

(王勋)

社会学在各地

北京大学社会学系成立

北京大学社会学系于 4 月 10 日成立,由袁方教授主持系务工作。现初步拟定今年下半年为全校开设社会学概论必修课和选修课。

4 月 20 日,王康同志去北大讲学,代表社会学所对北大社会学系的成立表示衷心的祝贺。王康同志对此事评价很高,称其为献给 1982 年社会学年会的一份厚礼。他表示要尽全力协助好北大社会学系,并预祝北大社会学系为创建新中国社会学做出贡献。

（王勋整理）

电子计算机在社会调查中的应用

南开大学哲学系社会学研究生班生产责任制调查组和劳动制度调查组在社会调查过程中，分别用进口 CROMECO 微型机和国产 DJS-6 型中型电子计算机进行了统计分析。通过这次实习性的使用，他们对如何在社会调查中运用计算机取得了一定的经验。他们体会到，运用计算机进行资料分析工作具有速度快，精度高的优点，省时省力。而且，使用计算机有助于对资料进行全面分析，以更好地完成调查任务。他们认识到，使用计算机进行资料分析是社会调查的发展方向。

（方明）

退休老人调查在两杂志上发表

去年暑期由社会学班王来华、宋丁、马和建、余艳菊、林征宇五名同学和天津九十中学晏昇东老师组成的退休老人生活调查组，对天津河东区广宁路街道实验一和实验二两个居委的八十五名退休老人进行了为期两月的调查。调查结果经整理，已经以《天津街道老人调查》和《退休老人的未来生活》为题，分别在《长寿》杂志 1982 年第一期和《未来与发展》1982 年第一期上发表。

（宋丁）

启事：

李哲夫的《社会统计学讲义》，张子毅的《社会调查研究》及同学通讯录已打印完毕，随本期通讯寄出。

经班友会副会长王思斌同志提议，南开方面同学争取，南开大学向社会学专业班同学每人颁发南开大学纪念章一枚。

外文版马列经典作家著作已到，语种仅有德，法，日三种，近日寄出。因数量有限，英文版著作仅供给教师。

> 问题讨论

怎样办好同学会和会刊？

同学会是我们自己的学术联络组织，它担负着交流学术、传递信息的任务。

会刊是同学会的重要工具。本刊决定从本期开始，就如何办好同学会和会刊，开展讨论，望同学们各抒己见，积极参加讨论，提出你们对同学会和会刊的意见与期望，以便改进工作，把同学会和会刊办得更好。本期发表边燕杰同学对如何办好同学会和会刊的看法。

——编者

……（中间遗失）

会员情况调查表

请认真填写：

1. 姓名

2. 工作单位　　　　　（校、院）　　　系（所）　　　室

3. 今年上半年教研和学习情况（做了几件事？完成进度如何？）

4. 下段工作和学习方面的想法

5. 对同学会和会刊有什么新情况、新动向提供？

6. 您对办好同学会和会刊的具体意见和建议

请于"七·一"前寄回，寄至：南开大学哲学系社会学研究生班：边燕杰收。

送：各地社会学学会

寄：本会会员

本期编辑：王勋、方明、边燕杰

1981级社会学专业班毕业生工作情况总结

去年社会学专业班有正式学员43名，进修、旁听生15名，年底毕业时成立同学会，进行通讯联络和学术交流，58名同学均为会员。同学会于今年2月开始常务工作，出刊物，与大家联络，并于6月发放调查表了解大家的工作、学习情况，现收回14份（不包括以前写过信和在津会员已面谈的）。在这个基础上，现将情况汇报如下：

一、总的工作情况

43名学生的工作安排是：

表1：

工作安排	人数	比例/%	男	女
留校任教	18	42%	13	5
研究生	15	35%	9	6
研究所	4	9%	1	3
行政单位	3	7%	3	
大学任教（非留校）	2	5%	1	1
中学	1	2%	1	
合计	43	100%	28	15

从表1所知，绝大多数同学安排在社会学教研岗位上，他们对工作基本满意，并都开展了正常的学习和工作。在留校任教的同学中，有四人在一至二年中兼任年级辅导员或作系行政工作（蔡禾）。在行政单位的三人中，有二人（郭鲁晋、韩广生）的工作性质直接与社会学有关，其中韩广生研究犯罪问题。对工作分配感觉不很理想的只有王建民一人，他目前利用业余时间搞一些社会学英文著作的翻译，并到区干校讲社会学一次，争取作个"业余研究者"（王建民语）。

结合具体专业方向深入学习，这是一个重要特点。在半年来的通信中我们了解到，分配到教研单位工作的24名同学都依照自己的计划加紧学习。有5人参加了武汉讲习班，北大4人按照系里要求参加研究生（1982级）的考试；13人已接受开课计划，进行备课，主要科目是（1）社会学概论，（2）社会学方法，(3) 社会心理学，有 5 人已开设讲座，其中复旦大学范伟达应邀到杭大讲课。这方面工作，受到所在单位领导的重视，已开课的收到较好的效果，如范伟达的杭大讲座"受到欢迎"，李建设的调查方法的讲座，在听者（天津有关单位科、处级干部）看来是"新颖的，可以接受的"。大部分同志感到，去年一年的社会学学习对进一步研究很必要，很关键，但也很不够，进深的学习是相当重要的。

开展初步的社会学研究，撰写论文及调查报告，这是又一个特点。毕业时大家的口号是"横下一条心，献身社会学"，从目前看来，这不是一句空话。分配到岗以后，一方面抓学习，一方面搞研究，学研结合，这是一个普遍的动向。南京大学宋林飞、中山大学丘海雄、董遵圻、李觉敏，社会学所谢文、王颖，沈阳市公安局韩广生，北京市社会学研究室王依依等，都开展了调查研究，目前写出四篇调查报告，其中宋、丘二篇提交在韩召开的年会，韩文提交有关部门。人大林克雷，复旦大学周雪光、范伟达，上海蒲照中学王建民，北大曹建民、孙立平，北师大宣兆凯，云南大学严建等都结合教学开展理论研究，有的侧重翻译，有的搞一个专题，有的在编写讲义，有的还为报刊撰写社会学文章。

勇于独立工作，自觉挑起创建社会学专业的担子，这也是不可忽视的特点之一。严建同学回校后，组织上分配他作二年辅导员工作，他欣然接受，认为这是锻炼自己的好机会。他看到滇省远离中心地区，消息较闭塞，很多同志想搞社会学但又不知社会学怎样搞，他便积极参加省社会学研究会筹备组工作，介绍情况，前后奔波，还写文章，与同志座谈，出了很多力。范伟达到杭大讲学也是在类同这种情况下去的。值得提出的是宋林飞同学，他本年来曾两次率领毕业班搞调查实习，接受 80 个课时的概论课任务，自己编写教材（下学期上课），还二度到江村调查，写出质量较高的调查报告一篇。

应该指出，同学们能在半年内抓紧时间学习、研究，是与所在单位领导的重视、鼓励，学术前辈的积极引导分不开的，这也是很多同志的一致看法。

15 名进修、旁听生的情况较稳定，基本特点是能结合专业独立开展研究和教学，如黄渭梁（复旦分校）曾到上海团校讲课，给本校学生开社会学知识课，并与其他教师合著概论教材。周路同志（天津社科院）搞了一个天津市青工问题调查，作犯罪研究（论文发表在《法学研究》82 年 2 期上），等等。

南开研究生班的 14 名学生的情况基本是在系里规定下学习。分配在南开工作的同学情况略。

同学们的总的情况是较好的。

二、下段的大致打算

从收回的十几份调查表中来看,所有的同学都有下段的打算,主要有二项:调查和自学。按有无明确计划和是否开课作联附表如下:

表2:

	有无明确计划	
	有	无
开课(研究)	7	
(研究准备)备课	4	
一般性学习	3	2
总数	14	2

表 2 不包括 15 名研究生。从表 2 包括的 16 份调查情况看出,有明确学研计划占绝大多数,一般性学习而无计划者,是分配到行政单位的人。

有明确计划的同学中分为二类:一类是结合教学,编写讲义,有目的的读书;一类是侧重搞一些调查,开展实证研究,还有的是一边教学,一边调查。调查题目多是具体的社会问题。

大家在来信中谈到"打算"时,总希望能开展经常性的交流,办好我们的会刊,并逐步将这个小小的刊物多发些学术性的东西,作为会员的学术园地。

仅将以上情况总结报上。

同学会:边燕杰

1982.7.5

关于接待美国坦普尔大学代表团的汇报

1982年7月上旬,我们研究生班接待了美国坦普尔大学代表团的四位学者。我们总的感觉是该代表团的态度是友好的,他们概略地向我们介绍了美国社会学界的学术动向和概况,同时向我们介绍了美国的社会情况和存在的社会问题,并就几个问题同我们进行了座谈。接待工作分两阶段。

一、讲学阶段

代表团的四位学者根据他们各自的专业进行了一周的讲学,讲学的题目是:美国人类学发展的概况,美国的家庭社会学,美国的妇女运动和社会地理学,最后,代表团的团长还专门介绍了美国社会学系和人类学系对研究生培养的方法和学习科目。这些内容除社会地理学大家没有接触过外,其余的都有过不同程度的接触,因此课堂讨论较多,同学们能够根据自己的观点提出不同的看法。比如,关于家庭的起源和发展的问题,我们划分的阶段与美国学者不一致,我们的同学就根据恩格斯《家庭、国家和私有制的起源》一书,阐述了我们划分阶段的依据。美国学者表示赞成,认为这也是一家之言,但他们还保留他们的观点,因为他们认为后来搜集的材料和恩格斯当时的结论有一些出入。

二、座谈阶段

在后一周,美国学者就家庭问题、妇女问题和性解放问题同我们进行了座谈。

1. 家庭问题

我们介绍了中国目前的家庭结构,中国对老年职工退休金的规定,以及中国赡养老人的特色(不是把老年人推给社会,而是消化在各个家庭中,使老年人有一个舒适愉快的晚年生活),还有中国开展的五好家庭运动。美国学者很感兴趣,他们认为中国对老年人问题的解决比美国好。但他们也提出,中国现在实行的是独生子女政策,将来是 1-2-4 的代际结构,那么由家庭承担老人是否使青年人负担过重。我们讲这正是我们研究的课题,我们一方面要保留好的传统,一方面积极发展社会服务事业,使家务劳动逐步社会化,我们不走美国的道路,美国学者认为这些想法是对的。

2. 妇女问题

主要谈了妇女地位问题，我们介绍了中国妇女在政治经济地位上与男同志是平等的，在家庭生活上是互助的。我们认为，妇女地位的提高不在于女同志能干男同志的工作（如美国认为第一个女法官的出现是女权运动胜利的标志），应该承认和照顾男女生理上的差异，但美国学者认为这种承认科学根据不足。我们的女同学也提出，她们不同意美国的那种女性男性化，男女分工发挥各自的特长，不是不平等的表现。美国学者还问到在校男女生的比例，我们讲是 2∶1。造成这种状况有历史因素在内，中国曾是一个半殖民地半封建的国家，过去妇女地位很低，女子受教育机会极少；解放后，由于重男轻女传统思想的影响，有些家长对女孩子的学习不够重视，家务负担过重，这些都使女同学在升学的竞争中受到影响，但这只是旧思想的影响，不是社会制度的弊病。

3. 性解放运动

关于西方性解放思潮在中国的影响，美国学者有一定的了解，他们知道像《公开的内参》一类的文章。我们认为性解放、试婚制是西方社会的糟粕糜乱，是中国的法制、道德所不能容忍的，这种思想在中国没有传播市场，受影响的只是极少数人。美国学者不同意我们的批评，他们认为性解放运动还是具有进步意义的，尽管它使美国去年有 100 万女青年（19 岁以下）堕胎，有 60 万人有了孩子但不知怎么处理，出现了年轻父母无一技之长，又有了孩子的社会问题，但它的积极作用是使成年人坦率地说出这些问题，允许在婚前有更多的性经验，以便考虑的更成熟。我们认为，爱情的基础是双方的志同道合，而不是建立在性快感之类的基础上，我们接受不了这些东西。

代表团的学者对我们的座谈很满意，他们说这是他们到中国之前所没想到的。1. 中国学生对西方有相当的了解。2. 通过比较形成自己较成熟的看法，所发表的见解都是有理论和事实依据的。3. 在座谈中，我们坦率地发表自己的看法，使他们感觉很友好。尽管一些问题上我们有分歧，但这是学术研究所不能避免的。

我们觉得，同国外学者接触很有帮助，许多国外的东西只有在深入了解之后，才能有真正的辨别，研究生受到系统的马克思主义教育，能够做到批判地接受。

关于举办社会学专业班与研究生班的情况汇报

1982年12月18日

为了尽快的培养社会学学科建设和发展所急需的教学和研究工作的专门人才,以适应我国社会主义现代化建设的需要,我们于一九八一年举办了一期社会学专业班,接着在一九八二年又开办了研究生班,从实践经验已经说明这种形式是适合社会学这类学科状况,解决急迫需要专门人才的一种有效的办法。现将这两个班情况汇报如下:

一、专业班的产生

一九七九年在我国恢复和发展社会学这门学科的过程中,首先遇到的是人力不足问题。胡乔木同志于当年三月在中国社会学研究会成立会上的讲话,提出了在有条件的高等学校尽快办起社会学系,招收学生,办研究生班,培养新一代社会学者。这完全反映了客观实际的要求。但是,要培养专业人才,确实存在很大困难,一方面是老的社会学家,大多年高,力不从心;另一方面是这门学科刚刚恢复,在内容和体系上都需要研究。在这种情况下,如果按常规解决,从研究入手到学科健全到招收学生要用相当长一个时期,远远不能适应形势发展的需要。一九八〇年八月,费孝通教授来津讲学,与我校滕维藻校长会见,谈到培养社会学专门人才的问题,滕校长提出南开大学打算从文科高年级学生中选拔优秀学生加以培养的设想,这个意见很快得到教育部有关领导和中国社会科学院的支持,很多兄弟学校也纷纷要求选派学生参加,因此产生了社会学专业班。

二、作好学生的选拔工作

在确定举办专业班之后,头一项工作就是选拔学生的工作。招生名额许多学校都感到不敷分配,普遍重视学生的选拔工作。如北京大学为选拔五名学生,负责筹建社会学系的一位同志花了一个月时间,南京大学哲学系把学习成绩突出的七七届支部书记选拔来学习,武汉大学哲学系总支书记和系主任跟选送同学进行多次谈话嘱咐要学习好,云南大学选派品学兼优的学生,成都的学生经征得家长和本人同意毕业留校工作后，才决定选派。人民大学、南开大学都采取了考试的办法，南开大学在一百多名报考同学中选拔了十二人，选拔结果共录取四十三名，其中男生二十七人①，女生十五人。党、团员各有十九人，平均年龄为二十六岁。四十三人都曾去农村插队或去工厂学校工作过，经过社会实践的锻炼，工龄最长的达十年。原来所学专业的分布情况是哲学二十六人，占61.8%，政经六人占14%，历史、中文、社会学、外语各二人，各占4.7%，国际政治、政教各一人，各占2.4%，大多马列主义理论基础课学的较好。上述构成状况是非常有利于学习社会学这门综合性较强的学科的。学生的选拔工作为专业班的学习创造了一个良好的条件。

三、课程体系力求科学合理

专业班的培养目标是为社会学学科建设培养急需的后备力量，通过一年的学习使学生初步了解与掌握马克思主义经典作家关于社会学的论著，初步掌握并运用马克思主义基本观点方法研究社会学能力，学会社会调查的基本方法和技能，了解国外社会学的历史与现状，提高阅读社会学外文书刊的能力，为毕业后继续深造打下基础，为从事社会学教学和研究工作提供一个初步条件。课程安排是从社会学学科体系、教学与研究工作以及继续深造的实际需要、学生原有知识基础几个方面考虑的，同时也参考了复旦分校，苏、美等国大学的课程计划。这个安排是以社会学理论和方法为主要课程，辅以必要的专业知识，共开设了马克思主义经典著作、社会学原理、社会学史、社会经济统计、社会统计、社会调查方法、社会心理学、社区分析、人类学、外国社会学（欧美、苏联、日本）、社会学专题讲座、专业外语十一门课，约计一千五百五十余课时。实地调查是在暑假进行的。另有部分同学还选修了高等数学。课程结构如下图：

社会学理论与方法课程构成图（各门课程课时与所占百分比）：

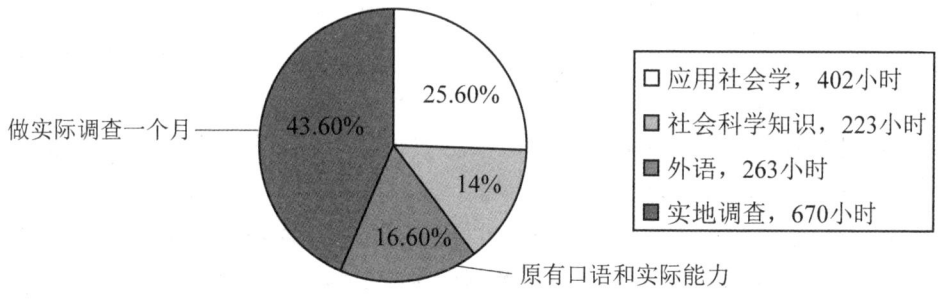

---

① 此处文本有误，应为二十八人。

四、约请国内外知名社会学家任课

为了实现教学计划课程要求,最重要的工作就是组织教师力量。在社会学所的大力支持下,本着在国内有人胜任,首先在国内约请,国内没适当人选,再在国外聘请;在国内本着力求约请具有实际水平的专家学者,国外本着必须具有真才实学,又有一定国际声望,并可利用交流机会,尽量节约外汇的原则。费孝通教授亲自讲授了概论的导论部分,其余部分是由概论编写组的成员担任的,马克思主义经典著作是由陈道同志亲自讲授的。社会学史由美国著名社会学家布劳教授,社会经济统计由天津财经学院副教授刘儒,社会统计由美国天主教大学李哲夫教授,社会调查方法由美国奥本尼大学林南教授,社会心理学由天津商学院讲师林秉贤,社区分析由西德柏林自由大学贺碧立副教授,西方社会学由贝尔弗利德大学贝格尔教授,苏联社会学由中国社会科学院情报所佟庆才,日本社会学由吉林师大丁克全教授分别承担的。社会学讲座则由我国知名社会学家吴泽霖、雷洁琼、袁方、林耀华和其他专家戴世光、全慰天、赵凤岐、马句等同志主讲。从讲课实际效果来看,除个别课程稍差,大多数课程效果良好,同学感到满意。教师阵容的安排为教学计划实现取得了可靠的保证。

五、充分发挥学生学习的积极性和主动性

学生入学之后,对他们的一些情况进行了一次调查,调查结果表明他们是愿意到专业班学习的。有相当一部分同学阅读过社会学书刊,是社会学的爱好者,如宋丁同学在入学前就写过 20 万字的社会学读书笔记,余艳菊同学也曾多次要求参加湖北社会学会研究活动。家长对同学学社会学支持的占 81%,让他们个人决定的占 16.7%,反对的占 2.4%,可以说他们学习社会学的思想条件和社会条件也是较好的,而且大部分同学在原校都担任过社会工作,有一定组织工作能力。根据这种情况专业班单独成立了党、团支部和班委会,分别负责自己的思想、学习和管理工作。为了较好学习,在班委会设立了两名学习委员,一名专门负责资料工作。由于专业班在较短时间内要学习较多课程的特点,同时又要使同学智能得到较好发展,教学多是采用的程序式教学法(即按知识逻辑程序进行教学)、间或采取发现式教学法(即把学习知识过程和探索知识过程相结合)。整个学习过程都是比较紧张的,最多授课学时达到每天六节课,各门课除去有出版教材外,同学们都根据讲授记录整理出讲义作为参考教材。为配合学习,同学们自己编辑了 30 万字的教学参考资料,分六期刊印成册。

六、对专业班的评价和社会效果

在专业班结业时,同学们普遍认为对社会学有了较系统的认识,坚定了从

事社会学教学和研究工作，为社会主义现代化建设作贡献的信念。原来不懂社会学的同学说，经过这段学习才算迈进社会学这门学科的大门；原来懂一点社会学的同学说，经过这段学习为今后深造铺平了道路；原来有些基础的同学说，有了系统的提高。

教师大多反映专业班同学学习刻苦，成绩较好。如布劳教授认为，学生的学习积极性和学习水平都很好，他说在他来中国之前担心由于他只给研究生上课，曾经担心中国本科学生接受能力，但上课后发现同学接受能力不低于他在美国教的研究生。林南教授指出十五位同学的名字，他说就他所教的社会调查方法这门课来说，他们和他在美国教的研究生的水平相当。陈道同志看过他给同学留的作业——读书笔记之后，也觉得写的较好。同学们暑假所作的社会调查，江苏南通市剩余劳动力调查、天津老年人生活状况调查、天津待业青年就业情况调查、清华北大同学对社会学评估调查分别为《长寿》杂志、《社会学通讯》《青年就业研究会年会论文选》刊登。

专业班同学毕业后的情况如何呢？我们正在进行问卷调查，根据目前了解到的情况是 43 名毕业同学有二十一人考取北大、复旦、南开的研究生继续深造（其中有 3 名出国），有四人在科学研究机关工作，十五人从事社会学的教学工作，二人作社会学老师工作，有一人做中学教员，一人在市区区委工作。在从事教学的十五人中，已有五人登上讲台，并且教学效果反应良好，如宋林飞同学不但已经讲课而且带领同学进行社会调查；范伟达同学不但在复旦大学讲课反映较好，而且被请到杭州去讲课；李建设为天津理工学院厂长培训课讲课，也受到欢迎；宋林飞同学写的《江村五十年变迁》已被报纸刊登；江山河、蔡禾同学搞的武汉青年生活方式调查，严建同学写的《乡规民约》，都受到有关单位的重视。上述事实说明专业班基本实现了办班的培养目标的要求。

七、社会学研究生班是专业班的继续

在专业班开办不久，费孝通等领导同志就考虑到专业班学生毕业后继续提高和深造的问题，曾经设想，再集中半年左右时间进行实地调查锻炼，继续举办一年师资进修班，从事一段时间教学和科研工作后，集中交流体会培养提高，招收研究生，选送出国培养等几个方案。后来看到专业班同学很有培养前途，同时适逢北大等校酝酿招收研究生，专业班同学愿意达到更高学术水平，取得具有一定水平的学位。为了把他们继续培养成才，经过社会学所领导集体研究，由费孝通同志向教育部提出在专业班的基础上办研究生班的建议，同时对研究生班的指导教师做了安排，一并报部。导师计有费孝通、张子毅、傅正元、吴泽霖四位，同时南开有何桂林、李竞能两名副教授也参加研究生的指导。在举办研究生班的报告被批准之后，接着进行研究生招收工作。由于批准时间已接近考试时间，有些同学因为来不及准备，或原选送学校怕以后统一分配，不同意报考，以致有些优秀同学没能参加考试，影响了招生的质量和数量，这是工作中的一个缺陷。考试科目有政治、外语、社会学原理、社会统计学、社会心理学五门课程。外语考试用的是全国研究生统考 B 卷，其余几门课程都是请国内外有关专家审定的。经过考试录取了十五名（其中一人因原单位不同意报到，没参加学习），被录取的同学，除有五名同学外语成绩稍差外，专业课成绩都是较好的。

八、在专业班的基础上，根据硕士学位研究生标准等制订培养计划

办研究生班的目的就是为了在专业班的基础上，迅速培养具有较高学术水平的社会学教学和研究工作高级专门人才，因此研究生的培养计划主要是根据国家学位条例要求，并参照北大、中山两校以及本校哲学、经济等专业研究生培养计划，同时还听取了美国天主教大学与坦普尔大学社会学系研究生培养办法介绍制订的。

学习期限为两年，在两年中设置课程如下：

必修课（31 学分）：

1. 马克思主义经典著作，3 学分；
2. 社会学原理，6 学分；
3. 社会调查方法，6 学分；
4. 经济社会学，2 学分；
5. 人口学，2 学分；
6. 社会现代化，2 学分；
7. 西方现代社会学，3 学分；
8. 政治课，2 学分；
9. 外语，3 学分；
10. 计算机应用，2 学分；

选修课（6 学分）：

世界近现代史、生物学、外国现代哲学、科学方法论等

共计 38 学分。[①]

[①] 此处文本有误，应为 37 学分。

为达到学位条例要求的"掌握本学科坚实理论"方面,比专业班的专业基础理论课都提高了一步,如马克思主义经典著作课新增了《1844年经济学哲学手稿》,马克思、恩格斯《德意志形态》,重读了恩格斯《英国工人阶级状况》。社会学概论课增加了阅读教学参考资料,同时深入讨论和分析概论教材。西方现代社会学在专业班以人物思想介绍基础上,按理论思想派别介绍,指出各派之间的联系,同时以马克思主义观点进行分析。社会调查方法课,增加介绍和总结我国社会调查经验内容,提高对西方调查方法理论基础的研究,并学会计算机应用技术。

为达到具有本专业系统的知识方面。在专业班基础上开了人口学、经济社会学、社会现代化几门课,并选修世界近现代史、生物学、科学方法论。

为了培养学生具有独立科研和教学能力,特别安排了两次社会实地调查,让学生独立设计调查方案。

外语,参加学校主办的文科研究生合格考试,通过后增加阅读外语专业书籍时间。

九、为了保证研究生班的教学质量而采取的进一步措施

在师资力量缺乏和图书资料不足的情况下,根据学生学习情况,我们采取了以下措施。

①争取导师的更多的指导。开课以来已有张子毅、傅正元两位导师按预订计划进行授课或指导,特别是傅正元导师不但按计划讲课,效果显著,而且对同学学习方向、方法都帮助很大。何桂林、李竞能两位导师也对同学社会调查和论文进行了实际的指导。费孝通教授和吴泽霖教授原计划就是担负指导论文的任务,为了争取导师在撰写论文阶段给予更多指导,经过酝酿已把论文方向和指导教师初步确定下来。

在研究我国小城镇方面4名由费孝通教授指导,在方法论方面2名由张子毅教授负责,经济社会学2名由何桂林副教授指导,社会学理论3名由傅正元副研究员指导,犯罪人口、社区研究3名由吴泽霖教授指导。

②根据入学考试时有五位同学外语成绩稍差,在第二学期增开了外语课,学习新概念第四册。

③充实图书资料,增订外文期刊20余种。

林南教授在国外代为选购的三百余本图书,很多是国外经典性著作,很有价值,已全部登记完毕,开始借阅。在中文图书方面,同学可以充分利用我校采编的社会学书目。这些书目收集了国内二十几个图书馆现有汉文图书。

十、目前研究生班学生学习情况和存在问题

一年来,研究生班学习是紧张的,他们有一种一定要搞好学习,建设中国社会学的志气,也有一种必须要学好的压力。从目前学习情况来看,他们对理论的学习是较深入的,对概论学习结合讨论提出了自己的新的理论体系,对每一章提出了自己的观点和意见。如对社会制度一章,认为概论应该就如下几个方面进行研究:研究制度的起源、发生和演变的规律,研究制度的基本结构,研究制度和社会生活的关系,研究制度与制度之间的关系,研究制度的功能与反功能。概论要研究制度的一般,具体的制度要由其他社会科学和社会学分支去研究。从他们讨论所提出的意见,可以反映出他们学习的质量和水平。

他们对社会调查方法的学习和掌握是较好的。经过专业班到研究生班几次循环反复,学的比较扎实,都能达到独自设计小型调查的水平。

外语方面,经过合格考试,一般阅读外文专业书籍能力有较大的提高,他们利用假期为河北大学师生翻译的《社会调查研究方法基础》一书进行了校订,约 20 万字。同时,有四位同学合译了博特模儿的《现代社会阶级》一书,约 6 万字,现正由傅正元导师校正。宋丁同学翻译的《结构与历史》已由《外国社会学资料》采用。但是,仍有四位同学由于外语基础稍差,仍需继续巩固和提高。对用外文写论文提要,还有些困难。

这个班同学所写的社会调查报告和文章,有《天津纺织行业实行四班三运转——劳动制度改革社会意义的调查》发表在《南开大学学报》,《退休老人未来生活》发表在《未来与发展》。以上两篇文章均为人大剪报资料转用。《关于民航乘客客源调查》发表在民航刊物上,《关于武清县农业生产责任制形式调查》为天津市委编的《调查研究》选用。另外,还有《孔德》《斯宾塞》两篇人物介绍在《社会》杂志发表。这些文章社会反映也较好,有的还有一定实用价值。

虽然还有一年的撰写论文和学习时间,但也可看出一些端倪。从十四人的综合学习情况分析,有十名同学是可以达到学位规定要求水平的,有四名同学在外语和表达能力方面经过努力,也是可以达到的。

十一、社会学专业班、研究生班是适应这门学科建设紧迫需要培养人才的一种较好的形式

社会学的研究已经列入哲学社会学科学研究规划重点方面。这门学科在制订国家经济和社会发展计划,实现我国社会主义现代化建设宏伟目标方面有着重要作用。这门学科迫切需要人才,通过两年的实践,我们体会办专业班和研究生班是满足这种紧迫需要的较好的形式。

1. 在保证一定质量的前提下有利于多出人才,争取时间。按照常规,从本科开始再经过研究生培养,要用六、七年时间,而采取从文科三年级选拔优秀学生培养,只要三、四年时间。按照常规培养的人才要到七五计划后半期才能发挥作用,而采用专业班到研究生班的形式在六五后期即可发挥作用。

2. 有利于学科的健康的发展。在目前学科基础比较薄弱的情况下,招收具有一定马克思主义理论基础的高年级学生,或是有大学毕业水平,经过一定实际锻炼的职工,比招收高中毕业学生更能保证社会学这门学科运用马克思主义为指导研究中国社会学实际,为社会主义现代化建设服务,建设中国自己的社会学。

3. 有利于集中现有社会学师资力量和指导力量,集中办班比分散个别指导可以更多地培养一些人才。

4. 有利于学生的思想和学术交流发挥整体效应。从专业班和研究生班的实际情况看,同学都感到收到意想不到的整体效应,相互交流,相互启发,切磋琢磨,思想活跃。有的个别导师指导的同学对研究生班的同学这个条件是很羡慕的。

5. 有利于促进专业成长和学科建设。在举办专业班和研究生班的过程中,我们已经组织了十六个人的教师队伍,其中副教授 3 人(待批 1 人),讲师 2 人,形成了社会学理论和方法、经济社会学、社会心理学三个教学组织,确定了科研方向,推动了资料建设工作,积累了一套社会学教学参考资料。

十二、几点体会

首先,我们觉得举办专业班和研究生班是科研单位教学单位结合的产物。中国社会科学院社会学所建立之后,就采取了一条大力支持高等学校培养人才建设学科的正确方针。在这个方针指导下,支持了几所大学社会学系的建立,我们的专业班和研究生班也是在这种支持和合作下办起的。同时,这样结合优势是办好专业班和研究生班的重要条件。科研单位发挥了研究力量和资料方面优势,学校发挥了基础课力量雄厚、教学条件较好的优势,两个优势结合到一起,产生了巨大的力量。

第二,一定要做好招收学生的工作,保证把比较优秀的学生选拔到专业班或研究生班。在学科基础比较薄弱,教师教材缺乏,而学习时间又较短的情况下,如果不能选拔优秀学生加以培养,是无法实现培养目标的,而且在集中有限力量大力培养人才的情况下也是一种浪费。专业班和研究生班之所以比较顺利和对学生的选拔关系是互为基础的。

第三，是领导重视。专业班和研究生班都得各级领导的重视，中国社会科学院党组和教育部党组都研究过这两个班的问题。社会学所费孝通、吴承毅等同志和教育部季啸风等领导同志多次到校，具体帮助解决专业班和研究生班存在的困难，学校党委张再旺同志和校长滕维藻同志多次听取两个班的工作汇报，帮助解决问题。特别是一开始费老就为专业班明确了办班要坚持马克思主义指导，研究中国社会实际，为社会主义现代化建设服务的方针，在对待两方社会学问题上采取首先认识研究，然后分析、批判、吸收的原则。这些都对专业班和研究生班沿着正确方向发展，起了决定性的作用。

社会心理学教师进修班教学计划

课程名称	授课时数	学期	授课人	职称
心理学理论基础	60	上	陈元晖	教 授
			孔令智	副教授
社会学概论	60	上	杨心恒	讲 师
西方心理学史	45	上	沈德灿	副教授
管理心理学	30	上	徐联仓	副研究员
			高尚仁	教 授
社会心理学	80	上	吴江霖	教 授
		下	孙 非	讲 师
医学心理学问题	40	下	陈仲庚	副教授
			段淑珍	副教授
			周尚仁	教 授
专题讲座	20	上	刘恩久	副教授
实验心理学与统计心理学	40	下	林传鼎	教 授
			张厚灿	副教授
苏联心理学史	30	下	王 青	
苏联社会心理学专题讲座	20	下	李 沂	副 研
			赵璧如	
			孙 晔	
			林 芳	
专题讲座（青年、民族、商业、司法等）	60	下	张世富等	副教授
调查与研究	二个月			

《社会学教学丛书》序①

南开大学社会学系和京津部分社会科学研究人员编写的一套《社会学教学丛书》，即将由重庆出版社陆续出版了，作为丛书的顾问，我想借此机会向读者讲几句话。

社会学作为学科恢复以来，已经走过了五个年头。这五年在人类历史上不过是短暂的一刹那，而在社会学领域里却引起了很多的变化。上海大学文学院、北京大学、中山大学和南开大学相继建立了社会学系，继中国社会科学院社会学研究所成立之后，又有省市建立了社会学的专门研究机构。上海大学文学院培养的两届社会学本科毕业生和南开大学社会学系培养的社会学研究生已经走上工作岗位，成为社会学的生力军。建机构、出人才、出科研成果的同时，各个学校都在集中精力编写教材，由教育部委托我负责组织的《社会学概论》（试讲本）已由天津人民出版社出版，在社会学教材建设中带了头，各个学校编写的公共课和专业课教材将陆续和大家见面。

1980年我们在南开大学举办了社会学专业班，为全国各高等院校和科研单位培养了43名专门人才。次年，又在这个班的基础上，又招收了研究生班，为我国培养了第一批社会学硕士研究生，现已走上工作岗位。由于南开大学社会学系从事教学工作较早，积累了丰富的教学经验，对缺少教材之苦感受最深，去年之初，他们就下决心搞一套自己编的教材，这个想法得到了重庆出版社的大力支持，该校领导和教育部文科教材处也很重视。他们感到光靠自己力量不够，就组织京津部分社会科学研究人员共同编写，成立编委会发挥集体智慧，虚心征求老一辈社会学家的意见，成立顾问委员会，请老先生们当参谋。求全责备，书就不可能出来，本着"先有后好"的精神，特希望这套书在社会学各个领域中起到抛砖引玉的作用，希望读者关心它，爱护它，把它当作社会学入门的向导，引导大家广泛探讨我国社会生活的各个方面，写出更好的调查报告

---

① 编者注：1984年底，费孝通教授为南开大学社会学系与重庆出版社商定出版的《社会学教材丛书》撰写的序。

和论文，写出更好的教科书和专著，在社会学这个百花园里，重现万紫千红、欣欣向荣的新局面。

费孝通

第三编

办学通信

费孝通
1981年6月

苏驼给李研吾等同志的信
吉心哲回复边燕杰的信
张之毅给苏驼的信
陈道给苏驼等同志的信
费孝通给教育部长蒋南翔的信
林南给苏驼的信
张其之给苏驼的信
给乔木同志的信
吴保森给苏驼的信
林南给苏驼的信
郑杭生给苏驼的信
蔡文辉给苏驼的信

苏驼给李研吾等同志的信

李研吾同志,并冯东生、鲜永光等同志:

关于调我去统计局工作一事,由于事前没有征求过我的意见,现提出以下两点意见,请您们考虑。

一、我在五十年代中期,曾在统计局工作过四年,至今我已经离开统计局二十二年之久。在此期间,我都是在高等学校从事教学教育工作。从我的上述经历来看,我对统计工作已不熟悉,而从事目前的工作还是比较适宜的。

二、社会学是我国中断三十年的一门学科,中央要求迅速恢复这一学科,教育部也要求建立这一方面的科系,中国社会科学院社会学研究所已把南开大学作为我国社会学发展重点单位。目前,我正负责筹建社会学专业方面的工作,从六十年代开始,在社会学方法论方面,我也曾进行过一些学习和研究,并且很愿意在这方面作出自己的贡献。

因此,我恳切希望领导上能体谅我的要求,支持我搞好社会学方面的建设工作,统计局的工作能否另外选派更适合的人选。

此致

敬礼

南开大学哲学系苏驼

一九八〇年十月九日

言心哲回复边燕杰的信

边燕杰同志：

　　来函收到。

　　另件，寄你和你系：

　　1. 社会学参考资料第五期；

　　2. 社会学与社会工作等宣传题的初步设想和建议。

　　该"设想和建议"是我在去年冬季编的，现在看来，尚待修改和补充，将来拟作续篇。惟目前工作较忙，杂事较多，只好候诸异日。

　　专复，祝好！

言心哲 复

80.11.29

张之毅给苏驼的信

苏驼同志：

在南大时多承照顾，至感！

我和社会学专业班同学虽相处仅一个星期，但深感全体同学都很有前途，南大社会学系肯定能够走在全国各校社会系的前列。接到学生会主动自发而编刻出的《各地社会学简报》，足见南大全体同学的主动性、创造性，我已经把该项《简报》介绍给老吴（承毅）同志，也将介绍给北大社会系，并提出了南大同学先走一步了，北大怎么办？我们社会学所怎么办？

回京后，才知道吴泽霖先生要四五月才去武汉民族学院，我立即托人去见了吴先生，劝他辞却武汉方面的聘请，告知您有意请他去南大，并能负责解决他身边家属在津落户问题。无奈吴先生认为已答应武汉方面聘请，所以不能去南大，此事只好作罢了！

关于由南大提出用马克思主义观点修撰县志（当然包括科学性）的建议（方案），希望加紧准备，争取在今年的全国社会学会议上提出，以引起全国对此问题的重视，把这一工作往前大大推进一步。

关于由南大提出开展"交通社会学"的建议，亦希望加紧准备，争取在今年的全国社会学上提出：（1）把南大社会学专业班同学自动发起的有关航空乘客的调查报告整理出来。（2）请参加该项调查的那位女同志把我离津前夕对她所谈如何开展交通社会学的一次谈话整理出来（郭大水同志记得她的名字）。（3）请你系指定专人向天津航空部门、铁路部门、公路部门、水运部门请教关于各自发展各部门交通事业的打算、意见，存在的问题，有何新的建议，客货运情况，时间上的快慢，运费上的高低，顾客的类别，长短程的不同，（不要单纯从天津一个市着眼，而应从天津与全国各地的关系着眼，如着眼于津市，还应包括电车、小轿车），结合中国实际（或天津实际）究竟应该如何发展交通事业，才最经济、最合理、最利国、最利民、最利于社会主义建设，最利于活跃城乡物资交流，人民生产和生活需要。交通是国家的血管系统，是个大问题，希望南大在已有基础上抓一抓，提出一个初步方案，提供社会学系多讨论，以促进对此项调查研究工作的开展。（4）如你系感到此项准备工作吃力，请派人来京与北大社会系接洽,与我所吴承毅常务副所长接洽,他一个星期后可回来,费先生最近也要短期去日本一趟,共同努力完成一个初步提案来,但在接洽之前,必须依靠你们专业班的力量先有个初步意见(包括航空旅客调查报告)来。

关于在北大、南开之间交换讲课录音带(转录)办法,老吴、费先生和北大方面都同意。希望你们和北大方面的袁方同志、潘乃穆同志、华青同志直接挂钩。

关于提出修撰县志方案一事,晏昇东同志的力量是不足的,请考虑邀请黎宗瓛同志参加,他理论比晏昇东高,而且研究能力也较强,必要时还可请他参加制定开展交通社会学方案的工作,要他把人口方面的研究暂时停顿下来,并请转告他,这是我的个人意见,我相信他会同意的,如果有必要,请来出趟差,我当修书黎宗瓛同志促成共事。

我在北大的方法论第一讲,已有录音,第二讲(即《谈谈如何锻炼智能的问题》已在南大播放),第三讲在北大定于三月十八日,第四讲在北大定于三月二十五日,均将有录音,南大专业班可将该课转录过去,在南大录放。为了加强对这四讲的理解,特指定如下几篇文章供同学学习:(1)《人民日报》,1982年3月8日。邢贲思《坚持马克思主义哲学发展马克思主义哲学》一文;(2)1982年3月7日《光明日报》袁中丕《提高教育招生效益的一个问题》;(3)1982年3月7日《光明日报》王玉梅《生活、感情、角色》。以上三文希望你们专业班打印或刻印若干份,并给学生每人一份,仔细阅读,写出学习心得的笔记来,存在你们系教师手中。作为考核同学们思考能力的试卷之一,同时通过写学习心得,又是训练同学们思考能力和写作能力的一种途径。要等同学们写出学习心得后,再播(然后)方法论第三讲、第四讲,以避免同学们只听先生讲而不用思考的弊病,让学生先阅读,老师后讲课,这样即可得出对比:(1)哪些地方不如老师学习得好,(2)哪些地方比老师学习得更高明。凡是能够超过老师的学生,我就认为是最好的学生,最有出息的学生。

我在津的十几讲,听说承杨心恒老师整理,实不敢当,我意可以让同学们帮助整理,最重要的一个目的,也是为了锻炼同学们思考能力和写作能力,同学们可以一个人单独负责整理,也可以几个人合作分工负责整理一部分,这也是考核同学们学习成绩的一部分。可以同时整理出几份讲稿来,比比高低。北大方面我也同时这样做,所内也打算这样做。将来在同一讲课,多种整理稿的基础上,可以整理成初步讲稿,发给同学们作为内部学习参考之用。

我和老吴同志也谈到第一、二、三梯队的看法,年纪老了的学过社会学的人，包括八十左右的，七十左右的（费师和我是七十左右）的，算作第一梯队；六十左右的和五十左右的算作第二梯队，老吴和你算作第二梯队的；四十以下的包括南大专业班的，北大专业班的和我们所内的一些同志算作第三梯队。第一梯队倒下去了，由第二梯队的冲在前头，第二梯队的倒下了，由第三梯队的冲在前头。这样我们新中国的马克思主义的社会学就能如接力赛一样，在世界的万米赛中跑在最前列，为祖国、为社会主义建设事业，为全世界人民贡献出我们社会学这一专业所能起的作用。目前，我们社会学的力量很薄弱，第一梯队的人在十年后不会再留下几个人来了，"光阴迫，一万年太久，只争朝夕"，因此希望全国一盘棋，彼此合作共事，团结就是力量，再加上社会上许多青年人纷纷在搞社会调查研究，有的利用业余时间搞；精简机构后，有的离休老干部也愿意搞社会学研究，津市这种社会力量一定不少，问题在于组织。总之，形势是喜人的，任务是迫切的，前途是光明的，望我们并肩战斗，同舟共济，天下没有什么难事能压倒我们中国人！

　　专此　敬祝
教安

　　请转告郭大水同志，钱收到，谢谢他对我在津和回京的一路照顾，代我买到明史和其他的书，希望他努力学习。

张之毅 手上
三月十四日[①]

---

① 编者注：此处应是1981年3月14日。

陈道给苏驼等同志的信

苏驼、老晏同志：

你们好！

请转告专业班同学，我给大家留了一题作业，题目是"我们今天来读《〈英国工人阶级状况〉第二版序言》有何现实意义？"《序言》《马恩四卷集》上就有，好像是在第四卷，没写第几页，请大家读一两遍，想一想，写出三五百字的答卷。

答卷收齐并大家提的问题寄给我，我下次来讲课时分发给同学。

此致

敬礼

陈道

3.26[①]

[①] 1981年3月26日。

费孝通给教育部长蒋南翔的信

……（前半部分遗失）

社会学专业的研究生班。至于具体办法，俟教育部及社会科学院双方领导在原则上批准后，再行规定及通告。

因考虑到社会学实际上是一门重新建立的学科，不仅力量薄弱，而且缺乏经验。为了集中力量培养师资，不得不越过大学本科，先抽调其他学科的大学生及毕业生开办专业班及研究生班。在研究生的培养方法上，也不能严格采取个别导师制，还得吸收今年专业班的经验，由集体上课、专题讨论，逐步发展到导师的个别指导，不妨称它作研究生班制。同时，由于缺乏本科的基础训练，须在研究生期间补课，研究生期限可能需要较其他学科为长，这些适应特殊情况，即在建设中的新学科所采取试验性的具体方法，拟请教育部考虑作为专案处理。兹分述如下。

1. 为重建社会学这门学科，亟需培养师资及研究人员，由教育部委托南开大学在今年社会学专业班的基础上，于该班毕业后继续开办社会学研究生班。

2. 在取得社会科学院同意下，社会学研究班将一如既往尽力支持南开大学办好这个研究生班，具体协作办法，可参照今年社会学专业班的经验商定。

3. 研究班的研究生，限定在专业班的毕业生中，经过考试及参考专业班成绩，征得有关院校（选送该生参加专业班的院校）的同意后，予以选拔。名额暂定为25名。该班得吸收随班学习的进修学员。考试时间定在1982年春季。

4. 该研究生班的研究生将采取比较灵活的指导方法，讲课、讨论、调查及个别指导按具体情况交叉进行。学习时间及学制亦得有所伸缩，以两年为最短期限，讲课及指导力量由南开大学与社会学研究所共同提供及组织。有一部分，不超过四分之一，需借助外力，并拟以爱国华人教授为主。每年邀请三至四人，每人约两个月。

5. 研究生毕业后，原则上分配到原来选送进专业班的院校工作，但需择优分配，分配给社会学研究所五名毕业生，在招生时与有关院校协商决定。

6. 研究生班的经费，请教育部统筹解决。邀请外籍教师所需外汇由社会学研究所设法解决。必要时，社会学研究所提供一部分外籍教师在中国的生活费用。

以上意见是否可行,请您酌夺批示。

此致
敬礼

费孝通
1981年6月7日

林南给苏驼的信

State University of New York at Albany

November 23, 1981

Professor Su Tuo
Department of Philosophy
Nankai University
Tianjin, China

Dear Professor Su:

On behalf of the Department of Sociology at SUNY-Albany, I would like to invite you to come to Albany as a Visiting Scholar for two to three months in the Fall of 1982. We are prepared to provide a stipend of $750 per month during your visit.

We hope you will present a series of four to six lectures to our faculty and students on topics of your interests.

We are very excited about your visit, and I hope you will accept our invitation. It would represent another important step in the exchanges of sociology scholars and students between our two universities.

I look forward to hearing from you.

Most sincerely
Nan Lin
Professor and Chair

NL: smj

张奚之给苏驼的信[①]

苏驼主任：

　　谢谢你在休假期中惠予交谈，使我获益良多。国内学者在社会学上求大力赶上的精神使我十分敬佩，在这种积极追赶之下，不几时定能与世间社会先进国家并驾齐驱。南大社会学专业已有很好基础，实为可贺，望今后不断联络，在研究上或可找出合作机会。

　　我明天即赴京访问北大、人大各校继续学习聆教，以便返美后为中美了解稍尽绵薄。临行转函致谢，尚望今后保持联系。

　　张奚之　敬上

一九八二，八，六

---

　　① 张奚之，1944年毕业于西南联大经济系，1962年在美国攻读社会学，1967在密苏里大学获博士学位，后任美国爱达华州立大学社会学系教授。

给乔木同志的信

乔木同志：

送上南开大学社会学专业班和研究生班的情况汇报一份[①]，请阅。

专业班是从修完三年级课程的文科学生中选拔的，进行一年社会学专业的培训，毕业后按社会学专业毕业生分配使用。经过一年的实际工作考察，分配工作的毕业生能胜任自己的工作。

他们在专业班基础上办的研究生班虽然刚刚一年，从学习情况来看，也能达到硕士学位研究生的要求。

看来，专业班和研究生班确实是快出人才的一种有效办法。

采取这种办法，比按常规的办法培养人才要快得多。按常规培养的人要到七五期间才能发挥作用，而采用这种办法六五后期即可收到成效。同时，它还有利于把仅有的指导力量集中使用，使具有某种专长的导师充分发挥作用。由于招收的学生大多来自哲学、经济、历史等不同的学科，具有一定的马列主义理论基础，也更能保证学科建设沿着马克思主义道路前进。它还颇有利于学生之间的切磋琢磨、研讨提高。我认为很有必要把它连续办下去。因此，我建议：

一、一九八三年再招收社会学研究生 60 名，由北大、南开各办一个 30 人的研究生班。南开还准备再办一期专业班。社会学所积极予以支持和合作。

二、在正式学员之外，还可根据情况为研究机构和高等学校代培 20 名进修生。进修生在学期间，只随研究生班听课并参加讨论，不要求做论文要求。回原单位后，愿做论文的也允许按照规定提出学位申请。

三、为了保证招生质量，入学学生一定要经过考试，严格挑选。

……（信的后半部分遗失）

[①] 编著注：即 1982 年 12 月 18 日《关于举办社会学专业班与研究生班的情况汇报》。写信人可能是费孝通。

吴泽霖给苏驼的信

苏驼同志:

　　来函敬悉。南开大学的社会学系终于胜利成立,你们多年的努力得以实现,特向你们祝贺。关于研究生论文选题一事,我有下面一些不成熟的意见就正。

　　研究生论文题目的选择,似应从三方面多加考虑: 1. 本人的兴趣和业务基础; 2. 是否能提供足够的资料和适当的调查研究条件; 3. 是否有人于必要时给予指点和协助。

　　社会学所涉及的范围很广泛,攻读的人免不了有所偏向;有人对宏观理论感兴趣,有人着重钻研社会制度和社会结构,有人爱好从事实地调查,发现社会问题。这种情况在任何学术领域中都存在,这是自然的,也是健康的。但同时我们也应考虑到,任何一种学科都应该是为人类利益服务的,不应该只是纯粹为了钻研而钻研。考虑到今天中国的具体情况,尤其是应该是这样。我们正在跃马扬鞭,鼓足勇气,振兴各业,以期在不太久的将来,跻入世界上先进国家的行列。但在这一艰巨飞跃的过程中,一方面没有经验可循,另一方面,"人口爆炸"的沉重包袱、几千年封建社会遗留下来的残余、十年浩劫的破坏影响以及国内外敌人可能乘机破坏等因素都能起消极作用,国家不免要出现不少可以意想得到和意想不到的社会问题。人们所期望于社会学者,也就是让他们对这些问题的根源、性质、情况和对策进行实事求是的调查研究,以备在处理时供作参考。这一任务是我国社会学者所义不容辞的,同时,社会学者能有机会承担这一任务,也应引以自豪。

　　其次,从社会学本身和中国的处境着想,似乎也应多进行一些具体的、深入细致的社会调查。世界上各个国家、各个地区在不同时期所出现的社会问题,既有共性,又有特性。对这些共性和特性的阐述加以理论概括,是对社会学的一种贡献,对中国方兴未艾的社会变迁中出现的社会问题进行科学研究,也必然会丰富社会学的内容,扩大西方传统社会学的视野。这种既有利于学理的提高,又有助于我国实现四化的社会调查研究工作,对促进以马列主义为指导的新中国的社会学的建立是极为有利的。

　　也许有人会说,仅仅从事务实的社会调查,企图从中发现各种社会问题的症结所在，充其量只能是一些微观的判断，不能上升到对社会全貌的深刻透视和概括，在理论境域内谈不上创新建树。这种说法当然是欠妥的。在学术研究中，务实和务虚，微观与宏观是互相促进，相辅相成的。经务实才能提高务虚，积微观才能引导宏观。今天我们正处在重建社会学的阶段，更不应把它划成价值不等的领域而有所轩轾。

如果我以上的想法能被接受的话，那我就认为，像下面所提的或者类似性质的一些题目就完全可以提供研究生考虑选择。

1. 我国某一地区、某一时期内犯罪情况的分析（根据具体调查资料，阐述犯罪的种类与社会性质、阶级、年龄、教育、地境、季节、经济……等因素的关系）

2. 20纪末"小康"的标准（如果"小康"意味着超越了"贫穷线"的生活，即就应明确提出既符合科学又合乎国情的"贫穷线"的概念和具体标准。再抽样调查今天一般我国城乡家庭生活的生活水平，找出与"贫穷线"出线点的差距，再预测20世纪末可能出现的情况）

3. 独生子女所引起的社会问题（通过实地观察、访问和分析，特别对诸如儿童的社会化、社会结构、家庭形式、老年供养、社会消费、人口流动、参军国防等等方面提出可能出现的情况和问题）

4. 都市文化对农村生活的冲击（抽样调查城市、近郊区与一般农村的生活差别，据此与这一世界性的现象作对比）

这些仅仅是随意提出的几个例子，大家尽可以自拟。当然也并不排斥纯理论性的题目，诸如对某一学派或者某一学术权威的思想介绍和批判。但考虑到目前一般研究生的外语水平，他们对理论的著作未必能透彻明晓，从事撰写这一类的论文，可能达不到应有的水平。此外，有些题目范围广泛，工作量重，也可以由几个人合作。

以上只是随意提出来的不成熟的想法，仅供参考讨论。

此致

吴泽霖

11月18日[①]

---

① 编著注：应为1982年11月18日。

林南给苏驼的信

老苏：

　　自从三月从中国回来，一直事情很忙乱。代表团在天津承蒙南开妥善招待，一切都很满意。大家的印象都认为，中国的社会学在天津最有生气，最有组织，也最年轻。南开社会系的队伍和研究，也最有深刻印象。您的认真推动是有了很好成就。

　　王玲成绩好、认真。这个夏天跟我做些研究。我很希望您能经过南开奥本尼交换计划送一个人来，边燕杰、边馥芹是否可挑一个？如果英文需加强，能否给一个机会参加什么特别训练班？

　　听说蔡文辉要去南开讲学，他很认真的。天津社会学会可能派代表团来参加美国社会学年会，我们准备热烈欢迎。

　　此祝

夏好

弟林南 草
1984.6.11

郑杭生给苏驼的信

苏驼同志，您好！

人大社会学所已于去年12月正式开始工作。研究所刚成立，什么都困难，今后还望你多多支持、帮助。

在筹备过程中，我就考虑到要出一套人大社会学丛书，内容主要是三方面：一、应用社会学和理论社会学方面的研究成果；二、有选择地翻译或编译一些国外有影响力的社会学著作；三、选编、重印一些长期在我校工作的著名老社会学家的著作和他们的传记（主要是三人：李景汉先生以及已故的吴景超、赵信诚先生）。

今年1月22日是李老九十寿辰，今年还属于李老从事社会学研究和教学六十周年纪念的范围。我已征得校长同意，准备为李老举行较大规模的庆祝。此外，我们所和人大出版社已决定先重印李老一生中最重要的著作《定县社会概况调查》，以此作为对上述两个难得的纪念的祝贺。我们的准备工作大致就绪，不日即可付印。

去年12月27日，我们已聘请李老为人大社会学所顾问，李老也把他的亲笔签名的，出版、选编他著作的全权委托书交给了我们所（附委托书复印件）。

今日李老的夫人冯联枝转来您给李老的一封信，知道南开出版社打算出《定县社会概况调查》，早当派人来联系。委托打算出李老的书，可以说，在这一点上我们都想到一块去了。不过从历史关系、最主要的从李老本人意愿来看，我认为还是在人大出版比较合适。我想您一定支持我们的工作的。当然这也会对你的工作造成一定麻烦，我感到十分抱歉。季啸风同志、赵范同志处也请务必致意，我也会给他们写信或联系说明情况的。

今后多联系，有机会来北京，欢迎到我家作客。

  祝

工作顺利，身体健康！

郑杭生
1985.1.12.晚

蔡文辉给苏驼的信

苏主任：

　　从中国回来以后一直忙着，希望您不要介意我这么迟才给您写信。这次到贵系讲学实在是很值得回忆的经验，虽然因为时间短促，没能有太多的贡献，也没能深入为学生讲解社会学概论，但所幸的是仍有不少学生课余之暇来访、讨论。贵系研究所学生程度相当不错，而且有着一股热诚，这是很好的现象，希望将来的中国社会学能有着很浓厚的"南开"色彩，自成一家，这也是您和其他系里教师的功劳。唯一遗憾的是没能与贵系的教师多作请教。

　　我最近寄几本中英文书籍给贵系，以后将陆续寄出有关社会学书籍，希望能"间接"服务贵系，尽一份我小小的力量。谢谢您在我天津停留期间的照应和帮忙，也请代我向苏永和主任致谢。王德明同学的帮忙，更是我要说声谢谢的。

　　如果今后有我能效劳之处，请通知我，我必尽力而为。

　　敬祝
教安

蔡文辉 敬上
1985 年 10 月 7 日

南开大学社会学系建系的前前后后

费孝通与南开大学社会学的创立

我与南开大学社会学专业——纪念中国社会学重建20周年

费孝通与南开社会学

从这里出发——在南开国学研社会学的日子

三进三出的南开

第四编

师生共忆

南开大学社会学系建系的前前后后

苏驼

南开大学社会学系从 1982 年建立至今已经经过了十个春秋,如果从专业建立算起,就有十二年的历史了。在这十多个年头里,虽说没有经过大风大浪的洗礼,但也还是有一些坎坷的。事都有一个开端,路都有一个起点,经过十多年的路程,此时自然使我想起建立专业班和社会学系前前后后的一些事情,把它写出来就算是献给它的一份小小的礼物吧。

1978 年的 12 月中共中央召开了十一届三中全会,这次会议提出了把全党工作的着重点和全国人民的注意力转移到社会主义现代化建设上来,同时要求全国人民动员起来,鼓足干劲,为 20 世纪建成社会主义的现代化强国进行新的长征。从这次会议以后,教育战线也就逐渐把工作重点转移到以教育为中心上来,学校结束了揭批查运动,建立起正常的教学秩序。当时教育部主管文科的有关同志发觉文科学生仅占高教在校生人数的 8.5%,比 1952 年的 20.6%减少了 12 个百分点。另外查找有关资料也表明:在全世界一千万人口以上的国家中,中国的文科比例是倒数第一。因此,提出文科要发展的问题。在这种形势下,哲学系的教师们都想起如何上新专业问题,有的提出办逻辑学专业,有的建议办美学专业,办科学管理专业,也有的提议办社会学专业。当时,从哲学系来说,是存在着多种选择的,后来决定办社会学专业,发展社会学,一方面认识到社会学对社会主义建设的作用,另一方面从我个人来说由于长期作社会调查研究工作,五十年代后期开始又从事于毛泽东调查研究思想的研究和教学,对社会学又有较大的志趣,所以除去支持逻辑学和美学的发展,主要是投入了社会学的学科建设工作。

南开社会学专业建立的关键性的一步应该说是 1980 年夏季费孝通教授来天津讲学,同时到南开召开座谈会,参加这次会的除了负责文科的藤维藻校长之外,还有吴大任副校长、赵文芳同志和我。会上费老讲了中央提出恢复重建社会学学科的任务,社会学发展的意义,同时询问南开有没有承担培养学科建设急需人才这个任务的意向。在我和赵文芳同志交换意见后，我们表示很愿意承担这个任务，滕校长也支持我们的意见，而且他认为如果按照常规来培养至少要四、五年时间才能办起社会学系，赶不上形势发展的要求，他提出我们过去办哲学系的经验是可行的。南开在建立哲学专业时，也是因为缺乏师资而是从中文、历史、经济等系中选拔了十五位三年级优秀学生改学哲学专业课程毕业后充实师资的。在这次座谈会上大家都认为这个办法是可行的，这也就是后来社会学专业班所采用的，即从重点大学选拔文科修完三年级课程的优秀学生转学社会学专业课程办法的由来。费老向教育部反映了这次会议的情况，得到了教育部领导，特别是黄天祥、季啸风两位司长的赞同。专业班正式开始了筹备工作。筹备工作中一个是招收学员问题，由教育部发文通知几个有关学校，这些学校对选拔学生都十分认真，校系做了大量工作。北京大学潘乃穆同志，为了物色学员对象，花了一个多月的时间；南京大学把77级品学兼优的班支部书记选送出来。

　　筹备工作中另一项工作就是解决上课的教师问题。在社会学所潘乃谷同志帮助下聘请了林耀华、吴泽霖、李有义、张之毅、全慰天、袁方等教师，而且还具体帮助安排了他们的讲课时间。国外的教师像林南、布劳等人则是王康同志亲自物色和聘请的。

　　在筹备工作中，还有一项就是制定教学计划。教学计划是经费老、陈道同志、季啸风同志反复研究，并亲自修改定下来的。在教学计划中强调了马克思主义指导、研究中国社会实际为社会主义现代化建设服务的方针。专门开设了马克思、恩格斯、列宁有关社会学经典著作选读课，这门课后来是由陈道同志亲自主持和讲授的。教学计划中开设了社会学概论、西方社会学理论、社会调查研究方法、社会心理学、文化人类学、社区研究等费老多次提出的社会学专业的六门主干课。

　　专业班开学典礼俭朴而隆重。费老、季啸风等同志、天津市文委主任娄凝先、谭绍文（现任中共天津市委书记、中共中央政治局委员）、张再旺都出席了会议并讲了话。

　　专业班的学习是紧张的，有时候上三个单位的课，特别是那年夏季，气候炎热，而教师们教的认真，同学们学的勤奋，假期中都参加了社会调查。如宋林飞搞苏南剩余劳动力调查，宋丁等人作的天津老年生活状况调查，后来均在刊物上发表。同学们感到一年来的学习是充实的，有的同学很有感慨的说：一年的学习收获胜过平时两年、三年。美国著名社会学家布劳说：在来华之前曾经担心同学们的接受能力，上课以后发现这个班的学生不比他在美国教的研究生差。

1981年12月13日，专业班结业式也很隆重。费老、黄天祥、季啸风、陈道、张再旺等领导同志都参加了这次会。同学们为表达他们的决心对着讲台写了一个标语——"横下一条心，献身社会学"，欢送会上我讲了"任重道远"一句话和同学们话别。

南开社会学专业的建立是在决定办专业班之后。于1980年10月18日，哲学系给学校做的《社会学学科发展情况》汇报中提出的，学校是在1980年12月5日校务行政会议上正式通过并报教育部的。可以说，社会学专业班的开办促成了社会学专业的建立，并为专业的建立奠定了基础，而专业的建立又为办好专业班提供了有利的条件。

1981年9月份，专业班第二学期开学不久，费老、季啸风同志来津，费老即提出专业班毕业后怎么办的问题。实际上这个问题早就在他心中想着的了。看到这一班同学都有很好的培养前途，想在专业班毕业之后为同学们创造进一步提高的条件和机会，以便他们能更好地为社会学的学科建设发挥作用。

他曾亲自想过几个方案：一个是先进入教学、科研领域，经过半年到一年实践，再集中起来学习一年；一个是送出国继续深造。一个是毕业后组织集中搞一段社会调查；再一个是办研究生班。

这些设想都很好，但权衡的结果，认为还是办研究生班好。在送他们去车站的路上，他们一再叮咛要尽快拟定方案报部审批，这个方案是1981年10月12日上报的，上报后得到了部里几位领导的支持，但有关处的同志认为当时研究生只有导师制的培养方式，办班还没有经验，对这种形式能否保证质量是有顾虑的，我们提出需要解决什么条件问题才能开办的问题，他认为最重要的问题是任课教师落实的问题。因此，于12月9日南开大学又补报了指导教师名单和来校指导时间。费老、吴泽霖、张之毅、傅正元数位指导教师都签了名。

办研究生班批准文件下发时，专业班的同学已经整装待发了，因此报名人数没有达到计划招生的20人的名额，经过考试录取了15名。

1982年研究生班开学，同时经学校批准，南开大学社会学系建立。

南开大学从社会学专业班、社会学专业到建系的过程始终是一个思想解放的过程。在这段时间里由于实践检验真理问题的讨论，由于十一届三中全会提出了实事求是的思想路线，才有可能不墨守成规，根据新情况研究新的办法。当时所采取的专业班、研究生班这些办学形式即是为了培养社会学学科建设急需的人才，从实际出发而采取的特殊办法，而这些办法在实践中又都见到了实效。从费老来说，他当时在接受恢复和重建学科的重任后，不是忙于撰写几篇论文，而是首先着眼培养队伍，至今看来更是具有战略眼光的举措。南开社会学的发展在费老、季啸风等同志的指导下采取了打破常规开辟了一系列从培养师资、编写教材入手，开办专业、办学的新路。

如果没有费老、季啸风同志的全力支持和热心关怀，如果没有学校领导和各部门的大力帮助，如果没有全体师生们的同心协力和所作的无私奉献，这条路是走不出来的。

特别是像费老、滕维藻等同志既是专家又担任领导工作，他们那种尊重人才、爱护人才的精神至今使我难于忘怀。

（原文发表于《社会学与现代化》，1992年第2期）

费孝通与南开大学社会学的创立

苏驼　刘军强

恢复重建社会学是费孝通先生作为社会学家最主要的贡献之一。回忆起那段历史，当年费孝通先生承担历史使命的勇气和决心，以及他的高度社会责任感让人无法忘怀。下面通过对南开社会学初创时期一段历史的回顾，透视费孝通先生恢复重建社会学的功绩和为中国社会学发展所提出的正确方向。

古稀之年承担重任

对于中国社会学多舛的命运而言，1979 年可以说是一个比较真切的"立春"。这一年 3 月 30 日，邓小平指出社会学等学科"需要赶快补课"。这说明以邓小平为代表的高层领导已经意识到，由他们所倡导和开拓的中国改革开放之路，必然会遇到很多新问题，于是对于社会学等学科有了强烈需求，从而使得恢复重建变得必要而且可能。

然而对于已经中断近 30 年此时需要恢复的社会学来说，面对的是诸多不利的情况。首先便是人才断层。国外社会学界认为，"在第二次世界大战以前，中国是除北美和欧洲以外的世界上社会学发展的最繁荣兴旺的地区，至少在学术质量方面如此。"而此时作为一个学科来说，社会学的园地已经荒疏，到 1979 年，孙本文（1894—1979）、陶孟和（1889—1960）、陈达（1896—1975）、潘光旦（1899—1967）、吴景超（1901—1968）等人已经过世。其余尚在的，如吴文藻、陈翰笙、吴泽霖、李景汉、杨开道、言心哲等人，平均年龄已达 81 岁。"早年在大学里学过社会学的，那时改业多年，分散各处，年轻的也多已接近 60 岁。可以调动的实力不强，底子单薄。"（潘乃谷："但开风气不为师——费孝通学科建设思想访谈"）而对于国外社会学的状况，更是少有所知。此外，由于中国社会学发展的曲折之路和个人在历次政治运动中的际遇，使得恢复重建社会学成为一件非常"敏感"的事情。时值"文革"结束不久，思想尚未完全解放,也使得健在的社会学学者中相当一部分人心存疑虑。就是在这样的背景下,70 岁高龄的费孝通承担了重任,开始了恢复重建社会学的艰难工作。

构思重建蓝图,重在培养人才

费孝通慎重考虑了重建的方略,提出了"五脏六腑"说。费孝通认为重建一个学科,在组织结构方面,必须要有五个要件:建立学会,为专业人员和支持这门学科发展的人提供交流机会;建立研究机构;建立培养人才的社会学系;此外还有设立图书资料中心和学科的专门刊物和出版机构,并按照这一思路逐一落实。1979 年中国社会学研究会成立,费孝通任会长。1980 年,中国社会科学院成立社会学研究所,费孝通任所长。同年,费孝通联系他在美国的同学杨庆堃教授(美国匹兹堡大学),举办了第一期社会学暑期讲习班。1981 年又举办了第二期。在图书资料出版方面,工作也有进展。

然而,五大要件中他认为至关重要和最急迫的还是培养专门人才,为此,他到不少地方演讲,宣传社会学。在高校办社会学专业的任务未能落实的情况下,1980 年他来到南开大学。在学校领导和有关同志参加的会议上,费孝通希望南开能设立社会学专业,培养社会学人才。当时百废待兴,南开大学哲学系也正尝试设立新的专业。南开原本没有社会学专业,所以也少了很多顾虑和包袱。因此,当时的哲学系立即接受了这一培养急需人才的任务。

鉴于需求的紧迫,如果按照常规,用两年培养师资,再招生,先后需要六年时间。与会者苏驼(时任哲学系党总支书记)与赵文芳(时任哲学系主任)商量后,建议采取南开大学哲学系建系时的方法,即从文科各系学满三年的学生中,选拔一批学生进行专业教育,费孝通和滕维藻(时任南开大学副校长)非常支持,并决定由苏驼任该班班主任,做好这一工作。

经费孝通协调,教育部以高教(一)字第 104 号文件下达了教育部与中国社会科学院共同委托由南开大学举办社会学专业班的决定,从全国重点大学学满三年的优秀生中挑选学员。最终,从 18 所重点高校中选拔了 43 名学生,其他院校和研究机构还派了一些旁听生。专业班的主讲老师之一彼特·布劳来中国前曾经担心这些学生的接受能力,但他发现这些学员学习情况并不比他在美国教的研究生差。毕竟这批学生是经过三次选拔出来的佼佼者,而且他们中大多都有过上山下乡、基层工作的经历,阅历经验自是不同一般。

为了使学生具备从事社会学教学任务所必需的知识和能力,费孝通主持解决了专业班的很多问题。教学计划方面，他形象地把社会学专业人才必须具备的基本知识结构概括为"六腑"：要设置"社会学理论""社会调查方法""西方社会学学说史""社会心理学""比较社会学""城乡社会学"等必修课，他要求尽快编写出教材和相关参考材料。同时又逐一落实了专业班的师资问题。他请王康（时任中国社会科学院社会学所副所长）代为物色，并从美国纽约州立大学奥本尼分校聘请了美国前社会学会会长、社会学交换理论的代表彼特·布劳教授和在华裔中颇具影响力的林南教授。中国社会科学院还代为从联邦德国邀请了伯格和贺碧立等外籍专家担任专业班的主讲老师。此外，费孝通还请潘乃谷同志邀请雷洁琼、吴泽霖、林耀华、袁方等许多老社会学家讲课。强大的师资力量保证了专业班授课的水准和质量。

费孝通还非常关心学生们的继续成长。1981年专业班第二学期开学后，他考虑到学生毕业后能否胜任工作的问题，认为这些同学毕业后需要继续提高，并愿为同学们创造进一步提高的条件和机会，以便他们更好地为社会学学科建设发挥作用。此事费孝通是费了一番心思的。他曾设想过四个方案。一是毕业生先进入教学、科研领域，经过半年到一年实践，再集中起来学习一年；二是送出国继续深造；三是毕业后集中搞一段社会调查，然后集中学习总结提高；四是办研究生班。经与季啸风（时任高教部一司副司长）、陈道（时任中国社会科学院规划局局长）、苏驼商量，权衡利弊后，决定采用办研究生班的方案，但校内外仍有不同看法，几经曲折，直至专业班学生毕业前夕，才被教育部批准。因为时已晚，经过考试仅录取14名。费孝通还亲自指导了其中4名同学的硕士毕业论文。

1982年，在费孝通的关怀下，研究生班开学。同年秋经学校批准，南开大学社会学系成立。

设立专业班和开办研究生班都是超常规的方法，这体现了费孝通突破体制障碍的勇气和重建社会学的决心。七旬高龄的费孝通接受恢复和重建学科的重任后，没有忙于撰写论文，而是首先着眼于培养队伍。现在看来，我们不能不佩服他的战略眼光。

专业班的学生没有让费孝通失望，他们如饥似渴地吸收社会学知识，一天三个单元地紧张学习，还积极投身社会调查。他们利用暑假时间在五个城市、两个农村开展了调查。在专业班结业后的半年时间里，各地的同学共写出17篇调查报告、8篇论文，有的在刊物上发表。专业班43个学员里产生了30多位社会学教授，10多位主任、院长，有的成为国内外知名学者。目前他们已经成为中国社会学复兴的一支重要力量。

开"中国学派"之风气，一代学风培养一代学人

1981年12月13日，费孝通参加南开大学社会学专业班结业典礼时，看到讲台对面写了一幅横标："横下一条心，献身社会学"。他在肯定学生们热情的同时，委婉地表达了另外一个意思：学习社会学终究是为了认识和了解中国社会，达到民富国强、改造社会的目的。他不赞成只在书斋里讨生活、为社会学而社会学的做法。

早在20世纪30年代中期，以吴文藻、费孝通为代表的社会学家，运用社区研究方法，借用功能主义理论，就产生了一批实地社区研究成果，形成了为学界称道的"燕京学派"。这代表了当时社会学家们本土化的努力和成果。联系时代背景，我们可以理解当时社会学家们的这种努力并非一时冲动，而是在国家和民族危难中萌发的爱国主义思潮影响下的理性选择。

早期社会学在中国传播和发展时，也主要是"始而由外人用外国文字介绍，例证多用外文材料，继而由国人用外国文字讲述，有多讲外国材料者"（费孝通："开风气·育人才"，《费孝通文集第十三卷》，群言出版社，第374页）。这是脱离当时中国社会实际的。在吴文藻、费孝通等社会学家的本土化努力下，使得社会学最终走出了狭窄的书斋，开创了"社会学的中国学派"。

对于中国社会学的发展方向，费孝通非常关注。他主要考虑两个问题：一是如何对待过去的社会学，一是怎样对待外国的社会学。对于前一个问题，他反思自己过去对"社会学老前辈的成绩肯定太少，否定太多……把重建社会学看成是从零做起……是不符合事实的"。对于后一个问题，他反对照抄照搬，坚持洋为中用。费孝通在第一期社会学讲习班的时候，请外国专家讲的题目就是他们怎样研究他们的社会。这实际上为中国社会学指出了一条可行的发展道路。后来在开办社会学专业班过程中，他多次来南开讲学，一再强调社会学的发展要不断调查研究，深入了解中国社会实际，而且以他自己深入城乡调查研究的实例，介绍他的治学途径和方法。在他的启发和带动下，不少同学无论是毕业前、还是毕业后都坚持了这条治学道路。

1986年，中国社会学走过了一段路途之后，费孝通形象地比喻发展的戏台已经搭好、班子已经组建，以后就要看演员的表演了。他既总结了社会学重建所取得的阶段性成果，又提出了发展社会学的期待和希望，同时敏锐地观察到

社会学发展历程中出现的两个值得注意的苗头：随心乱用社会学概念和过分推崇西方的范畴和体系。这是对我们的忠告。及至 90 年代后，他又感到社会学学人要继续拓宽和夯实做学问的基础，提出要补课，认识和弥补自己的不足，并且他自己又重读了马林诺夫斯基的《文化论》等著作。1997 年，他意识到人类历史进入一个新的文化转折期，也是中国历史发展的新阶段，需要倡导和发扬"文化自觉"的新风气，而且认为这是一个艰巨的过程，勉励我们在这一过程中共同努力，直至出现"各美其美，美人之美，美美与共，天下大同"的局面。这是值得我们深思的。对南开大学社会学学人影响最大的是：他从 20 世纪 30 年代开始深入中国社会实际调查研究，仅吴江县开弦弓村（学名江村）一地就先后调查过 23 次。更感人的是，直到 2004 年，在他病重住院前还前往广东实地调查。他孜孜不倦地进行调查了解中国社会实际，为人民富裕、国家强盛做出了极大的贡献。一代学风培养一代学人，在他的熏陶培养下，一代新人已经或正在成长起来。

  2002 年 6 月南开社会学专业班结业 20 周年庆祝聚会上，费孝通不顾年迈、多病和家人劝阻，来到南开与专业班师生相聚。他在报告中高屋建瓴地分析了时代的巨变和人类所面临的新问题，提出社会学学人不仅要关注中国社会变化的实际，而且要关注世界发展的趋势，让社会学为中国社会主义现代化建设和人类社会发展做出更大的贡献。这是对我们的深切期望，也为我们指出了今后努力的方向。

  如今，费孝通先生已经离我们而去，这是一个无法改变的事实。但他给社会学和人类学留下了极其宝贵的财富。今天我们追思他，就是为了要学习和研究他的遗产，坚持社会学发展的正确道路和优良学风。

（原文载于《光明日报》，2005 年 5 月 17 日）

我与南开大学社会学专业

——纪念中国社会学重建 20 周年

杨心恒

今年是中国社会学恢复和重建 20 周年。20 年,对一个人来说,时间是够长的了,然而对于一个学科来说只是弹指一挥间。我 47 岁时从哲学转过来搞社会学,那时候心气很高,确实也瞎扑腾了一阵子;今年 67 岁了,扑腾不动了,只能站在一旁为中青年人鼓劲:"还望后学多努力,时不我待莫偷懒啊!"真的,中国社会学今年 20 岁,刚到"弱冠"的年龄,一切方才开始,好时光还在后头,不努力怎么行呢。

青年人喜欢向前看,老年人好向后看,这大概也是一种功能互补,因为发展离不开向前看和向后看。在众多老先生面前,我不敢言老,还是小字辈,故曰小老儿。小老儿情系社会学,说几句过去的话,兴许对社会学的建设和发展能有点用处。

1979 年 1 月,我从天津市西郊区委调回南开大学哲学系工作。我原来是教马克思主义哲学原理的,回来还教这门课就觉得乏味。正好在我回到南开不久,报纸上登了一条消息,说社会学研究会在北京成立,我琢磨着这意味着要恢复社会学,于是就想去研究社会学。我这个人是个急脾气,说干就干,提笔给滕维藻校长写了一个报告,要求建立社会学研究室。滕校长批示:"拟先建社会学教研室为宜,一边授课,一边研究,积累经验,再建研究室。"[①]校长的批示对我是个鼓舞,于是下决心转攻社会学。由于当时哲学系只有我一个人下了决心,曹振刚和于子明两位同志虽感兴趣但下不了决心,我一个人成不了气候,所以教研室终未建成。

教研室未建成,但我的决心没有动摇。1979 年 9 月 18 日,我和曹振刚、

[①] 编者注:此处时间有误,根据杨心恒老师提供的《关于建立社会学研究室的请示报告》,时间应是 1980 年 4 月 1 日。

于子明到北京去，想拜见费孝通和雷洁琼两位老先生。19日上午先到中国社会科学院找到陈道同志，想向他讨一本社会学原理教材，以便回来教课。他说现在没有社会学原理教材，社会学原理在实践中，要我们去发现，去总结。我们提出要见费孝通教授，他告诉我们费老（从这以后我们才称呼费孝通教授为费老，一直至今）不在北京，你们要了解社会学可以去请教王康。于是我们先到东厂胡同民盟中央（当时社会学研究会在此办公）拜见了王康先生，受到热情的接待。王先生向我们介绍了社会学重建的前后经过，欢迎我们参加此项工作，并建议我们去锣鼓北巷政法学院宿舍去请教雷洁琼先生。21日下午我们到锣鼓北巷拜见雷先生，因她外出未遇，是她侄女接待我们，并和我们约定时间与雷老见面。24日下午我们如约来到雷老家中，因为我们都是第一次拜见名人，心情有点紧张，磕磕巴巴地说明来意，雷老很热情耐心地向我们介绍了中国社会学的情况以及她自己与社会学的关系。她说很高兴看到中国社会学的恢复和重建，社会学对社会主义建设是很有用的，希望有更多青年人来从事这个学科的建设。她还说，社会学研究会成立后，上海反应最快，听说已经成立了学会，上海有许多老社会学家，也有一些中年人，她的一位学生叫薛素珍，在上海社会科学院，正在筹建社会学研究所，可以到那里去看看。

此外，这次去北京我们还于19日和21日分别拜见了中国社会科学院的王正萍和人民大学哲学系的汪永祥先生。因为他们都是在哲学方面已有著作出版的人，又听说他们要搞社会学。访问的结果是汪先生还没拿定主意；王先生似乎对社会学并不感兴趣，他说"社会学也不能包打天下"。

回到南开后，我向学校打报告，经教务处批准，我和于子明、陈玉茹三人于10月22日起程去上海，住在复旦大学招待所。在上海我们先后拜见了胡曲圆、吴斐丹、言心哲、薛素珍、吴铎、袁辑辉和郑心永等先生。胡先生反应冷淡，言先生非常积极，薛素珍、吴铎和袁辑辉正在实干，我们从他们那里获益匪浅。上海之行更加坚定了我从事社会学的信心。

从上海回来后我将考察情况向哲学系副主任赵文芳和哲学原理教研室党支部书记金荣昌作了汇报，他们同意我在讲法学概论之外再开一门社会学原理课，并答应给我提供方便，这样便与中国社会学研究会建立了经常联系。

1979年11月28日，费老在民盟中央会议室做访问加拿大报告，我得到消息也挤进去听。这是我第一次见到费老，经王康介绍，我向费老请教有没有合适的社会学原理教材可以使用，费老说没有。可见当时我只是想找一本社会学教材，回到南开来开一门社会学课。费老说没有，我也没再打扰，而且时近中午，快吃饭了，我就知趣地告退了。

1980年春天，我得知社会学研究所要举办社会学暑期讲习班，立即报名。王康说讲习班是培养青年人的，你都这么大岁数了还要参加？这时在一旁的潘乃谷说，40多岁怎么不行，老中青三结合嘛，于是我就进了第一期讲习班，从5月到7月住在西直门外国务院第一招待所，学习了两个多月的社会学。在去讲习班报名的时候，我是带着一年多的"研究成果"去的，这个研究成果是一篇文章，题目是《组织起来，开展社会学研究》，内容当然很肤浅，属于口号性质，少有理论阐述，可见当时的学风。讲习班的教员是费老通过他的老朋友杨庆堃（美国匹兹堡大学社会学教授）从美国和香港请来的，他们是：Hurvart Holznerh，Jiri NehnajsaA 和香港中文大学的李沛良、刘创楚。除了他们之外，老一辈社会学家吴文藻、杨庆堃、吴泽霖、费孝通，还有经济学家丁光远都来班上讲过课。由于我岁数比较大，又是高等学校里出来的，被选为学习组长，司法部的杨永磴为副组长。高等学校来的教师大部分在这个组里。讲习班快要结束的时候，费老召集高等学校来的学员座谈。他们向费老反映，我们对社会学只是初步接触，知识很少，回去讲课有困难，能不能在讲习班结束之后再集中一段时间，共同备课，编出一本教材来。费老答应向教育部建议。后来教育部接受了建议，请费老主编了一本《社会学概论》。在中间高教一司副司长季啸风同志做了不少工作，对我们支持很大。于是我们成立一个编写小组，成员有北大的夏学銮、人大的贾春增、复旦的刘豪兴、武大的周运清、中大的邱士杰、复旦分校的沈关宝、新疆社科院的何炳济和我共8个人。由于我原来是学习小组长，大家还是推举我为小组长，后来费老说是叫写作小组召集和联络人。这年暑假以后，我们8个人于9月16日集中到北京大学28楼开始编写《社会学概论》写作提纲。在北大期间，我们得到了北大教务长夏自强同志的有力支持。经过近两个月的努力，我们编出了写作提纲。11月7日费老在北大招待所召集编写组讨论提纲，请张子毅、全尉天提意见。陈道和教育部的徐经泽、魏亚田也参加了讨论会。北大国际政治学系的赵宝煦先生去照了相。11月18日下午，费老再来北大28楼听我们的汇报，并提出修改意见，决定由我带回去统一修改。12月1日，我将修改后的提纲报送费老，并寄给编写组各同志。从这以后，我们就各自开始写作了。

还在讲习班期间，费老曾多次引用胡乔木的话说，要赶快在大学里建立社会学系。我将这个信息传给系总支书记苏驼和滕维藻校长，他们表示，如果能得到费老和教育部支持，南开大学愿意成立社会学系。正好这时天津社联的欧阳同志来北京，想请费老到天津做一次报告，要我引见。我带他去见费老，费老当时就答应愿来天津，他说不仅做报告，还要去南开大学看看老朋友，谈谈社会学。我当即把这个消息报告给滕校长和苏驼、赵文芳，他们都表示欢迎，并期待着费老的来访。1980 年 8 月 10 日，费老从南方来天津，我和社联的老许同志凌晨 3 点钟去西站迎接，费老的车 4 点钟到，然后下榻于睦南道和平宾馆。当日下午，我陪同费老来南开大学，在行政楼会议室与滕维藻、郑天挺、王赣愚、吴廷璆等老朋友见面。在场的还有李国骥、苏驼、赵文芳和我。费老开宗明义："我这次来一是看看老朋友，二是来宣传社会学……"经费老一"宣传"，在座的人都认为建立社会学系很有必要。滕校长还当面征求苏驼和赵文芳的意见，他们两人都表示同意。费老还提出在建系之前先办个社会学专业班，培养教员。专业班的学员可以从重点大学三年级的优秀生中选拔，读一年社会学。这个建议也被校长采纳，交给哲学系去办，具体工作我来做。

会后我起草了关于举办社会学专修班的报告，经吴大任副校长修改，打成请示报告（南报字第 22 号，1980 年 10 月 17 日[①]），由我直接送季啸风同志，他又转给文科处处长谭东晨办理。谭处长对我说，要办社会学专修班，必须先有社会学专业，你们现在没有社会学专业，所以要先报请教育部批准你们建立社会学专业。我回来后把谭处长的意思转达给滕校长和苏驼同志，他们嘱我起草一份申办社会学专业的报告。1980 年 12 月 12 日，我拿着起草好的报告到学校教务处，找到王大遂副校长签发了这个报告。12 月 15 日，以南报字（1980）第 36 号文件报请教育部审批。教育部于 1980 年 12 月 27 日以高教一字第 104 号文件批准南开大学建立社会学专业，并批准南开大学从全国重点大学三年级学生中选拔学员举办社会学专业班。后来由我起草招生通知，经教育部转发各校，并从以下学校招来 43 名学员：北京大学、中国人民大学、北京师范大学、南京大学、复旦大学、华东师范大学、武汉大学、华中工学院、湘潭大学、中山大学、四川大学、云南大学、兰州大学、厦门大学、山东大学、吉林大学、南开大学，另外还有复旦分校、河北大学、江苏公安学校、哈尔滨社会科学研究所、天津社会科学院、天津市委的同志也来这个班听课并与学员一起学习。

专业班于 1981 年 2 月 26 日正式开学，费孝通、季啸风、张再旺、滕维藻、沈其鹏出席了开学典礼。费老和季啸风在典礼上讲了话，使学员很受鼓舞。为了支持这个班，季啸风同志还专门批给 15000 元开班费。

[①] 编者注：根据南开大学文件《关于举办社会学专修班的请示报告》显示，时间为 1980 年 10 月 7 日。

专业班开学后，我们《社会学概论》编写组的人就到班上讲各自编写的那章概论。美国社会学家彼得·布劳讲社会学理论，林南讲社会学方法，李哲夫讲社会统计，英克尔斯讲人的现代化。这些人都是王康从美国请来的。另外费老还从西德请来了伯格讲组织社会学，贺碧丽讲社区研究。我是为这个班跑腿的，帮助我跑腿的是宗力，班务和接待外宾的工作更多的是他做的。

在社会学专业班开学不久，《社会学概论》编写组的同志于 1981 年 3 月 11 日至 24 日在天津和平宾馆开会，讨论概论初稿。费老出席并主持了会议。参加讨论会的除了编写组的 8 位同志以外，还有季啸风、陈道、吴承毅、赵范、吴泽霖、韩明谟、徐经泽、潘乃谷。另外还请了北京大学的陈志尚、南开大学的杨瑞森、复旦分校的庞树奇等同志给初稿提意见。我们编写组的同志自知水平有限，初稿写得不好，但是费老和季啸风、赵范等老同志给了我们很大鼓舞，说是要实事求是，先有后好。讨论会结束后，接着于 25 日至 28 日召开工作会议，会上决定增加"社会工作"和"社会问题"两章，"社会工作"请上海社会科学院的陈树德和杭州大学的孟还编写；"社会问题"袁方找人编写。散会后各人把稿子拿回去自己修改。会议还决定修改后的稿子交给韩明谟、丘士杰和我三人通读修改。

1981 年 5 月 25 日第二期补习班在北京开学，我又去学习。这次是在日坛路总工会俱乐部。学员基本上还是第一期的学员，增加一些人主要是华中工学院派来十几位教员。这次的班务管理和服务与上次不同，上次是王康先生驻会管理，张仙桥先生帮办；这次是组织了一个班委会，成员有王康、陈道、潘乃谷、何炳济和我。这时南开的社会学班已经开学三个多月，费老说南开的学员学习一年不够，他们毕业以后再办一个研究生班，从他们当中选拔一些优秀生再学两年，才好教书。费老把这件事交给我去落实。研究这事的时候季啸风也在场，他提议由费老以个人名义给蒋南翔部长写一封信，再由南开大学给教育部打个报告，批准以后方可开班。这样，费老写了一封信交给我，我又回到南开向苏驼汇报，共同研究制定了一份研究生班教学计划，起草了开办研究生班的请示报告。我拿着这三份文件去北京，把信交给季啸风同志，报告和教学计划送研究生处。由于办研究生班在当时还没有先例，再说我们的社会学专业也没有导师，此事很难办。我与潘乃谷商量列了一份邀请导师名单，有费孝通、吴文藻、吴泽霖、雷洁琼、张乐群、张子毅、袁方、王康、全慰天等。我回来后征得苏驼的同意，画了一张表，把他们的名字、单位和职务列上，然后于 12 月 16 日拿着这张表去北京找他们签字。我先到古楼西大街社会学所，正好费老在那里开会,研究去开弦弓村调查的事,费老看了名单签了字,然后我又分别找其他导师签了字,再将这张表和南开邀请导师的报告送教育部研究生处。由于这件事很难办,我从盛夏一直跑到入秋,中间曾一度泄气,但是由于费老、季司长和苏驼的决心大,支持我跑,此事终于办成了。1981 年 12 月下旬举行招生考试,原计划招 25 名研究生,结果只招了 14 名,因为一些同学岁数大了,想早点工作,没有报考。

1982 年 2 月 19 日,苏驼召集孙非、宗力、王玲、张乐宁、郭大水、薛荣昌、唐忠新和我开会,宣布社会学教研室成立,这时边燕杰、边馥芹、白红光和彭华民还在读研究生,不算教员,所以没参加。加上他们这就是当时南开大学社会学系的全班人马。会上苏驼指定我为教研室负责人。

1982 年 5 月,社会学在武汉华中工学院召开第一次年会,我提前一周去武汉,协助何炳济和周运清筹备会议。会议开始以后,我们概论编写组的同志就搬到关山区的一个招待所里去了,后来因那里太热,又搬到空军招待所,同去的还有韩明谟和苏国勋。大家都集中精力看修改后的稿子,对年会上的事不太了解。会议期间,费老曾来空军招待所与我们一起讨论书稿,最后决定把稿子都交给我,由我通读修改。我回天津于 7 月 5 日至 8 月 4 日用了整整一个月的时间住在天津宾馆修改书稿,边燕杰帮我抄写誊清。8 月 12 日,我去北京将《社会学概论》的修改稿送给费老。那天费老要去长春,晚上我去北京火车站见的费老。随行的有何炳济和潘乃谷,费老叫我把书稿交给何炳济。从此以后我就没有再为《社会学概论》做什么工作,只是在 1984 年该书要出版的时候,天津人民出版社的余秀同志找我写了该书的征订广告词。

我一口气写了以上一些文字,自己回过头来看看,越看越像交代材料,这大概是因为我写交代材料比较顺手的缘故吧。不过我私下里想,交代材料不要求全面,只要实话实说就行,这点,我有保证。

在本文开头时我说了,中国社会学今年 20 岁了,按照中国的古例,20 岁就到了弱冠年龄,该加冠命名了。以前都叫小名,现在该有个大号了,另外,还要请德高望重的老先生给他起个字,以后与人交往时自己称名,别人称字,就像张学良称自己为学良,蒋介石称他为汉卿那样。这都好办,更重要的是,成年人了,与人交往要有自己的主见,不能再像孩子似的跟在别人的后面跑了。中国社会学 20 岁了,有什么主见,是得好好地想想了。

(本文收录在杨心恒:《岁月沧桑》,济南:山东人民出版社,2008 年。)

费孝通与南开社会学

杨心恒

"新改革时期中国社会学的传承与创新研讨会"于 2014 年 3 月 15—16 日在南开大学召开。研讨会得到了北京中国高校海外校友联谊会的经费资助,费孝通曾任该会首任会长。以此为契机,南开大学社会学系要编写一本《费孝通与南开社会学》,嘱我写篇文章。我作为南开大学第一个拜费孝通为师并在他生前与先生保持联系的人,责无旁贷,只好奉命作文。中国社会学重建初期,即 1979—1982 年这四年中,费先生办了三件大事:一、在北京举办社会学暑期讲习班;二、主编《社会学概论》(试行本);三、创办南开大学社会学专业班。我有幸参与了这三件事,得到了先生的亲身教诲,终生获益不尽。这三件事是交叉进行的,我又必须从头分别叙说。

一

我参加中国社会学重建工作,纯属偶然。1959 年我从人民大学法律系毕业后分配到南开大学教哲学,1970 年 7 月被下放到天津西郊农村接受贫下中农再教育。1974 年下放的人大部分都回来了,我却被调到西郊区委宣传部工作。"四人帮"粉碎后,1978 年中国出现了一次"洋跃进",我请滕维藻先生(时任南开大学教务长)给西郊区委常委讲世界经济形势。这次滕先生劝我回南开大学教书。滕公德高望重,我就答应了。1979 年 4 月 25 日我正式调回学校。回来后做什么呢?还教哲学?我不愿意。因为那时哲学课程体系还没有改革,还是按艾思奇的本子讲。说实话,我过去讲腻了,不愿意再重复,于是系里安排我讲"法学概论"。我本来想在这个基础上教法学的,可是有一天去哲学系教师童坦家串门后却改变了想法。童坦夫人盛英是搞文学评论的,快人快语,她对我说，你去搞社会学吧，新学科，有前途！①她说话不打奔儿，大概也不是深思熟虑。可是恰恰遇见我这个没有主见之人，听她一说，我就信了，决定去搞社会学。就这么简单地改变了我的专业方向，没有充足的理由，也没有多少思想准备。

"搞"社会学（那时在中国人的语言里"搞"字是常用字）就得拜师。拜谁为师？当然是费孝通先生。说老实话，我是1957年"反右"时才知道有社会学的，那时给社会学定的调子是"资产阶级伪科学"。我与社会学没有渊源，之所以拜费孝通为师，并不是因为我读了他的著作和了解他的学问，而是因为他是鼎鼎有名的"大右派分子"，著名的所谓"666会议"成员②。1979年3月9日中国社会学研究会成立，费孝通先生担任了会长。从前他很出名，现在又当会长，所以我要拜他为师。

拜费孝通为师，说起来轻松，做起来难。头一个难是地位悬殊。费孝通虽被打成"右派"，然而仍不失其"大"，对我来说，是高山仰止，可望不可即的大人物。第二个难是我对社会学一窍不通，是一张白纸，无法与他沟通。这第一难无法解决，只好硬着头皮去闯吧。解决第二难就得学习，先了解一点社会学，再去拜师。于是我从学校图书馆借来两本有关社会学的书：一本是孙本文解放前编写的《社会学原理》，另一本是美国出版的 *Introduction to Sociology*（这本精装灰皮书上有个钉眼，也许是1937年始学校迁往长沙—昆明时装箱钉的。借书签上只记载陈序经借阅过一次，我是第二个借阅者）。我用了5个月的时间读完了孙本文的《社会学原理》，那本英文书我只读了前言和各章的标题，因为那时我的英文还达不到阅读的水平。后来又找到中国社会科学院情报所翻译的苏联的《社会学与现时代》。读完这些书，我写了一篇文章，题目是《组织起来，开展社会学研究》。从这个题目就可以看出，我当时的思想还受着给区委领导同志写动员报告的约束。

文章写好以后，我于1979年9月18日（星期二）带着它去北京请教费孝通先生。那时外地人去北京想找个住处很难，到北京的当天，整天是找投宿的地方，直到傍晚才在西城区平安里一家澡堂里找到一个铺位，所以18日这天什

---

① 李何林的夫人王振华当时是河北大学中文系主任，盛英与王振华是河北大学的同事、好朋友。李、王一家社会交往很广，当时住在北京。盛英去李家拜访王振华，王康也在。王康提到社会学，说社会学重要，也提到费孝通。另外，王振华当时是民盟的妇女委员。（杜平电话采访，2018.9.4）

② 1957年整风"反右"运动期间，费孝通、曾昭抡、钱伟长、黄药眠、陶大镛、吴景超六位教授应章伯钧（时任民盟中央副主席、农工民主党中央主席、交通部部长）的邀请，于6月6日一起讨论经济形势和帮助党整风的会议。

么事也没干。19日晚上还是住澡堂。当然，住澡堂也有一个好处，就是晚上可以免费冲个澡。

二

19日上午，去拜访费孝通。拜访他的目的，当时的想法是请他看看我的文章，提出指导意见，再顺便讨要一本关于社会学的教科书来作参考，好教学。可是费孝通在哪？我不知道。我想当然地认为他就在社会科学院，于是我直奔中国社会科学院。这天是个阴天，有零星小雨，我没带雨具，到社科院时有点狼狈。院办公室的人告诉我，费孝通不在这里，你要了解社会学就去社科院规划局找陈道。于是我在大楼里找到规划局，正好遇到陈道提着皮包要出去，我说明来意后，陈道说："现在没有社会学教材，社会学教材在实践中。我不懂社会学，你要了解社会学就去东厂胡同向民盟中央找王康同志谈。"我说："我想找费孝通先生，向他请教。"陈道说："费老不在北京。"说话时，陈道站着，我也站着，所以谈话没有几分钟。可是从他这儿我才知道对费孝通要称"费老"，以后就一直这样称呼下去了。后来我才知道，陈道是从延安来的老干部，是延安马列研究院的研究生，和于光远、廖盖隆是同学。

9月20日（星期四），还是阴天，上午到民盟中央找王康。一进门向右转，在两间小南屋里找到了王康同志。这里就是社会学研究会的办公地点。王康同志听我说明来意后很高兴，把我领到民盟会议室，还用好茶好烟招待我。他向我详细地介绍了社会学恢复和重建的情况。他说："现在社会学研究会还是个空架子，只有费先生、我和潘博茹三个人。费先生是会长；我是从青年出版社调过来的，帮助费先生办事，叫总干事；潘博茹是社会科学院调配来的办事人员。现在我们还没有自己的办公地点，这两间房子是费先生从民盟中央借来的。"他还说，解放前学社会学的年岁都大了，而且多年不搞社会学，所以希望有更多的有一定马克思主义理论基础的中青年学者加盟社会学研究。现在只有社会学研究会，没有研究所，以后成立社会学研究所，才有实体单位好依托。他还告诉我，中国社会科学院哲学所的王正萍、人民大学哲学系的汪永祥都有意于社会学，建议我去拜访他们。他还告诉我雷洁琼先生是老一辈社会学家，现在北京，可以向她请教。于是我和王康约好今后加强联系就告别了。

从王康那里出来，我去社会科学院拜访王正萍。见了王正萍，才知道人家没有搞社会学的意思，他给我印象最深的一句话是："社会学也不能包打天下！"

人家不搞社会学，没什么可谈的，就告辞了。9月21日（周五）我去人大拜访汪永祥，是去红三楼2层登门拜访。汪永祥说，社会学很有用处，他觉得有许多问题需要社会学研究，比如人口、劳动就业、青年、家庭、国际交流等问题都要研究。目前主要是给社会学在政治上恢复名誉。他说自己搞不搞社会学还没拿定主意，不过他鼓励我搞社会学。与汪永祥交谈使我很高兴，觉得自己选的方向没有错。

王康为什么向我推荐这两个人？我为什么要去拜访这两位？这里头很有说头。社会学重建之初，没有教师和研究人员。解放前学社会学与教社会学的人，被打成"右派"的打成"右派"，转业的转业，去世的去世，"知交半零落"了。健在的人年龄也大了，无力承担重建社会学的重任，所以费老和王康希望有一定马克思理论基础、在本学科有一定成就的中青年人转行搞社会学，这样，社会学的恢复和重建的步子才能快一些。王正萍和汪永祥在哲学界已经有些名气，他们说话当然会引起注意。我去拜访他们也有我个人的原因，因为我们虽然是同代人，但是他俩学有所成，名气比我大，有他们走在前面，我会进步得快一些。可惜他们没有转行社会学，我便无缘拜他们为师了。

三

21日去人民大学除了拜访汪永祥之外，我还计划要拜访吴景超和李景汉两位教授。我是1957年"反右派"的时候知道他们过去是教社会学的，是老一辈社会学家。到了人大才知道，吴景超已于1968年去世。李景汉年事已高，身体不好，所以没去拜访。

从人大出来我就去北大国际政治系拜访了雷洁琼教授，雷先生不在系里，但是我打听到她家的地址。她虽担任北京市副市长，但是还住在城内锣鼓南巷111号北京政法学院宿舍里。当天下午我来到城里政法学院宿舍，雷老不在家，由她侄女接待我。雷老住的是三间平房，有一间是卧室，另外两间打通，是书房兼会客室。墙的三面都是书架，整整齐齐地放满了书，简洁明了，干干净净。室外有一个小院子，也收拾得干干净净。雷老的侄女温文尔雅，但做起事来又不失其麻利，我想她是雷老生活和工作上的秘书。她给我留下家里的电话，告诉我可以在电话里与雷老约定时间，省得来回跑。然后我就回住处了。

9月24日（星期一）下午，我按约定好的时间来到雷老家。第一次见名人，有点紧张，但当我见到这位慈祥可敬的老人面带笑容地迎接我，心里的紧张就去掉了一半。落座后没等我开口，雷老就说："听侄女说，你是南开大学来的，想学社会学，我很高兴。欢迎你们青年人参加社会学的恢复和重建工作。"听了雷老的话，不知不觉我就不紧张了。不过还是磕磕巴巴地说明来意，雷老听了不时点头，然后向我介绍了社会学的情况。看起来她很尊重费先生。她说："自己没有把全部精力放在社会学上，社会学是费先生牵头，他比我小5岁，精力和学识都比我强，你要多向他请教。"临别时她还告诉我："上海行动比较快，成立了社会学会和研究所。我的一位学生叫薛素珍，在上海社会学研究所工作，你可以去上海看看，找薛素珍谈谈。"与雷老一席谈话，对我鼓励很大，坚定了我转攻社会学的决心。第二天，即25日我乘上午10点55分的火车回天津。

这次在北京待了7天，要拜费老为师，但是没见着他；可是与社会学研究会建立了联系，见到了雷洁琼、陈道和王康，了解了社会学在当时的状况，心里不一抹黑了，为我从事社会学开了个良好的头。

四

从北京回来，我就准备去上海。那时候教员出差要学校教务处批准。我于10月9日向学校教务处打了报告。这个报告开始有一大段是说明社会学不是"资产阶级伪科学"，"在马克思主义科学园地里，也应该有社会学的一席之地"。然后报告说"上海9月19日成立了社会学研究会，于光远同志出席并作报告，他把社会科学分为文、史、哲、经、法、社六大类。另外，上海复旦大学分校成立了社会学专业，社会科学院成立了社会学研究所。因此，雷洁琼、王康、陈道等同志都建议我去上海学习，请予批准"云云。

1979年10月22日（星期一）下午5点从天津西站上车，乘124次天津—上海的快车去上海。这是我第一次来上海，人生地不熟，走出车站，找不到去复旦大学的公共汽车。正在东张西望时，有个人走过来，说带我们去汽车站，我觉得上海人真热情，不像北京人，见人不理。可是到了汽车站，他伸手向我要2毛钱带路费，我犹豫一下给他了，可是心里想：俺天津8路公交车全程才8分钱呢，你带几步路就要两毛！可是转而一想，上海毕竟是中国最大城市，市民商品意识强。下午到复旦大学招待所住下后，随即拜访复旦大学分校社会学系主任袁缉辉，他是复旦大学分校社会学系第一任主任，住在很拥挤的二层楼里，在小方厅里接待我，但是与他谈得很投机，他向我介绍了他们筹建上海社会学研究会与社会学系的情况，建议我去拜访复旦大学哲学系主任胡曲圆教授、经济系吴斐丹教授、华东师大的老社会学家言心哲和中年教师吴铎先生。

到上海的第二天，即 10 月 24 日（星期三）去上海社会科学院拜访薛素珍。听说我是来了解社会学的，就由上海社会学研究会秘书长郑永心接待，他向我介绍了上海社会学研究会的成立和将要开展的研究状况。由他引见了薛素珍和一位姓王的女同志。王同志是社会学研究所的书记，主要是她介绍情况。她说社会学研究所刚成立，主要工作是调配人员，还没有真正开展研究。薛素珍只在一旁听，偶尔插一两句话。她们两人都很谦虚温和，介绍情况也实事求是。听了她们的情况介绍，我觉得上海和北京一样，社会学都在刚刚起步，天津与上海的差距就很大了，当时天津就我一个人对社会学感兴趣，在外面跑，到处"取经"，其他单位和个人还没有动静。

25 日上午，我去华东师范大学政教系访吴铎。吴先生与我同岁，因为对一篇中学生的文章发表评论，观点新，引起争论，因而出名。现在我记不清文章的内容和争论的焦点了。这次争论使他对社会学感兴趣，所以去拜访他。吴先生向我推荐了言心哲先生。他说言先生是老社会学家，1957 年被打成"右派"，现在不工作了，编制仍在师大。于是下午我来到四川北路拜访言先生。

言心哲（1898—1984）解放前曾任中央大学、中山大学社会学教授，1949 年任复旦大学哲学系教授、系主任。1952 年院系调整后调华东师范大学研究院当翻译。1979 年被聘为上海社会学研究所特约研究员。他住在四川北路一座老式楼房里，只一间居室，一个人住。房间里都是书，精装的外文书很多。言先生见我来讨教社会学，特别高兴，可以说很兴奋，话也多，主要是讲他过去教社会学如何受学生欢迎，以及社会学的用处多多。他对我转攻社会学表示十分赞赏，鼓励我努力学习。我问他是否还到学校去，他说："去，有保姆陪我去。"南方人讲话"陪""背"不分，我当时还以为是保姆背着他去呢。他的积极态度反映出这位 81 岁的老人对社会学的深厚感情。不知为什么，从言先生家里出来，我心中感到阵阵悲凉。

28 日（星期日）访复旦大学经济系的吴斐丹教授（1907—1981）。29 日访哲学系主任胡曲圆教授。胡先生当时对社会学不大感兴趣，没有多谈。此次去上海的主要收获是了解了那里社会学开展的情况，与他们建立了联系。另外，我感觉到南方人比北方人思想活跃，对新事物反应敏捷。这促进了我的思想解放。

五

  9月去北京，10月去上海，与他们建立了经常性联系。回天津不久，得知中国社会学研究会邀请美国俄亥俄州立大学社会学系田心原教授来访，并讲社会学。我于11月21日去北京，住在教育部小红楼招待所。那里臭虫很多，我买了一斤666粉撒在床垫上才能睡觉。22日、26日、29日，这三天在朝阳区总工会俱乐部听田心原讲社会学。田先生讲话声音很小，多是列举中国报纸上的事例加以分析，这分析是不是社会学的，我无从判断。与我一起听讲座的还有上海复旦大学分校社会学系的庞树奇，他和我一样，也是个纯粹的教员，没有任何行政职务在身。23日没有课，我和庞树奇一起讨论社会学。28日我们俩一起去民盟中央听费孝通给民盟中央在京的委员讲他出访加拿大的情况。费老穿着很随便，衣服没式没样，人也没有后来那样胖，初次见面，给人以亲切随和的感觉。他报告说，中国社会学恢复在国外引起了积极的反响，有许多国家与我们建立了联系。他讲完后，与会的人提问。提问的大部分是老年人，都是问一些熟人在国外的情况。这很自然，几十年封闭，音信不通，他们当然关心他们的同事、朋友和他们的子女在外国的情况。有人问陈达（著名人口学家）的儿子现在怎样？费老说，他在加拿大生产豆芽菜供给给超级市场，日子过得还可以。豆芽菜主要是中国人吃，加拿大的中国人很多，语言和生活习惯还是中国的。他还说外国有一种叫"其斯"的东西，难吃极了。

  报告会结束时，我和庞树奇到费老跟前，说明我们想教社会学，可是没有教材和参考书，请费老指教。费老说，这也是他要解决的问题。他说："社会学刚恢复，一没有教员，二没有书，我正在想办法解决。我们一起来想办法吧。"他还告诉我们："12月将有美国匹兹堡大学的教授来访，我也想请他们帮忙。"费老对我们这两个小人物说这样的话，使我感觉他平易近人，坦率而真情，从而更坚定了我们教社会学的决心。从北京回来，12月4日上午，我向南开大学哲学教研室主任金荣昌汇报去京情况。5日下午向哲学系总支书记苏驼汇报，并通知他6日在北京国际俱乐部有匹兹堡大学的教授演讲，请他去听听。苏驼去了没有？现在记不清了。

  1980年4月22日（星期二）与童坦一起去北京，住教育部招待所。这次没住小红楼，因为知道那里臭虫多，这次住后面的大楼。当天下午与童坦一起去民盟中央社会学研究会所在地再访王康，未遇。23日上午与一司文科处处长谭东晨和魏亚田同志谈社会学建设和教学问题。谭东晨也是人民大学法律系毕业的，是我的老学长。魏亚田是从南开大学调来教育部的，都是熟人。他们都热心支持社会学。老谭告诉我，你开一门课好办，要建立专业就得办手续，教育部批准才行。那时我谁也不代表，谈话交流思想而已，没有什么结果，不过为后来跑教育部蹚熟了路，再去就不用自我介绍了。上午 10 点钟我再来社会学研究会见王康，潘光旦的三女儿、北大教师潘乃穆也在场（潘乃穆在社会学研究会工作时间不长就回北大了，由她四妹潘乃谷顶替她的工作）。我们一直谈到中午 12 点。这时社会学研究所已成立，费孝通是所长，王康是副所长，陈道是党委书记。研究所的成立就意味着社会学这个学科有了实体，好办事了。不过当时研究所里没有正式的研究人员，还是个空架子。王康在介绍社会学发展计划时，说 5 月份要举办社会学讲习班，培养青年人。我听说有这等好事，要报名参加。王康问："你多大了？""48 岁。""不行！不行！我们是培养青年人的，你太大了。"这时王康与我已经熟了，我就说我一定要参加。潘乃穆也替我说话，她说老中青相结合嘛！王康没再说什么，后来给我发了通知，我就报到参加学习了。实际上，开班以后我发现，我并不是班上年龄最大的。

六

1980 年 5 月 25 日（星期日）我去北京西直门外国务院第一招待所报到。次日讲习班开学，上午王康讲有关事项，包括讲习班的筹备过程、要请哪些人讲课、作息时间和纪律等，最使学员感到高兴的是吃住都不要钱，也不收学费。经费由费老和杨庆堃联系的岭南基金会资助。那时候办各种讲习班都收费，唯独我们这个班例外。下午费老讲社会学恢复的前前后后，他多次引用胡乔木同志的讲话。

这个讲习班的学员，计划是招 40 人，可是开班后，在北京的学校、机关和研究单位闻讯前来听课的人不少，最多时有近百人。费老时常来班上指导工作或听课，有时还作翻译。王康就住在招待所，管理日常教学，就算是班主任吧，不过没有这样公布过。我是第一学习小组组长，司法部来的杨永磴是副组长。

讲习班从 5 月 27 日（星期二）至 31 日（星期六）这 5 天，外籍老师没到，这几天来班上讲课的有老社会学家费孝通（1910—2005）、吴文藻（1901—1985）、杨庆堃、吴泽霖（1898—1990）、张子毅①、全慰天；有北大历史系教授张之年；有社会统计学家戴世光；有《人民日报》总编辑汪子嵩；还有杜任之和陈道同志。

6月2日下午，王康带领香港中文大学的李沛良和刘创楚两位先生来班上与大家见面。他们说些什么我都忘记了，当时给我印象最深的是香港人满面红光，衣着整洁，相比之下，我们学员脸呈菜色无光，衣裳也皱皱巴巴。不过两个月下来，我们的脸色也见红润，腰带渐紧。不是我们不用功，而是过去我们从来没有享受过这样好的吃住待遇。从6月3日至6月30日，是李沛良和刘创楚讲课。每天上午刘创楚讲社会学概论，下午李沛良讲社会调查和统计方法。李沛良的方法课讲得生动活泼，很吸引人。他是个很会讲课的人。

7月1日至8日，李刘两位先生讲完课旅游去了，美国的教授还没到，抓住这个空当，班上请一些与社会学有关的专家教授来讲演，他们是：医学科学院的吴旻教授讲优生学；中国社会科学院赵副秘书长讲宗教问题；费孝通讲社会学历史；中国社会科学院宗教研究所的李有义讲西藏问题；北京经济学院袁方讲劳动就业问题；于光远同志来班上讲了一次社会调查，我没有记载是哪天，但是他的开场白我是记得清清楚楚的。他一上来就说："你们过去几周学了'洋'的社会调查方法，现在我给你们讲点'土'的。"于光远在1949年曾经出版过一本《社会调查》的小册子，是用传统方法作社会调查的行家。

7月11日，美国匹兹堡大学社会学系的两位教授：叶尼瓦萨（Jiri Nehnvajsa）与豪尔兹纳（Burvart Holzner）开始给我们讲"社会学为现代化服务"。他们是把社会学理论和方法揉在一起讲的，而且是两个人同时上台，像演双簧戏那样，你讲一段，我讲一段，配合得很好。这种讲课方式我头一回见到。他们俩上、下午都讲课，够累的。至于课程名称"为现代化服务"几个字，我想只是个标签，是投中国所好贴上去的。不过他们讲课的内容还是很有意思的，学员反映比刘创楚讲得好。这门课讲到7月30日，不算结束，约定明年接着讲。31日晚，学员为美国两位教授举行欢送会，然后他们由王康陪同去外地旅游，社会学讲习班"休班"。我之所以用"休班"这个词，是因为当时就已决定，明年这个时候，还是这些人，再来学习社会学，所以这两年暑期讲习班不是两期，而是同一期。

1981年5月25日至7月31日，这个班转移到朝阳区总工会俱乐部学习。

---

① 即张之毅，本书中有张子毅和张之毅两种写法，为保持日记、书信等的原貌，没有改动。

学员基本上还是那些人。另外，华中工学院党委书记朱九思要建社会学专业，派十几位教员来学习。天津社会科学院的潘允康和周路，商学院的林秉贤也来学习，他们是新增加的学员。我被选为班委，既要负责班上的事，也要关心有关社会学建设的事。另外还要研究《社会学概论》的编写和南开大学社会学专业班及将要举办的研究生班的事。

从讲习班回来后，我将《组织起来，开展社会学研究》一文进行了修改，把题目改成《关于社会学及其研究对象》，发表在《南开学报》1983年第1期上。同年3月31日《人民日报》转载了此文，把题目又改为了《谈谈社会学》。这篇文章题目的改变，也是我思想的转变过程，越来越扬弃政治语言而采取学术语言了，只是还留个"关于"的尾巴。

七

在1980年暑期社会学讲习班开学时，教育部一司司长黄天祥、副司长季啸风就拜访过费老，请他在高校里开办社会学专业，并委托他编写社会学教材。这与胡乔木同志"教育部门从速在高等学校恢复这门学科"的意思是一致的。在1980年讲习班即将结束时，费老召集我和北京大学的夏学銮、人民大学的贾春增、复旦大学的刘豪兴、武汉大学的周运清、中山大学的丘士杰、复旦大学分校的沈关宝、新疆社会科学院的何炳济等8人开会研究编写《社会学概论》的事。因为我们要教书，都愿意参加编写，编写组就算成立了。费老决定，暑假后在北京大学集中，一面学习，一面编写提纲。住房与生活用品由夏学銮找北大教务长夏自强解决。费老指定我和夏学銮为编写组召集人。

1981年9月16日，我们8个人到北京大学集中，住南门内的28楼。当天是自己动手用小拉车从未名湖边的招待所把床铺、水壶、水碗等拉回来。8个人齐上阵，一会儿就完了。吃饭就在学生大食堂。第二天开会讨论如何编写提纲。因为我们过去都是教哲学的，对社会学知之甚少，只能边学边编。所以我提议先集中半个月学习，不议论或少议论。半个月之后再拿出提纲。大家都同意我的意见，所以前半个月，思想没交锋，无可记述。整整一个10月份，我们小组内部都在反复讨论和修改提纲。争论最大的是社会学的研究对象究竟是什么？社会学历史，尤其是中国社会学历史怎么写？方法要不要单写一章？社会制度怎么写？写不写具体制度？写社会分层，还是写阶级与阶层？要不要写社会互动（Social interaction）？新引进"社区"（Community）这个词人家懂不懂？

"社会控制"（Social control）这个词会不会让人们误会？社会现代化怎么写？趋同论是对还是错？总之社会学对我们来说是个新学科，有其专业术语，引入社会学就得使用它的术语，而这些术语是马克思主义理论体系中没有的，甚至是被批判的，现在使用行不行？我们心里没有底。在这些问题上我们讨论较多，有争论的，请教费老。有些问题费老也拿不准，我们就还用已有的概念。比如我们没有写社会分层，而写阶级与阶层，去掉了社会互动，不写具体制度，等等。

在30年后的今天看来，提这些问题都是很幼稚的，都是不成问题的问题。可是在当时我们的思想没解放，社会环境也不同于今天，所以我们当时觉得这些都是原则问题。在原则问题上，我们犯不起错误。所以当时讨论很认真，争论很激烈，甚至为了要不要接受一个新词汇而争论不休。记得夏学銮提出"整合"（integration）这个词，我都不情愿接受。我们每讨论出一稿，都由我拿到费老家请他指导。费老也两次来28楼听我们讨论，当场指导。这样反复讨论，三易其稿，最后费老决定还是要找一些人来再讨论。

11月7、8日和10日这三天，费老约请陈道、张子毅、全慰天和教育部的徐经泽、魏亚田等在北京大学招待所会议室讨论提纲。专家们又提了不少意见，我们回住处再修改。11月18日下午，费老再来28楼，最后把写作提纲定了下来。19日我们小组内分工，先由大家认领自己愿意写的章节，剩下"阶级与阶层"和"社会行为"两章没人认领，由我来写。后来"社会互动"一章在讨论初稿时被取消了。

11月20日晚上，我和编写组的同志去费老家辞行。21日上午我们外地的离开北京。记得刘豪兴把我们的资料和行李打成捆，用一根扁担挑着，像江南的挑夫一样走在北京的大街上，这在当时的北京也是一道风景线。

从北京回来，我把编写提纲又整理一遍，于12月11日（周四）寄给费老和编写组的其他同志。然后就是各自分头协作，要求1981年1月底完成初稿。

八

我从1980年12月就通过潘乃谷与费老联系，请示开初稿审稿会的事。12月25日潘乃谷给我回信说："几件事（请人给社会学办讲课的事）都落实得差不多了，不过有的简历和讲课专题尚未拿到手，我想这可以后一点。最急的是先把审稿名单寄给你。"信后面附有30位专家教授名单，并说明这个名单是与费老和陈道商量过的，她说袁方和雷洁琼表示，参加一两次可以，整个会议期间待在那儿不行。

1981年1月12日，乃谷又来信告诉我，由于费老和社会学研究所的活动安排已定，《社会学概论》初稿讨论会必须在3月初召开，而且必须深入讨论，出席人员要少一些，由我来定。于是我1月29日起草向教育部的报告。报告说《社会学概论》通稿会拟于3月3日在天津和平宾馆召开，并报上出席会议的人员名单和经费预算。教育部批准了开会报告，经费先由南开大学垫付，然后教育部拨发。

实际上审稿会是3月11日至24日在天津大理道和平宾馆召开的。会议包下了西院13个房间和一个会议室的一座楼，每天房费共200元。伙食费每人每天4元。会议结束时，吴承毅（新上任的社会学所长）高兴，花11元买一瓶茅台酒请大家。出席这次审稿会的，除了编写组的8人外，还有费孝通、陈道、季啸风、吴承毅、赵范、吴泽霖、全慰天、韩明谟、高平、庞树奇、胡什芳、潘乃谷、徐经泽、陈尚志、杨瑞森、余秀（天津人民出版社编辑）。会议由陈道、季啸风和吴承毅向志主持，费老和我们编写组的人听取意见。经过14天的讨论，大家充分发表了意见，最后费老说："大家对书稿提了很多宝贵意见，编写组的同志要认真思考、领会和吸收。本着先有后好的精神，我看这个稿子经过增补和再一次修改后，可以出版。"到此，审稿会结束。接下来编写组开工作会议。

3月25、26、27三天，费老和编写组在原地开工作会议，北大的韩明谟这时开始参加编写修改工作。另外增加"社会问题"和"社会工作"两章。"社会问题"请袁方找人撰写，"社会工作"由上海社会科学院的陈树德撰写。这三天主要是消化审稿会的意见，讨论各章如何修改。最后决定作者修改后，交给韩明谟、杨心恒和丘士杰三人通读修改。

3月28日编写组全体同志陪费老和师母游水上公园，费老见湖中有船，想下去划船，被师母制止。是日下午散会。

7月，王康在北京讲习班期间，又主持召开了一次书稿讨论会，落实了增加两章的撰写人。这次讨论会我因为老婆生病，中途又回天津了，没全程参加。

1981年秋天，我去北大与韩明谟、丘士杰一同通读和修改书稿。住在北大外面的海淀宾馆，去街上的小饭馆用餐。我们三个人的意见时常不一致。我在8个人的编写组里就算思想保守的了，老韩比我还保守，对新概念的使用更加慎重。争论归争论，总算完成了第一次通读修改。

这时，南开大学社会学专业班已经结业，费老又在天津召开了《社会学概论》讨论会，著名社会学家和教育部司长都来参加，《社会学概论》也由天津人民出版社出版。一时间天津成了中国社会学的一片热土。可惜天津没有保持下去，此非个人能力所及。

1982年5月22日至29日，中国社会学研究会在武汉华中工学院开年会，接着开学科规划会。我们编写组的10个人（增加了韩明谟、陈树德），另外邀请了苏国勋参加讨论。我们这些人实际没参加年会，开始住在华工东面的关山招待所里改稿。因为天太热，旅馆条件不好，汗流浃背，不能读书写作，费老又让人联系，我们搬到了条件好的空军招待所，在这里继续讨论如何修改，费老也来过这里听我们讨论。一些作者拿到通读修改后的稿子感到不满意，又在争论。最后费老决定，各人修改后集中给杨心恒一人通读修改。

1982年7月5日至8月4日，由教育部出钱，我在天津宾馆包了一个房间，集中精力把书稿通读修改一遍。我修改，边燕杰抄写，夜以继日，我们两人都很累。其间，7月30日何炳济（时任社会学所办公室主任）同志来一趟，了解修改情况。

1982年8月12日，我去北京向费老交修改后的书稿。那时社会学所在鼓楼西大街，见到何炳济后，得知费老当晚乘车去长春，于是晚上我与何炳济一同去北京站，见了费老，他让我把书稿交给何炳济。至此，我就完成了《社会学概论》的编写和修改工作，心里感觉很轻松。后来听说，费老把书稿给韩明谟，让他一面试讲，一面修改。又经过一年的时间，费老于1983年8月为此书撰写了《前言》，在《社会学概论》后面加上"试讲本"三个字，交由天津人民出版社出版。

九

在编写《社会学概论》的同时，费老还受命推动在高等学校里建立社会学系。1980年在社会学讲习班时，夏学銮曾经与北京大学教务长夏自强联系，一时没有结果。就在这个时候，天津社联的欧阳同志来班上找我，说社联领导想请费老来津作访问美国和加拿大的报告。那时候刚刚改革开放，大家都想知道外面的情况。于是我向费老讲了天津社联的意思，他欣然同意。费老告诉我，8月初他去南方，从南方回来经过天津时可以停留两天，去南开大学见见老朋友，看看南开能不能建立社会学系。我说："您要去说说准行。"

1981年8月10日凌晨3点，我和社联的老许同志去天津西站接费老。费老从南方回来，3点40分下车，随即接他到大理道和平宾馆住下。我和老许也住在旁边的房间里。当天上午休息，下午我陪同费老来到南开大学，滕维藻校长接待。参加接待的还有郑天挺教授、王赣愚教授、吴廷璆教授，哲学系党总支书记苏驼、系副主任赵文芳、李国骥。落座后费老说："我这次来南开，一是看望老朋友——西南联大的老朋友；二是宣传社会学。"经费老一番"宣传"，在座的人都认为建立社会学专业很有必要。滕校长当即征求苏驼和赵文芳的意见，他们两人都表示同意，接下来就是议论要先办个社会学专修班。

费老回京后，给教育部长蒋南翔写信，专门谈了在南开大学开办社会学专修班的事。南开大学也于10月7日以"南报字[1980]第22号"文件，报请教育部批准开办社会学专业班（最初的提法是专修班，费老觉得"专修班"可能会和"专科"混淆，所以后来称"专业班"）。请示报告送上去后，我去教育部一司文科处催批，谭东晨处长告诉我："要办社会学专业班，必须先有社会学专业。你们现在连社会学专业都没有，怎么办班？你们学校还得马上申请建立社会学专业的报告，才能办班。"我11月21日从北京回来，22日下午即向苏驼、赵文芳、尹一耕汇报去教育部的情况，讨论办社会学专业班的事。然后由我起草向教育部请示建立社会学专业的报告，拿给吴大任副校长审查，他认真地读了一遍，并改动几处。12月12日下午，我在教务处找到王大隧副校长签字，再交给校办打印。12月15日学校以"南报字[1980]第36号"报教育部。

12月16日，我拿着36号文件去教育部，送给季啸风同志。这次去北京办4件事。

1. 送36号文件，请教育部批准建立社会学，落实办专业班的1.5万元经费和专业班招生办法。

2. 解决苏驼组织哲学系学生调查的《社会学书目》500元调查费的报销问题。确认社会学所是否审查书目，不审查我们就复印。

3. 送修改后的《社会学概论》编写提纲给费老。

4. 副教务长刘焱还托我问季啸风：教育部委托我校郑天挺主编《清史》和吴廷璆主编《日本史》的事，我校还没看到正式通知，请他发来。

1980年12月27日教育部以"[80]高教1字104号"文件，批准南开大学建立社会学专业和举办社会学专业班。1981年在天津和平宾馆开《社会学概论》初稿讨论会时，季啸风同志给我一份教育部《工作简报》，那上面记载着教育部党组书记张承先主持部务会议，研究几项工作，其中一项是研究批准南开大学建立社会学专业。《简报》大意是："批准南开大学建立社会学专业。北京大学、人民大学、中山大学是否建立社会学专业，待条件成熟时再议。"南开大学之所以能在中国社会学恢复重建后第一个建立社会学专业，与费老当时把精力放在南开大学，以及季啸风同志的支持有直接关系，并不是南开自己有多大力量。实际上，南开大学社会学专业班是中国社会科学院社会学研究所和南开大学联合举办的。教育部给这个班特批了15000元人民币。

十

接到教育部批准文件后，我们立即办理招生事项。事实上，在这之前费老和我们已经商量好了，从重点大学三年级在学学生中选拔40名优秀学生，来专业班学习。我请示教育部文科处长谭东晨如何招生，他告诉我，由南开大学制定招生简章，报教育部，再由教育部转发各大学。因为南开大学没有资格向兄弟院校发通知，招收他们的在学学生。所以，我在1980年就起草好招生文件。学校在接到教育部批准文件后，立即打印上报。教育部以"[80]高教1字105号文件"转发各大学。文件把我起草的选送期限1月10日推后5天，为1月15日。

社会学专业班的学生都是品学兼优的，因为各大学都是把最好的学生推荐来学社会学，所以这批学生毕业后没几年，大部分成为教学、科研和行政管理方面的中坚力量。别的学校如何选拔，我不太清楚，南开大学是经过考试和政审后择优录取的，考试科目有社会学和数学两门。南开原来计划是招7人，结果从报名的30人中选招12人，这也叫"近水楼台先得月"吧。

这个专业班从北京大学、人民大学、北京师范大学、复旦大学、复旦大学分校、武汉大学、华中工学院、云南大学、兰州大学、山东大学、中山大学、四川大学、南京大学、厦门大学、华东师范大学、吉林大学、湘潭大学和南开大学等18所高校中选拔43名学员。他们来自哲学、经济、中文、英语、历史和政教专业。男生28名，女生15名。因为他们是恢复高考后第一届大学生，所以年龄差距比较大，从21岁到35岁。最大的是范伟达，最小的是黄遵坼。学生是由各学校选送的，学员来报到时不是拿着录取通知书，而是拿着原来学校的介绍信，所以学生的学籍仍然在原来的学校。

另外，这个班还招收了十几名旁听生，他们是：南开大学的杜岩；天津市的王辉、周路、潘允康；河北大学的金榜；北京市公安局的陆文霞；复旦大学分校的黄渭梁、张青、李友梅等。

社会学专业班于1981年2月23日（星期一）开始上课。26日（星期四）

下午举行了开学典礼。出席开学典礼的有费孝通、季啸风、张再望、滕维藻、沈其朋（天津市委宣传部长）。典礼由苏驼主持，费孝通、季啸风分别讲话。

这个班学习一年，开设的课程有：社会学概论、社会调查、社会学理论、社会经济统计、社会心理学、社区分析、苏联东欧社会学、专业外语、专题讲座等共计9门课。费孝通、布劳、林南、吴泽霖、张子毅、袁方等都来担任一门课程或讲座。社会学概论由《社会学概论》编写组的杨心恒等8位教师讲授。

1981年12月13日，专业班举行结业典礼，费孝通、季啸风、张再望、滕维藻、娄凝先、段正坤（时任天津社会科学院院长）等同志出席典礼。然后学生回原校等待分配工作。学生毕业后回原校参加分配，就遇到一个问题。当时还是计划经济时代，毕业生由国家统一分配。在原来的分配方案里没有社会学的岗位，所以学生学了一年社会学，回去以后不见得就能从事社会学教学与研究工作。如果这样，那么办这个班的目的就落空了。因此费老与季啸风商量，要南开大学给教育部打个报告，专门请示社会学专业班的毕业生分配问题。于是南开大学于1981年12月5日以"南报字[1981]30号"文件，请示这个问题。季啸风还让我代教育部起草一个通知，一并送去。在我为教育部起草的发给有关大学的文件中，有"希望你们按照教育部[80]高教1字105号文件的精神，分配他们做社会学教学与科研工作"等语。

费老对南开大学社会学专业班是很关心的，一年中数次来班上讲话和指导，除了开学和毕业典礼参加之外，起码还有两次我记得清楚：一次是在班上讲完话后来，到天大东门招待所，见纽约大学人类学教授帕斯特纳克，一进门费老就说"马不停蹄"，老帕虽会点中文，但是听不懂"马不停蹄"，费老给他翻译。另一次是在天大专家楼见给专业班讲课的斯坦福大学教授英克尔斯，我和林伯渠的孙子林友苏陪同，并一起照了相。

万事开头难，中国社会学重建之初也很难。不过在费孝通先生的带领下，我参与其中，在各方面的支持下，四年（1979—1982年）内同时交叉办成了3件事，有苦也有乐。苦的是太累。学习、写书、跑腿、求人，同时做，恨不得有分身术才好。那时候我当天往返于京津之间不知道有多少次，有时候一天往返两次，真是"不舍昼夜"了。乐的是我学到了新知识，结交了新朋友，看到了劳动成果。我们的《社会学概论》（试讲本）虽然水平不高，但它是第一本，成为后来人编写概论的一个样本。更可喜的是当我看到社会学专业班的毕业生都学有所成，成为教学与科研的骨干力量，他们的学识和办事能力都超过我的时候，我感到无限的高兴和欣慰。

社会学重建之初的费老与南开

沈关宝[①]

1980年春夏之交,复旦大学分校指派我到北京,参加由中国社会学会举办的社会学讲习班。经过数月学习,我认识了讲习班的负责人费孝通先生,从此便追随费老近十年。

时隔一年,又是春夏之交,我与其他七位编写者先后来到南开大学,为刚创办的社会学专业班试讲《社会学概论》,由此与如今号称"黄埔一期"的学生们结缘,有的至今联系不断。

如今,三十多年匆匆而过,但那一年里的点点滴滴,犹如发生在昨日一般。每当忆及,我都会对费老引领中国社会学重建所做的巨大贡献有更强烈的感受。同时,也对南开大学在重建之初所处的重要地位有更深的认识。

北京的讲习班是利用暑期,把各高校文科的部分中青年教师召集起来,集中学习社会学课程。南开的专业班则是以培养青年师资为目标,在与社会学相近的专业里招收三年级学生,经过最后一年的跨专业学习,毕业后从事社会学的教学工作。显然,前者的阶段性和后者的系统性构成两者各自的特点。然而在费老眼里,两者并无多大区别,都是在为社会学培养接班人,因此,费先生不仅要全力推动,还都要亲自负责。

众所周知,我国大学里的社会学系在1952年被取消。1957年,原先社会学系的师生中,有相当一部分成为"右派"。从此,无论是教学还是研究,社会学在中国大陆中断了将近三十年。直到1979年,邓小平提出社会学"需要赶快补课"(《邓小平文选》,167页)。同年,胡乔木代表党中央把恢复、重建社会学的任务交给了年近七旬的费老。费老曾是人所共知的大"右派",受到过二十余年的不公平对待。面对"补课"任务,有不少老社会学者心有余悸,但费老却欣然受命,他并未顾及个人以往的屈辱,有的则是中国现代化需要社会学的

[①] 沈关宝,南开社会学专业班"社会学概论"教师,中国社会学恢复重建后首位博士学位获得者,上海大学社会学院教授、博士生导师。

使命感。当然，费老深知，一门学科可以挥之即去，但无法招之即来。他甚至在领命之初的一次讲话中把自己比喻为空城计里那个在城门口执帚扫地的老兵，这的确是当时中国社会学学科状况的形象写照。因此，费老认为，重建社会学面临的最为艰巨的任务是如何尽快地培养这门学科的新人。

事实上，早在北京讲习班开办的前一年，费老就定下了双管齐下培养新人的方针。一方面，他召集曾学过社会学的人马，如王康、薛寅、张仙桥等先生一道筹建中国社会学研究所，并在北京的一些胡同开展实地研究，以他擅长的社会调查的方式以老带新。另一方面，费老趁访美之机，请他在燕京大学社会学系的老同学、时任匹兹堡大学教授的杨庆堃先生帮助牵线搭桥，邀请美国和我国香港中文大学的一批教授利用暑假来中国社会学会讲学，这便是北京讲习班的渊源。费老曾把这种速成式的培养新人模式称为是"借鸡生蛋"。

今天看来，北京的讲习班的确起到了速成的效果。讲习班的学员们都对社会学有了新的认识，其中涌现出一批这门学科的教师与研究人员，他们把社会学的学科发展作为自己的终身事业，并做出了各自的贡献。但速成也有速成的问题，暑期几个月的授课难以体现学科知识的系统性，而凭借短期听课，尚不能满足在大学开设系科、走上讲台教授学生的需要。因此，在1980年的第一期讲习班临近结束之际，我与好几位学员一同建议继续留在北京集体备课，并希望在费老的主持与指导下编写出一本《社会学概论》。

由于得到费老的支持，教育部与北京大学的领导一路开绿灯，为这一建议的实施提供各种必须的条件。于是在秋季开学后，我们八个人①聚首北大，以刚刚学到的那一点知识为底子，着手编撰教材。其实，当时我们所做的只是如下三件事而已。

第一是阅读资料并做笔记。20世纪80年代初，图书馆的信息技术与服务效能都很低下，但好在北大尚有兼容并蓄的遗风，加上北大夏学銮老师的多方联系、四处奔走，多少弥补了因学科停顿多年而资料匮乏的不足。我记得那时搜集了几乎所有能搜到的社会学概论类教材版本，有我国解放前的，有欧美的英文版，还有港、台地区正在使用的。其中最易消化，也最有参考价值的是第三部分，比如台湾龙冠海先生的《社会学绪论》，我就翻阅过好几遍。

第二是整理笔记并进行编撰讨论。尽管当时我们都只能算作是门外汉，但目标却很明确，那就是费老提出的"先有后好"四个字的方针。在大量阅读、

---

① 北京大学夏学銮、中国人民大学贾春增、南开大学杨心恒、中山大学丘士杰、复旦大学刘豪兴、上海大学沈关宝、武汉大学周运清和新疆社科院何炳济。

吸收的基础上，我们相互交流，对概论的纲目、各章节的主要内容、前后逻辑与各自分工等进行反复讨论。应当说，门外汉之间的讨论是饶有趣味的，因为所说的大多不是自己的主见，而是看到后拿过来就用的东西，所以在讨论中也常有激烈的争辩，但最终都能在以木须肉为佳肴的晚餐桌上得以调和。由于我在复旦读的是物理，故自知与文科出身的人相比，没有多少说话的本钱，只好在一边旁听几位老师的雄辩。时间一长，也听出一点味来，受益匪浅。

第三是听取费老的指导。尽管费老认为请他来负责编写教材是用其所短、勉为其难，但他还是义不容辞地担当下来。每隔一二周，他总要把大家召集起来，一面听取我们的汇报，一面提出他自己的意见和要求。直到今天我仍清晰地记得他一开始就为我们确定的三个原则：鉴别吸收、为我所用和留有余地。他要求我们尽可能地广泛阅读，但绝不能生搬硬套、人云亦云。不管是前人的、洋人的还是旁人的，一定要有鉴别地吸收。而鉴别吸收的标准是为我所用，费先生强调教材内容一定要密切结合中国的实际。他说，如果学生学了概论，懂得社会学是一门为我国现代化建设服务的学科，那么，就达到了为我所用的要求。但费老同时认为现在的为我所用还只是浅层次的，如果将来我们有了自己的研究资料与成果，并以此来充实概论，那才算得上真正的为我所用，所以我们今天的教材要为未来的那一天留下修订的余地。除此，费老还要求每个人发挥自己的特长和积极性，开展创造性工作。比如他要求我利用有一定数学基础的长处，把社会统计写进概论的方法部分。

值得一提的是，编写概论的这段时间，正值中国社会学研究所的筹建初期，又是民盟工作的恢复期。同时，费老还要应邀作讲话、写文章，为社会学这门学科正名、答疑。因此，费老在千头万绪的工作之余，还抽出时间来进行指导实在难能可贵，对我们这些编写者而言，能亲耳聆听费老的教诲可谓三生有幸。

到了 1981 年的初春，一次规模比较大的概论教材研讨会在天津举行。季啸风、陈道等教育部和社科院领导，一部分社会学界老前辈，以及全国正准备开设社会学课程的教师代表与会，讨论通过了我们所编的初稿。照理说，辛苦了大半年的努力终于获得了会议的肯定，至少可以暂时松口气了。然而令每一位编写者的神经又紧绷起来的，是费老在会上的一个提议：由我们将各自编写的内容到南开大学的社会学专业班上作试讲。费老说，只有学生满意了，才算真正通过了。

说到南开的社会学专业班，还得穿插一段上述会前的筹备工作。如果我的记忆不错的话，这个专业班的开办是费老、南开大学滕维藻校长以及杨心恒、苏驼等老师共同努力的结果。应当说，费老在那时不仅指导编写教材，而且还在努力推动各大学办社会学系，而滕校长就是积极响应的校级领导，杨心恒老师则是费老与滕校长之间的联系人，费老戏称杨老师是他的"先行官"。由于杨"先行官"居中转达费老和滕校长的意见，进行事先沟通，所以当费老来到南开与滕校长见面时，两人一拍即合。滕校长表示南开不仅要建社会学系，而且为了加快这一进程，在建系同时举办一期社会学专业班。费老对此自然十分高兴，一口允诺常到南开做学术指导。

至于社会学专业班招生与开学的具体情况，我相信杨老师与后来担任专业班班主任的苏老师比我更清楚。我只知道一共招了四十多名学员和十余名进修教师，其中有我自己为所在的复旦分校争取的两名学员和三名进修教师的名额。

或许是受到教材研讨会与南开建系、办班的渲染，那一阵天津的社会学气氛十分浓厚。天津社会学研究所顺势而立，并迅速展开了一项规模不小的研究。天津人民出版社派出一位精明能干的女编辑余秀，不仅缠着费老，要求出版那本刚成型的概论，而且逢人就打听是否有出书计划。可能是在她的热情约稿之下，八九十年代有相当数量的社会学教材、译著和专著，包括费老多部重版的旧著，和我与人合编的"社会调查研究方法"，都由天津人民出版社陆续出版，并影响了一代学人。由此可见，天津无论是在当时还是在随后相当长的一段时间内，都是中国社会学重建的重镇。

回到费老的提议，概论的编写者依次为社会学专业班上课，我的课被安排在5月初。我每天从东门处的招待所走到校园中央的教室，一路上尽在思考如何把课讲好，既不留意校园的春色，又常因走错道而求助路边的学生，因此也对南开学子的热情带路留有深刻的印象。

至于我的课究竟上得如何，自己当然是心知肚明的。当时与我一起为专业班上课的，有从美国来的林南教授，还有赫赫有名的交换理论家彼得·布劳。我的课显然无法与他们相提并论，但专业班的同学们对我很是宽容地给予了好评。而正是南开的这一积极评价，给了我充分的自信心，并从此踏上了社会学研究与教学之路。

在我33年的学术生涯中，最值得提及并对我一生产生重大影响的，也恰是社会学重建初期费老带领我进行小城镇研究的几年。南开的课程一结束，我就按费老的要求在苏南做实地调查，循着乡村人多地少、剩余劳动力就地转移、乡镇工业兴起、城镇复苏繁荣的路径，考察乡镇企业的动力和富民的城乡一体化前景。7年以后，我作为社会学重建后的第一位博士生，在费先生指导下完成博士论文"苏南乡村的工业与社会",并被评为"中国社科院优秀论文"。

  数年以后,当我的论文以"一场静悄悄的革命"为题出版之时,我在卷首写道:我把我的这篇论文献给我的导师费孝通教授,感激他长期以来对我的教育和培养。1980年初夏,刚刚摆脱二十多年磨难的费先生重返学术舞台,肩负重建中国社会学的历史使命,在北京主持社会学讲习班。当时我作为一名普通学员,聆听了他的教诲,立志为这门多灾多难的学科贡献自己的一份微力。从此以后,我便师从费先生,进入社会学的门槛,并在他的精心指导下一步步成长。1981年,他亲自带领我到他早年考察过的村庄,手把手地教我进行实地调查的基本功;1982年,他提出江苏小城镇研究的重大课题,让我在其间经受锻炼;1984年,我考入中国社会科学院研究生院,正式成为他的学生,记得入学后他对我的第一个要求,便是强调在读有字之书的同时,必须读好"社会"这本无字之书。因此,他鼓励我蹲在研究点上,投身于变革中的社会,理解变迁中的农民生活,在论文的选题、资料分析和写作过程中都给予了我悉心指导。直到今天,他依然关注着我,当获知论文即将出版,他欣然同意将他的"江村五十年"一文置于卷首,以文代序。劫后余生,岁月无情,时光对他来说格外珍贵,然而他却毫不顾惜地将这段他称之为"得之意外"的第二个黄金时间倾注在我的身上,这怎能不使我从心底里产生由衷的感激。同时,这一切也使我深深感觉到他那认识中国社会的毕生信念和重建中国社会学的巨大热忱。我想,这也将成为我应有的品格和我一生应负的责任。

  由此可见,当南开的社会学专业班结业的时候,我已在江村,与所谓"天(津)、南(京)、(上)海、北(京)"的社会学新人们一起在费老指导下做江村再调查。我还记得现任中国社会学会会长的宋林飞教授利用专业班的假期到江村调研乡村剩余劳动力问题。诚然,从南开专业班毕业后当上会长的虽只有宋教授一人,但三十年后的今天,这个班的大多数学生已经成为当今中国社会学的中坚力量,担起了发展这门学科的重任。因此,南开大学无疑是中国社会学重建的摇篮。

我记忆中的南开社会学系初建期

王处辉[①]

1982 年南开大学社会学系创系时的"元老"级教师群体,现在只有我一个人还在坚守岗位,其他比我年长的各位前辈或同仁先进们都已退休,有几位已经辞别了人世,如杨心恒、张向东、孔令智、苏永和诸位先生,而当时比我年少或同龄者们则先后各奔东西,追求其更美好前程去了。在南开大学建校百年之时,南开社会学系也已经走过了 37 年个春秋,而我也从当年的一个二十几岁的青年教师,变为了一位南开社会学系最年长的白发老者。但回首建系初期的往事,却仍历历在目,恍如发生在昨天。

我是于 1982 年在南开大学历史学系研究生毕业后,被分配到社会学系工作的。南开历史系的领导对我说,我校要建社会学系,到历史系来要毕业研究生,并让我去。我当时对社会学一无所知,只是服从分配而来。1981 年始建的南开社会学专业设在哲学系之下,1982 年 6 月我报到时,社会学系还没有成立,所以我是在哲学系报到的。当时社会学专业有哪些老师,我完全不知道,只知道之前并不曾谋面的苏驼先生负责社会学专业的建设工作。我便请我上大学之前的老友、正在南开社会学专业读书的边燕杰带我去拜见了苏驼先生。到 8 月份开学,说是成立了社会学系,苏驼先生任系主任,苏永和任办公室主任,并给了三间建于物理系楼西侧的临建板房和几张办公桌,这个新建的社会学系算是正式开张了。

开学第一周,社会学系召开了第一次全体老师会议,我才第一次见到我的新同事们。除上述二位苏老师,还有杨心恒先生(当时在外地出差,没有与会),他原是南开哲学系教师,参加过费孝通先生组织开办的社会学讲习班,在我们第一批教师中,当时算是最懂社会学的人了;张向东先生,原是研究马克思主义哲学的;曹静先生,原是南开外语系的俄语教师。以上几位均已是 40 多岁的

[①] 王处辉,南开大学社会学系教授,博士生导师,主要研究方向是中国社会思想史、教育社会学。

人。30多岁的有两位,一是孙非先生,原是研究美学的,比我早一年研究生毕业,另一位是侯钧生先生,和我同年研究生毕业,原是学西方哲学的。这二位都比我年长十岁左右。还有几位是1977级南开哲学系本科毕业生,他们是张乐宁、唐忠新、宗力、郭大水、薛荣昌。其中,郭大水被安排在办公室协助苏永和的工作,薛荣昌为资料员(尽管当时还没有社会学资料)。可以说,这些教师中,除了杨心恒先生在建系之前学过一两个月的社会学,其他人虽也各有专长,但均不知"社会学"为何物。当时苏驼先生布置工作任务:一是明年(1983)开始招收社会学专业本科生,因中学老师和学生还不了解社会学这个专业,所以要下大力量做招生宣传工作;二是各位教师要备课,准备给明年入学的社会学专业本科生上课。可我们都不懂社会学,又不知社会学专业课程体系,不知自己能上什么课,怎么能做到上好课,不至于误人子弟呢?所以各位老师都"压力山大"。

后经几次开会研究,认为当务之急是我们作为教师的要先学习一下社会学知识,可社会学在中国已经中断了27年,新华书店连一本社会学方面的书都没有,且处在改革开放初期,外国及中国香港、台湾出版的图书根本进不来。费孝通先生主编的《社会学概论》(试讲本)当时也还只有一个内部油印的初稿本,我们只好就地取材,大家人手一册,每周读一章,每周集体讨论,交流读书体会,半学期后,共同读完此书稿,算是入门。说实话,那个《社会学概论》初稿,有浓重的历史唯物主义教科书的痕迹,并不如以后正式出版时成熟,但我作为历史学出身的人,最大收获是从中学到了一组社会学概念,如初级群体、次级群体、有机团结、无机团结、核心家庭、主干家庭、扩大家庭、社会化、社会流动、社会分层、社会冲突、社会结构、社会功能、社会交换、社会变迁、社会发展、社会整合、社会问题之类。结合读其他资料,也知道了社会学有所谓"结构功能理论""符号互动理论""社会交换理论"等,如果用后来才出现的概念说,大概也可叫做初步了解了社会学的基本"范式"吧。估计其他同事的收获也不外如此。

1982年我读的最早的社会学著作,是我历史系研究生同学李润权送给我的,他来自中国香港,在王玉哲先生门下研究先秦史的。知我要去社会学系工作,就将他从香港带来的几本由香港翻译出版的西方社会学家的著作送给了我。还有几本中国学者的社会学著作,如李树青先生的《中国政治与中国社会》、吴晗和费孝通的《皇权与绅权》等,记忆最深刻的是他还给了我一本台湾出版的《乡土中国、乡土重建》,封面署名作者叫"费通"。台湾出费孝通先生的书,却给费先生改了名字，实在让人啼笑皆非。这批书成了我社会学入门的另一通道。李润权毕业后回了香港，后去美国攻读博士学位，我们再也没有见过面，但我至今仍感谢着他当年对我的慷慨协助。

我们全体教师学习社会学知识，目的很明确，就是为了给社会学专业的学生们讲授社会学课程，但课程体系是什么？还并不清楚。于是我们全体教师在苏驼先生主持下，一起研究社会学专业的课程体系。可参照的课程体系，一是费孝通先生的"六脏"说，二是可找到的几份国外社会学系课程安排，三是几份解放前我国社会学系教学计划。按学校的本科生学分要求，组织了一份教学计划。课程安排有了，由谁认领呢？为便于相对保证课程质量起见，采取了将各位的学术专长与社会学课程对接的方式，如：杨心恒先生参加过社会学教师进修班的学习，也参加了费老主编的《社会学概论》（试讲本）的撰写工作，所以是"社会学概论"课的最佳人选；苏驼先生是研究调查方法的，就由他负责"社会学调查研究方法"课程；张向东先生原是研究马克思主义哲学，就由他负责"马克思主义社会学"课程；孙非先生是研究美学的，就由他负责主讲"社会心理学"课程；侯钧生先生是研究西方哲学的，就由他负责"西方社会思想史"课程；我是研究中国历史出身的，就由我负责主讲"中国社会思想史"课程；张乐宁喜欢理论思辨，就由他负责"西方社会学理论"课程；唐忠新是从农村走出来的大学毕业生，就由他负责"农村社会学"课程；郭大水是天津市区长大的，当过工人，就由他负责"城市社会学"课程；曹静先生是学俄语的，不好安排课程，他自己请缨，说要讲"社会学概论"课。如此等等，必修课程便各有所归了。选修课则由各位自报，想上什么课，能上什么课，由教师们在教学计划范围内自报，只要报了就能开课。当时这批建系时的"元老"，职称均是讲师或助教，没有一位是副教授，更不要说教授了。到1982年底，我和侯钧生、孙非都晋升为讲师，他们几位本科毕业生仍是助教，所以这个队伍是有七位讲师，五位助教组成。

同是在1982年，南开社会学专业已经开始办社会学专业研究生班了。专任教师中连一位副教授职称者都没有，怎么会有资格办研究生班呢？这还要从费孝通先生谋划，由教育部在南开大学开办的后来被我国社会学界称作"黄埔一期"的第一届社会学本科专业班说起。他们都是1977级学生（1978年初入学），来自不同的专业，经过了苏驼、杨心恒等先生所回忆的那个办社会学专业的艰难过程，终于在他们的本科第四学年（1981）集中到南开来改修"社会学专业"。这批学生在南开上社会学本科专业班时，我在南开历史系读中国史专业的研究生，没有参与其间，但由于我当时是南开社会学系最年轻的讲师，而学校要求各系设"研究生工作秘书"，条件是必须由讲师以上教师兼任，就被苏驼先生"看中"，成了当这个做"小跑儿"工作的不二人选。我也因此与这些研究生们的接触比其他老师要多，因工作需要，与苏驼先生的个别接触也多了一些，再加上他们的毕业论文答辩委员会都由苏驼先生提议，由我们俩人共同组织，而且每位研究生的论文答辩都是由我做"答辩秘书"工作，这个过程接触了包括费孝通先生在内的很多前辈，他们向我介绍了很多在南开首创社会学专业班的来龙去脉，我才得以有较全面的了解。但这些具体情况在苏驼、杨心恒二位先生的回忆文章中都已经说得较详细了。我只讲讲听费老说的这个首届"社会学专业研究生班"的缘起。

记得当年费先生说过，在南开开办的社会学本科专业班一年的学程将要结束时，他在思考这些学生的未来发展问题，他认为这些学生学习一年社会学知识是远远不够的，他们的发展有三个路径，一是在未来的教学工作实践中继续学习，二是送到国外去继续深造，三是办个研究生班继续学习几年。教育部高教司的季啸风司长非常赞同，同意在南开大学开办社会学专业研究生班，并得到了南开大学的全力支持，等办研究生班的批准过程完成，已经到了这批学生办毕业离校手续的时候，有一些学生已经在南开办完相关手续回原派出学校报到去了，除了南开本校的毕业生之外，还有一些尚没有办离校手续的外校派来的专业班学生，总共有十四位仍在南开，于是学校通知他们最好不要再办回单位报到的手续，在南开大学继续攻读社会学硕士学位研究生。虽然他们也走了入学考试程序，但结果是全部被录取了。这批在南开培养出来的我国社会学恢复重建以后的首批社会学专业本科毕业生和硕士研究生，后来多成为我国社会学界的知名学者。如我所熟悉的王思斌、孙立平、林克雷、宋林飞、蔡禾、周雪光、范伟达、张友琴等等，都是南开社会学专业本科生班毕业的学生，而王辉、潘允康、李友梅三位是这个社会学专业班的旁听生。边燕杰、折晓叶、王勋、彭华民、王来华、白红光等等，都是在南开读了社会学专业本科班又读了研究生班的学生。他们都为中国社会学的发展做出了杰出贡献。当然也有一些后来离开社会学界，在他们所从事的行业领域成绩超群者。

前已述及，社会学本科专业班学生在南开成立社会学系之前即已完成学业，他们在南求学时，我还在南开历史系读研究生，没有相识的机缘，都是后来才认识和成为朋友的。而研究生班学生到1984年初，进入到毕业前的最后一个学期时，由于我被系主任委派为一个"研究生工作秘书"，有"官职"，与他们接触变得多了起来，特别是进入他们的论文评审与答辩的时期，所有具体工作都是由我操办，包括论文送审、组织论文答辩委员会、做答辩委员会秘书及各种相关材料的准备及整理与报送等。其中最困难的是组织答辩委员会的工作。由于当时南开社会学系教师中连一位副教授都没有，系主任苏驼先生当时也还是一位老讲师，不具有指导研究生的资格，而答辩委员又必须是由副教授职称以上的专家组成，因此所有答辩委员必须外校或外系聘请。这批研究生虽各有指导教师，但这些导师也都是从全国聘请的，且没有一位是在天津本地工作的，其中有费孝通先生、吴泽霖先生、张之毅先生、傅正元先生等，十四位学生要同期完成论文答辩工作，先要这些导师有时间，每个答辩委员会还必须再有二名外校专家参加，谈何容易？在家庭电话还不普及的时代，如与专家们电话联系，既不能及时，也有失礼貌。所以那段时间，我和苏驼先生经常坐火车跑北京，去与导师们商定组织答辩的时间与答辩委员会专家人选事宜。当时的火车，从天津到北京，单程就要花二个半小时，苏驼先生是解放前就入党的老干部，有"老八路"传统，我们俩多次一起去北京，都坚持早出晚归当天往返，且吃饭从不按钟点，也从没进过饭馆，记忆最深的是在去张之毅先生家的途中，须在西单换乘公交车时，已经是中午二点多了，且当天风很大天气也很凉，我们俩饥肠辘辘，各自在街边买了几个包子站在路边背风进食的情形。还有一个印象较深的事情，就是我与苏驼先生去傅正元先生家，敲定组织答辩委员会事宜，但在规定时间内绞尽脑汁商量和寻找，就是还缺少一位校外专家，最后傅正元先生说，"你们不用管了，我和北大的厉以宁很熟悉，他已晋升为副教授了。我邀他做答辩委员，到时我带他一起去南开参加论文答辩"。这就是被后来称为"厉股份"的著名经济学家厉以宁先生，来南开社会学系作为答辩委员出席过一次硕士研究生论文答辩的缘起。

由此可知，1980年代初，中国恢复重建社会学学科之所以从南开起步，与其说是南开大学办社会学学科，不如说是教育部、中国社会科学院和南开大学在费孝通先生的谋划下集全国之力，在南开共办社会学学科，或者说是中国在南开大学办社会学学科，南开大学有"敢为人先"的办学精神，勇于承担这一重要历史使命，为我国社会学学科的恢复和重建急需人才的培养提供了一个平台。社会学恢复重建以后，南开社会学系作为最早的社会学人才培养的摇篮，它不只是属于南开的，而是属于中国社会学的，所取得的成就也不应由南开一家所独享。但南开为中国社会学的恢复重建所做出的贡献，也是有目共睹的。

1983年南开大学招收了社会学专业首届本科生。前已谈及，1982年建系时我们的两大工作重点之一就是为 1983 年招收本科生做宣传工作。当时的中学老师与学生们对"社会学专业"还很陌生，我们要招本科生，而且还想招收到高质量的学生，打响第一炮。1983 年初，在系主任苏驼先生主持下，经全体教师集体研究，决定由老师们分工，分头到天津的知名中学去做招生宣传工作，向中学校长和应届高中毕业班班主任讲社会学的重要性和光明前途，并请班主任选定本班最优秀的数名学生，由我们社会学系的老师与他们开座谈会，直接向他们宣传社会学，鼓励他们第一志愿就报考南开大学社会学专业。不少应届高中生都受我们宣传的影响，认为学社会学专业将来前途无量，便积极地第一志愿就报考了南开社会学专业。结果，这一年南开大学全校各本科专业录取学生的平均分数排名，社会学专业名列第一。从 1983 年下半年开始，我们这些本为社会学之"门外汉"的教师，也都按教学计划的时间安排，先后走上社会学专业课程的讲台，开始了社会学的教学生涯。

也是从这个时候开始，"社会学"在全国成为的"热门"学科，报纸上动不动就出现"从社会学的角度看"如何如何的话语，写这些文章的先生中到底有多少人真懂得社会学，却不得而知。总之，在那个新学科不断恢复重建（如法学、新闻学、旅游学、管理学等等），国门初开，全国上下努力落实邓小平"解放思想，实事求是"指示精神的时期，凡是所谓"新建学科"都受到社会的追捧，求新是年青学子们的共同特点，进入重点大学的新办专业读书一时成为高中生报考大学专业的时尚，学习社会学成为很多青年学子的追求，"社会学"一时成了热得发烫的学科。所以自 1983 级以后数年间的南开社会学专业本科生录取分数，也一直保持在南开大学所有本科专业录取平均分数的前三名。学生们个个优秀，教师们教课和培养学生也会更见成效。这些 1980 年代的社会学本科毕业生中，也出现了一批成绩显著的人才，如成为南开社会学系教授的陈钟林、周一骑都是首届本科生班的学生。人民日报副社长牛一兵是 1984 级社学会专业本科毕业生，还有很多成为各界的杰出人士，不能一一列举。

1984 年 5 月首届研究生班的学生们毕业，南开社会学系在继续招收本科生的同时，开始招收社会学专业研究生。鉴于社会学学科被中断了二十七年，全国没有社会学专业本科毕业生的情况，我们确定了从其他学科毕业生中招揽考生的招生策略。为了吸引各专业毕业生来报考南开社会学专业研究生班，我们集体讨论研究了考试科目，认为从不同学科的学生中招收社会学专业的研究生，一是便于选择，二是有利于拓展社会学学科界限，更利于展示社会学的综合性特点，让他们入学后接受社会学基本理论与方法的训练的同时，结合他们原有学科专业知识基础，开展社会学的研究，不但不是短板，反而可能会成为他们未来学术发展的优势。我们系所采取的策略是：在政治、外语二门必须通考科目之外的三门考试科目，都尽量多设平行的可供不同学科背景的考生自由选择应试的科目。如与"社会学概论"平行的科目，有"历史唯物主义""马克思主义哲学原理"等考试科目可供考生选择，与"社会学研究方法"平行的，设有"高等数学""经济统计学"等可供考生自由选择，记得我主攻的"中国社会思想史"也曾做过研究生入学考试的平行考试科目之一。总之，是充分考虑到当时有毕业生的几个传统哲学社会科学学科如文、史、哲、经、外语，乃至数理化等专业毕业的学生之所学，只要他们有志于从事社会学研究，想报考南开社会学专业硕士研究生的，都能找到他们曾经在本科阶段学习过的考试科目。结果表明，这个策略与当时全国兴起的"社会学热"相配合，取得了很大成功，1984年及此后的数年间，每年报考南开社会学专业研究生班的考生都有几百名之多。记得有一年的报考人数达到800多名（实际应考者约750人，其余数十名因各种原因没有实际应考），每年考生数与录取人数的比率达到20比1左右。学生入学前的素质高，不但培养教育容易出成绩，他们毕业以后的成才率也会大为提高。这是南开办社会学专业的成功经验之一。

与此同时，南开社会学系开始有了自己的副教授，最早一位是学校给社会学系调来一位副系主任何桂林先生，他本是南开经济系副教授，后又从哲学系调来研究社会心理学的孔令智副教授、研究科学哲学的刘珺珺副教授，苏驼先生也被晋升了副教授，还有海归博士吴忠先生，进校就给了副教授职称。他们先后开始招收三年制的学术型社会学专业研究生。所以从1984年始，南开社会学系的研究生有两种，一种是二年制的研究生班学生，他们在校学习二年给研究生毕业证，不给硕士学位证，等工作一年后自选导师并独立完成学位论文，回南开申请硕士学位论文答辩，通过后再授予硕士学位。这批学生中后来也有很多人成为社会学界的精英人物。如留在南开的关信平、厦门大学的胡荣、上海大学的张文宏，武汉大学的罗教讲、浙江大学的冯刚、中央党校的青连斌和谢志强、中国社会科学院的王春光、北京大学的张静、人民大学的于显洋、清华大学的景跃进、南京大学的翟学伟等等，数不胜数。另一种是学制三年的，入学即实行导师制的研究生，所以同时入学的研究生有二年后毕业离校，再过一两年回来申请学位的，也有在学三年直接获得硕士学位后再毕业离校的，真可谓"一系两制"。三年制的研究生中，当然也出了很多学界精英，如南京大学的周晓虹、南开大学的汪新建、人民大学的杨伟民等均是，举不胜举。还有很多后来离开社会学界而成为各界翘楚者，亦同样不胜枚举。

在1980年代之初中国社会学恢复重建以后，如果说中国社会科学院社会学研究所是当时我国社会学研究的第一重镇的话，则南开大学社会学系就是我国社会学专业人才培养的第一重镇。当时外国的社会学专家来中国进行学术访问，最核心的行程，一是去中国社会科学院社会学所，二是到南开大学社会学系。我参与接待时曾听他们说过，"不到南开就不了解中国社会学"。我印象最深、规模最大的一是日本社会学家访问团，近三十人，其中就有我后来留学日本时才成为好友的著名社会学家下田直春教授，另一个是中国台湾地区的社会学家访问团，也是二十几位，记得带队的是文崇一先生和肖新煌先生。总之，这个时期的南开社会学系也是南开大学各学科中国际学术交流非常活跃的学系。当时的研究生课程，还尽量聘请了诸多国际著名的社会学家来南开上课，如社会交换论大师、美国社会学家布劳教授，现代化理论大师英克尔斯教授，后发展国家现代化理论大师、日本东京大学的教授富永健一，还有更多华人学者如林南教授、李沛良教授、李树青教授等等，都曾来南开社会学系讲课或开学术讲座。他们有人一次就在南开连续工作一二个月的时间，给学生开一门课程，有些则是来开一二次学术讲座。所以也可以说，南开社会学系是我国社会学恢复重建以后与世界社会学前沿接轨最早的社会学系之一。

总之，我认为，南开大学社会学学科在1980年代的快速发展是由多种契机共同作用的结果，其中主要包括以下十大因素：一、邓小平"解放思想、实事求是"思想路线的贯彻实施；二、国家"改革开放"与社会学学科"补课"的政策；三、费孝通先生的亲手策划与指导；四、教育部对南开大学办社会学专业的大力扶持；五、南开大学领导敢为天下先的办学理念和全力支持；六、中国社会科学院社会学所的大力协助；七、广泛的国际国内学术交流；八、南开社会学系全体教师的努力；九、南开社会学专业学生们的出色；十、全国范围的"社会学热"。我作为南开社会学系创系时的第一批教师之一，见证了其兴起与发展。三十七年后的今天，我也亲眼看到南开社会学系培养的学生成为中国乃至世界有影响力的社会学精英或其他各界精英，虽自己在其中没有做出多少贡献，但身为南开社会学系的一分子，也略感沾其荣焉。

缘起南开社会学专业班

白红光[①]

到今年为止，我已在南开大学学习工作 41 年了，是南开社会学专业班中唯一一位还留在南开大学社会学系的学员。友琴说她一辈子只做了一件事，那么我一辈子做了两件事。一件是思考十年插队留下的思索与迷惘的纠结，是蹉跎岁月还是花样年华，是历史倒退还是革命运动？各家众说纷纭、针锋相对，体验苦辣酸甜、百味杂陈，一致的认同是"在那高高的白桦岭上，有我们的青春在游荡"那句感受岁月沧桑的歌词。另一件是实现了专业班结业仪式上那条标语——"横下一条心，献身社会学"，把社会学当做事业，在南开大学社会学系的建设中发挥了作用，做到了《南开大学社会学师生录》扉页上的那句寄语——让我们无愧于昨天的回忆。这件事此生无悔，而这一切缘起于南开社会学专业班。

一、相遇社会学

1978 年 3 月，我进入南开大学哲学系学习，那个班人才济济，仅中共中央委员就出了两位，大家对知识的学习如饥似渴、废寝忘食。但两年后就出现了分化，日后成为西安交通大学中文系主任的焦垣生和成为沈阳故宫博物院院长的武斌，分别开始创作小说和翻译书了，他们大量的时间在逃课。系里的车铭洲老师对此不仅开绿灯，而且大加赞赏，称赞他们学习主动性强，有学以致用、自主安排学习的精神，这点醒了我们每一个人。当时我对马克思主义哲学原理存在着顶礼膜拜的信仰，背了很多东西，但在理论联系实际指导实践方面，则感觉太随意，对立的双方都在用马列的话为自己辩护，不免让马克思主义姓了吕，变成两张口了，信谁不信谁一时难以辨别；对中、外哲学史感觉是玄学，

[①] 白红光，1981 年南开社会学专业班学员，1982 级南开社会学研究生班研究生，南开大学社会学系教授，曾任南开大学社会学系主任。

太抽象。总之,我对哲学这门玄而又玄、众妙之门、终极思考的学问,觉得一时难以入门,似懂非懂,让写点文章真憋不出来。

恰巧此时(1980年5月),哲学系安排我们社会实践,当时班内分为两组,一组是天津市私有经济改造调查,另一组是全国馆藏社会学书目调查,我在第一组。私有经济当时才刚萌芽,但其效率已不容置疑地呈现出来,调查是从实求知,调查的事实与结论可以和经济系同学的理论探论相结合进行提高,写文章因脚踏实地有感而发言之有物变得容易。虽然苏驼老师没有带第一组,但他讲了调查的程序、调查报告的撰写,对我们的社会调查起了规范性的作用。

1980年9月开学后,系里有了举办社会学专业班的传闻,要搞清社会学是怎么回事,问谁呢?老师和同学都指向了杨心恒老师。那时杨老师没有教学任务,大家都没接触过,只能去系资料室找。杨老师很勤奋,白天都在资料室看书。他是个讲究人,一身衣帽同色的涤纶中山服、黑皮鞋,很有派头。杨老师指点我去读孙本文的《社会学原理》、李景汉的《定县社会概况调查》和《新华文摘》上费孝通发表的文章。《社会学原理》和《定县社会概况调查》南开大学图书馆就有,是馆藏;《新华文摘》上费老的《我为社会学再说几句话》,系资料室就有。通翻一遍(实际只是粗略地浏览了一遍)两本大部头书,没有什么特殊印象,只觉得比哲学书好读,能看懂,但引用的资料离现在太久远;费老的文章篇幅短、时代性强,记住的多一些,以后向人们请教社会学时,多依赖的是那篇文章。关于费孝通,爸爸告诉我"是个'大右派',反右时说过几句实话";系里的封毓昌老师说"是个大学问家,一级教授"。关于社会学,系里许多老师只知道是被拿掉的伪科学,关于恢复的事说不清,学科地位和知识体系更不清楚;社会学的知识体系全系只有杨心恒老师一人知道,他的口头禅"是一门新学科"。

1980年12月,系里正式通知要举办社会学专业班,毕业去向是留校师资,方法是通过考试筛选。当时我觉得留校是个不错的去向,社会学的书籍刚看过几本,就报名了。考试科目两门,社会学理论我得了86分,高等数学得了100分,总分186分,排名为三十多名考生中的第二名,被顺利录取了。其实我占了高等数学的便宜,理论考试最高分是边燕杰和宋丁,他俩是社会学的先知先觉者,早在一年前就介入学习了,不仅阅读了大量社会学、人口学、社会问题的文章,还有一些习作被发表,我属于被裹挟进来的后知后觉者。

二、专业班的老师及课程

由于当年条件所限,专业班的课程有些庞杂,拾到篮里就是菜,基本是对社会学一级学科(社会学、人口学、人类学和民族学与科学社会主义)的鸟瞰。这一年,哲学系的同学基本没课了,有些闲散,而我们却在紧张充实中度过一年。得到国内外著名教授的教诲,领略了大家的风采。

应该说专业班成体系的课程有九门,其中五门是中国社会科学院社会学所外请的学者讲授,即布劳的"中国社会学说史"、林南的"社会调查方法"、李哲夫的"社会统计学"、贝格尔的"西方社会学流派"和芭芭拉·哈萨的"都市与乡村社区分析"),另外四门是南开大学在国内聘请的学者讲授,即杨心恒等八位老师的"社会学概论"、刘儒的"社会经济统计学原理"、林秉贤的"社会心理学"和崔约翰的"专业外语"。

"社会学概论"由杨心恒、贾春增、夏学銮、刘豪兴、沈关宝、丘士杰、周运清、何炳济八位老师联合讲授。他们从开始备课到讲课只有半年时间,边学边"卖",好在该课程共十四章,每人分到不足两章。记得最清楚的是沈关宝老师,他学物理出身,年龄和班内同学相仿,处处透着上海人的精明。他的一句"概论是一盘木须肉,融合了解放前、香港、台湾、英文版社会学概论的内容,组合了我们对现实的思考",向我们说明了参考书目的来源。鉴于他们外语水平都不高,更多参考的是港台书籍,只可惜当时港台书籍太不容易找了,校内图书馆几乎没有。杨心恒老师总想套用哲学基本问题(物质和意识的关系)的思路来统领社会学概论,用个人和社会的关系作为主线串起社会学概论。不管这门课现在看来是多么幼稚,但当时在概念体系框架上还是新颖的,内容没有摆脱历史唯物主义,原因在于老师们都是搞哲学出身。

刘儒老师是天津财经大学的老师,使用的教材是杨曾武主编的《社会经济统计学原理教科书》,这是经济类成熟的教科书,他本人是该课程的主讲教师,讲过多遍。只不过这本教材只涉及到单变量一元统计分析,和以后李哲夫老师讲的二元统计相比在内容上就逊色了,多少让人感到没有新内容,有些同学甚至要求去修"数理统计"。

林秉贤老师是南开大学管理系教师,他讲的"社会心理学"课时比较多,内容也充实,大量内容是弗洛伊德的精神分析和社会学相关的人格由本我、自我和超我组成这些基本概念就是从他的课上获取的。他的课实际上还有一位幕后支持者，是天津医学院的陈钟舜老师（也是一位精神科医生），很多鲜活的实例都是他提供的，只是他当时没有被"解放"，没有上讲台的资格。

专业外语是崔约翰老师讲，他当时在天津机械配件公司援外办公室工作，是个混血儿，口语不错。他捡了两个大便宜，一是在专业词汇方面有钱建业老师给他闯关，他拾了个"瓜落"；二是大家对外语都重视，积极性高。他用的教材是艾尔·巴比（Earl R. Babbie）写的一本英文社会学概论各章后面小结的汇集。他很辛苦，把这些内容用打字机打在蜡纸上，然后油印，一课一发，每次课都是一次英译汉的讲习课。虽然他没有教师资格，但大家对他的课基本没意见。

布劳老师讲的是"社会学说史"，他是美国社会学会会长，相当于中国费孝通教授的地位，仅靠头衔就知道厉害了。给我印象最深的是他漂亮的胡子，过去只是看照片外国人长大胡子，如今见到真人的胡子了。再有他除了介绍韦伯、涂尔干、齐美尔、帕森斯、默顿外，更大量地介绍自己的学说，表现出浓厚的个人特点和充分的自信，这和国内教师上课只讲别人的东西大不一样。他和大家课下交流不多，班内除了三位来自外文系的同学可以与他交流，其他人都张不开口。

林南老师讲"社会调查方法"，当年林老师风度翩翩，使用的教材是自己编写的，和现在盛行的主流实证方法别无二致，主要是我们第一次听。他用中文讲，给我印象最深的是，研究问题要转化为命题，要经过证实或证伪才能上升为理论，这在当时是很新鲜的内容。林老师用的那本教材（Foundation of Social Research），课后我们把它译成中文，1985年在国内出版，我是译者之一。

李哲夫老师讲的"社会统计学"，从方差分析入手，进入到二元相关和回归分析。他这门课将统计分析和社会学理论知识相结合，把定量分析具体化，是林南老师方法课的延伸。李老师搞人口统计出身，但他的课偏重统计方法的"应用"，而非其数理基础与公式推导，着重于在什么情况下最适宜采用这个方法、怎样运算、算出的统计值有什么意义和如何解释。李老师为人豪爽，和大家互动最多，经常有同学到他住处请教上课听不懂的内容，他除了耐心辅导外还用咖啡、点心、糖果招待大家，这在经济匮乏的年代是很奢侈的，使师生间的距离缩得很小。

三位美国教授的课是按教材一五一十讲下来的没打折扣，这在国内没有任何一家单位能做到。我们最大的收益是在国内受到了美国体系的社会学基础理论和基本方法的扎扎实实的训练，为今后的学习和工作打下基础。

贝格尔老师（中文名字伯格）是德国人，负责"西方社会学流派"课程讲授，他介绍了斯宾塞、杜尔克姆、韦伯、马克思和法兰克福派的西方马克思理论，内容和布劳老师有些重复。但他对马克思理论的介绍占了三分之一的时间，让我们大开眼界。本来我们认为马克思的书我们没少读，对此不以为然，但几句话对过去立刻明白了我们不在一个层次上。我们只是照《哲学原理》教科书按图索骥地对应地读了一些马克思原著；贝格尔老师是从马克思原著本身阐述他的社会学观点，他读的马克思著作远远多于我们，理解的也比我们深刻。毕竟德国是马克思的故乡，我们这些马克思的信徒只是摆弄了一些"舶来品"，对原著连一知半解的水平都没有。这对我们今天开设"马克思主义社会学"课程仍有很大借鉴，授课教师必须下大气力熟读马克思原著才行。

芭芭拉·哈萨老师（中文名字贺碧立，德国人）讲的"都市与乡村社区分析"实际是社区概论，她更侧重于农村和乡村发展规划问题。不断地提出"农村生产责任制的利弊""农民的价值观""你所在城市的规划存在什么问题"让大家讨论，并提交文字作业。她能讲不太流利的中文，听和阅读没有问题，她的课程对来自农村、熟悉农村的同学影响较大。

专业班还有一个亮点，就是大量的学术讲座，大致有二十多个，几乎每周一次。费老那一辈人都请齐了，有吴泽霖、吴景超、林耀华、雷洁琼、李景汉；比他们辈分低的有袁方、全慰天、李有义、戴世光、张之毅、赵凤歧、王康、丁克全、佟庆才、马句、高平、熊子云、李竞能、项子纲、张汉如、陶正熠等。费老那一年一共来了四次。老实讲，他们讲的题目有些杂，涉及到社会学、人口学、人类学、民族学、科学社会主义、社会问题、社会管理等各个领域，当时我们没有基础，对他们讲的内容又第一次听，对他们在中国的学术地位还不了解，许多内容是一闪而过。以后读了他们写的书，才知道这些人物是学术研究中绕不过去的大师。当时印象最深的就是这些老师们儒雅的风度，侃侃而谈、不慌不忙的气质。专业班这些讲座的公告吸引了大量哲学系同学慕名而来，不过由于场地有限很多人被挡在教室外面，从他们羡慕的眼光中折射出专业班在77级同学们心目中的地位，也让我们感到自豪。

还有苏驼和苏永和老师。苏驼老师虽然没有给大家开过课，但他实际是专业班的策划者、组织者、班主任、辅导员，没有他就没有这个班，这是大家一致的认识。苏驼老师在教学中组织了1981年暑期的九个社会调查，记得我那个组调查题目是"影响青年人从事个体经济主要因素的调查"，调查报告后来被中国社会科学院组织的一个研讨会选中，系里还出钱让我赴哈尔滨参加了会议。

专业班大量的接待工作由苏永和老师承担,那时他不到四十岁,年富力强、精力充沛,从不知累,办公室就他一个人,却把几十位外请专家的食宿、接送安排得妥妥当当、井井有条,这样干练的行政干部现在不好找了。

三、专业班的同学们

1977 级是恢复高考后第一届本科生,当年录取率据报道不足 3%,而专业班的学员又是从这批学生中选拔的留校师资,各校优中选优,能挤进这样一个群体真是幸事。

首先,这是一个高效、自律、相互协作的群体。由于缺少教材,每次课后必须将录音整理为讲义,大家齐心协力,没有一个人拖拉,一本本讲义在考试前都赶出来了。其次,这是一个团结的群体。面对阅读资料紧缺的状况,大家群策群力,想尽各种办法弥补。北大、人大的同学抽周六、日回校,利用该校图书馆资料多的优势复印有关资料供大家传看。老师指定阅读的外文资料,每人各分一部分翻译,再凑在一起,当然外语系的同学负担的多一些。外籍教师搞不明白这种集体工程,弄不懂这群上课时还是懵懵懂懂的学生,怎么下次课就全明白了,只能夸赞我们接受能力强。再次,这是一个学术群体。各宿舍的"卧谈会"夜夜不断,各小组的学习讨论会和集体复习会每周各一次,许多学习难点就是你贡献一句我贡献一句攻克的。复次,这是一个多才多艺的群体。王颖、余艳菊、边燕杰都是交谊舞高手;方明、林征宇当过播音员,一首诗朗诵一鸣惊人;范伟达等上海同学的沪剧表演都能登台;李友梅、何娟的泳技是专业运动员水平。最后,这是一个由天南海北年轻人汇集成的群体。无止无休的南北东西之争,都带着一种征服一切的气概,有争吵,更多的是各种地方文化、亚文化的交流融合。

学有余力的同学很快冒出来了。特立独行、四十年不老的孙立平,对社会现象分析得入木三分,解释得令人拍案叫绝,经常有小块文章见报。应试外语永远过不了关的他,当了一年的夜猫子,竟翻译出一本布罗玛的《当代社会学理论》。班里的支部书记宋林飞,上大学前是县委办公室主任,擅于搞政策咨询,1981 年暑期的一次"农村劳动力的剩余及出路调查",竟被《中国社会科学》发表。王思斌的朴实精干当年就出了名,那手楷体钢笔字既快又清晰,一本课堂笔记能让大家当字帖临摹。寡言少语的林克雷显示出从事西方社会学理论研究的天赋,布劳的考试是五十道选择题,他居然全部答对得了个满分。布劳老师说这在美国学生中也属罕见。周雪光当年就用英文记日记了,是班里外文水平最高的佼佼者。学习委员边燕杰对独生子女家庭领域表现出浓厚的兴趣,提出的见解让袁方、李竞能先生当堂夸奖。坐在教室最后面的旁听学员王辉同志,竟是天津市委办公厅主任。

专业班 43 名正式学员中,终身从事社会学教学和科研工作的有 26 人,其中国内 19 人,国外 7 人;旁听学员中,终身从事社会学教学和科研工作的有 7 人。我们这 33 人中,出了 2 位中国社会学会会长、4 位中国社会学会副会长、10 位 985 高校社会学系主任。剥离开行政职务,我们在不同领域学术团体(中国社会学会所属各专业委员会)内终生合作相互配合所取得的研究成果,同样为社会学发展做出了我们应有的贡献,令社会学界的同人们刮目相看。

回到 1981 年 12 月 13 日我们结业的那一刻,每人手中一本师生录,扉页是韩广生写的《寄语四方学友》,第一段写着"这是一个情谊的纽结,一个战斗的网络。无论什么时候,无论在南疆,还是在北国,她都会拉着你重涉往事的小河——那些难忘的岁月,充满了激情、重托、紧张、求索……"。现在我们大多数人功德圆满地退休了,感谢南开社会学专业班给了我们这个起点,我们也没有辜负老师们对我们的培养和期望。

从这里出发

——在南开园学研社会学的日子

边燕杰[①]

一、课外相遇社会学

进入社会学专业班之前,我在南开大学哲学系 1977 级就读哲学专业,课外与社会学不期而遇。

那是大二第一学期,1979 年初。我在哲学班,年龄居中偏下,"文革"爆发时读小学三年级,初中毕业下乡务农,数理化和文史地都没学多少,文化基础薄弱,所以和"老三届"同学相比,属于"贫困的哲学"一族。为此,我像很多同学一样,课余跑图书馆,翻报纸、读小说、看杂书,拼命充实知识。一天,在图书馆文科参考室,偶读陈达著《人口问题》,平生第一次知道了"社会学"这个词,原是一个学科,1949 年后被取消,引发了我的好奇心。文科参考室的书籍概不外借,所以一有时间我就泡在那里。读社会学旧著,虽不似哲学抽象,但我仍是似懂非懂,记了大量笔记。特别有印象的是读了费孝通先生 1949 年前出版的译著《文化论》,他研究中国社会的系列著作《生育制度》《乡土中国》《乡土重建》《皇权与绅权》,1949 年后的新书《我这一年》,以及 1957 年他在《新建设》《人民日报》《光明日报》《文汇报》上发表的关于知识分子问题和恢复社会学的言论,竟然还有一本小册子《向人民服罪》,是被错划"右派"、被逼检讨的材料总汇!

大二第二学期末的一天晚餐前,我从图书馆出来,跟往常一样顺路到报亭读报,发现同学们簇拥在展窗前,正在阅读《访美掠影》的连载首篇。"啊,费

[①] 边燕杰,1981 年南开社会学专业班学员,1982 级南开社会学研究生班研究生,曾任西安交通大学人文社会科学学院院长,现任西安交通大学实证社会科学研究所所长、社会学系教授、博士生导师、美国明尼苏达大学社会学终身教授。

孝通先生还活着？他就在中国社会科学院工作！"我自忖道。接着四周，我每天第一时间去报亭读《访美掠影》，直到最后一篇。"社会学分析实在太精彩了！"那便是我的读后感。我决定去请教车铭州先生，一位学识广博、为人友善的西方哲学老师。那天去他家，冒从虎老师也在，我说明了来意。车老师和冒老师鼓励我多读书，好好研读社会学，他们预言"社会学迟早要恢复"。有了两位老师的判断和鼓励，我大胆地给费先生写了一封信，询问自学过程中产生的一些问题，并向他请教如何学好社会学。真没料到，费先生回信了！我激动地给舍友念他的回信："边燕杰同学，你问的这些问题，正是我和朋友们思考的问题。"费老接着说，中国社会学研究会已经成立，社会学学科的恢复重建需要青年人的参与，他鼓励我和同学们努力学习，做一名对现代化建设有用的社会学者。自此，我学习社会学的念头再也没有动摇过。那是大三第一个学期，即1980年初春的事，我不到25岁，一个"初生牛犊"。

1980年大三春季课程结束时，哲学系安排我们全班学生开展暑期社会实践，我报名参加了苏驼老师组织的"社会学书目"调查小组。我们师生一行7人，南下宁沪，收集社会学书目，造访老社会学家，与上海社会科学院新成立的社会学研究室的研究人员交流。苏老师和我们同吃同住同行，没有一丁点架子，令我印象深刻。五年后的1985年底，我在纽约州立大学奥本尼分校读博的第一个学期，协助导师林南教授接待苏老师的来访。两个月和他同租一间房，一人一个地铺，对聊至深夜，听他说参加革命、中华人民共和国成立发展、进南开园、"文革"遭遇的故事，还有他的哲学社会学观点，对改革开放的期待……现在我都能回想起来。他回国前陪他去商场，我撺掇他给师母和女儿买些国内没有的物品，他随意看看，没买一件；有件深灰色呢大衣，我拉他试试，合身极了，服务员说："合体，就像是给你父亲订制的一样！"老美看我们亚裔，从来走眼，逗得我们两个哈哈大笑。他还是没买。后来听说，他回国后把节省下来的生活费交公了。这就是苏老师。

二、专业班学习社会学

大三时我积累了一定量的读书笔记。从宁沪"书目调查"回来后，我开始根据读书笔记写习作，《现代人口普查的发展和特点》《浅谈人口质量问题》《读马克思〈人口移民〉》《试论社会学研究人口问题的内容和方法》几篇，后来发表在《人民日报（内参）》《文汇报》《人口研究》《南开大学人口研究所汇编》，虽属幼稚之作，但是习作可以发表，对我是个极大的激励。仲秋时节的一天下午，苏驼老师约我谈话。他告诉我，经费孝通先生提议，教育部已经批准南开大学举办"社会学专业班"，他鼓励我报名参加入选考试。记得考试科目有两门，理论我得了90多分，属于高分，但是数学只得了50分，不及格！一定是苏老师的青睐，再加上我的社会学读书笔记和习作证明我有"专业基础"，我被录取了，获得了进入专业班学习社会学的难得机会。

这个班是我学习社会学的正式起点。以前自学，读书未必读的懂；现在好了，这么多师生共聚一堂，不懂就问的机会随处可得。那年，布劳教授的理论课、林南教授的方法课、李哲夫教授的统计课，是最系统、最扎实、使我收获最大的三门课程。三位教授每次授课都是西装革履，衬衫崭新平整，特别是布劳，偶尔用脚踏在前排扶手椅上，我就坐在前排，看个正着，他的皮鞋锃亮，袜子一尘不染，与我们国内教师的衣着外表形成鲜明的对照。当时国内社会学专家屈指可数，但是京津地区倾其所有，全数登台讲课。来自天津的一位中美混血崔先生，魁梧的身材像个篮球中锋，一口流利的美式英语，使用美国社会学家 Earl R. Babbie 的流行教材 Society by Agreement 为我们讲专业英语课；我负责复印各章小结发给同学当教材，在扉页上发现了作者给费老的赠言，才知道这本书是费老转送给崔先生当教材的。天津财经学院的刘教授开"社会统计"，属于初级程度，为李哲夫教授的中级统计课做准备。来自《社会学概论》（试讲本）编写组的几位中青年老师，轮流给我们讲这本由费老主编、改革开放时代的第一本社会学概论教材。费老不讲概论，而讲专题，从理论到研究，从历史到当下，故事穿插着观点，加上名人效应，教室里挤满了听众。他多次来班里讲座，我们也越来越适应他的苏南口音了。费老开局之后，每周都有北京来的老社会学家为我们开讲座，留在我的记忆中的有：吴泽霖先生的早期美国社会学家，戴世光先生的用统计分析社会现象，雷洁琼先生的婚姻家庭研究，袁方先生的劳动社会学，全慰天先生的经济社会学，陈道先生的马克思主义社会学，王康先生的当代西方社会学。都是我以前没有接触过的内容，令人耳目一新。

学习相处一年，我对好多同学印象颇深。宋林飞超群的理论功底，谢文的敏锐和开放思维，孙立平慢慢悠悠、丝丝入扣的论述，王依依雄辩式的发问，周雪光的英语日记，丘海雄直接阅读英文教材，阮丹青写的趣闻墙报，蔡禾和郭申阳带领各自的小组开展集体复习，还有班长王思斌走路健步如飞，李友梅、何娟的游泳颇具健将水平，李建设说一口纯正的天津话，王勋长得酷似费老，川大来的彭华民和中大来的李觉敏平生第一次看到下雪惊喜万分、找我为他们拍雪景照，彭华民还是"南开社会学专业班=黄埔一期"发明权的拥有者，等等这些，是我记忆犹新的。对了，钱建业老师当翻译，将布劳说的"Karl Marx belongs to us"这句话，译为"卡尔·马克思是干我们【社会学】这行的"，既贴切又精准，信达雅三项全能，令人拍案叫绝。

我们班同学里有一位50岁上下的"相对老者"。每天上下午，他骑着一架陈旧单车准时抵达主楼，总是坐在三楼教室的最后一排，与孙立平邻座。我作为学习委员发课程材料时，他总是平和微笑着，扶手椅上平放着他的课堂笔记，字迹清秀工整，竟然没有任何涂改，我心想：这是谁呀？直到社会学专业班结业，我们几位班委应邀到他家做客时才知道，原来他就是天津市委办公厅主任、即将转任市政府办公厅主任的王辉同志。从那以后，他在工作之余投身于社会学研究，著述颇丰，成为一位知名社会学家，继而担任了天津市社会科学院院长。他还在天津日报开办"王老汉"专栏，是老年读者的知心朋友，他的粉丝建立的微信网"王老汉聊天群"在他仙逝后仍然活跃如初，他这一生确实做到了"立德、立功、立言"。我是王辉院长生前的忘年交，从1984年12月参加他担任团长的天津市代表团赴成都"全国大城市人口控制理论研讨会"，到他2017年10月仙逝，我和王院长交往不断，多次研究合作，在他的指导和支持下开展天津研究。

专业班那年，杨心恒老师正在研究社会分层理论。他邀请宋林飞、王玲、我三个同学加入他主导的一篇论文——马克思的阶级概念与社会学的分层理论，发表在《南开学报》，为我今后从事社会分层研究奠定了基础。那年夏天，费老在北京主持第二期夏季班，杨老师是学员之一，由于师母病重，他安排我"冒名顶替"，在全总招待所学习了月余，聆听了来自美国匹兹堡大学和香港中文大学诸位教授的课。杨庆堃先生讲述"社区研究"全程脱稿，归纳和演绎并举，中国和美国比较，理论和事实呼应，中文和英文对照，讲得神采飞扬，就像说评书一般，令人感到进入了艺术的境界。

北京夏季班的午餐发生过一件趣事。那个班共100名学员，一期和二期是同一批学员，"冒名顶替"的我是个例外。费先生轮流和每组共进午餐，与学员宽松交流，倾听学习心得，征求夏季班改进意见，深受大家欢迎。那天中午他来到我们这桌，主餐是北方水饺，没有任何其他内容。每人面前一个小小的醋碟，一双筷子，从"集体主义"大盘中自由获取"个人主义"的满足。开餐之前，费老入座，和大家随意聊了起来，一会儿水饺端上来了，自然请他先动筷子，大家才跟随动手。他拿着筷子，夹起一个热腾腾的水饺，正在此时秘书走过来俯身对费老说，"阿婆的电话"。"阿婆"就是费老的夫人。只见费老随即放下悬在空中的筷子，应该入口的水饺放在醋碟中，忙起身说，"啊，阿婆电话，去接"，离席了。那时还没有手机，只有公共电话和办公室座机。估计家里有急事，午餐结束时费老也没有回到我们桌上来。那年他71岁，我第一次和他同桌进餐，停吃水饺、去接电话这一幕，让我终生不忘。

三、硕士班研究社会学

1982年2月到1984年7月，经过考试，我们14位同学从社会学专业班转入硕士研究生班，继续学习社会学。班委三人，折晓叶担任党支部书记，白红光担任班长，我继续担任学习委员。硕士班区别于本科专业班的最大特点是进入了"研究"阶段。那时，我们并无丰厚的学术功底，但是研究的精神却始终贯彻于两年半的学习安排之中。

春季开始的第一门课就是"社会学概论"研讨。没有授课老师，学生自己组织，根据费老主编的、在专业班由各章老师讲授的《社会学概论》为蓝本，我们逐章以批判姿态展开讨论。秋末冬初林南教授再来南开，重点讲述调查研究方法，也是研讨性质的。他让我们提出所关注的社会问题，带领我们拟定调查问卷，在他离开后我们拿着问卷去调查，撰写调查报告。基于人口研究的兴趣，我在课上提出了"生育意愿多因素分析"的议题和分析框架，调查报告发表在《社会学研究》的前身《社会学通讯》。

在林先生来前的秋初，我们班的课程是社会调查实践，分了三个组。苏驼老师带领的一个组去河北定县，继续李景汉先生开辟的《定县调查》，对1949年后的定县发展开展普查性的调查工作。何桂林老师带领"经济社会学"组开展天津市行业调查。杨心恒老师带领"农村社会学"组，到天津武清县调查联产承包责任制的推行效果，这组人数最少，除了杨老师之外，学生有三人，梁向阳、周华、我本人。

武清调查是我平生参与的首次学术性调查研究。杨心恒老师出生于江苏农民家庭，"文革"期间被下放到天津西郊，所以到了武清乡下与农村干部群众打交道，他很在行。我虽然出生于工人家庭，但在天津静海县下乡四年半，小队、大队、公社、县粮食局四级单位，我都工作过，所以下乡调查我没有生疏感和畏惧感，也没有语言问题。相比之下，梁向阳和周华是南方人，没有北方农村生活背景。所以下乡座谈，通常以杨老师和我为主。那次，除了座谈和走访，我们还收集了村级人口和生产数据。梁向阳是分析框架和问卷设计的主将，我和周华动手将数据填入电脑，我们三人用刚刚学到的统计知识和操作技能完成了数据分析，杨老师执笔调查报告，论述包产到户和大包干等不同的制度安排对农业生产的提升作用。该调查报告后来在天津市人民政府农村工作委员会的内部刊物上发表。

经历了武清调查，我和梁向阳成为学术取向相同、私交甚笃的朋友。在硕士论文开题后，我们两个由吴泽霖先生担任导师，指导硕士论文的研究和写作，梁向阳研究生活方式，我研究独生子女家庭。我的论文是一份调查报告，基于天津城乡个案访谈和问卷调查，分析了独生子女家庭的亲子结构、独生子女的家庭成长环境、独生子女家庭的生活方式等问题，吴老以80多岁的高龄，字斟句酌地批改了我的论文初稿和修改稿。记得1983年夏，我和梁向阳去坐落在武汉市的中南民族大学拜访吴老。那天在他家共进晚餐后，我们两个每人一个马扎儿，一左一右坐在吴老身边，乘着月下的习习江风，听取他对我们论文初稿的评审意见。接着，吴老平静地回忆起他从美国求学到国内治学的一生经历，谆谆教导我们，社会学是关于人类社会运行逻辑的科学，须有追求真理的精神和不懈努力，才能学好社会学。1984年7月10日我的硕士论文答辩时，他莅临南开，请他早年的学生、北京大学社会学系主任袁方教授担任答辩委员会主席，吴老、苏驼老师、李竞能老师、何桂林老师担任答辩委员。答辩结束后，袁方老师把我叫到身边，说论文第四章关于独生子女家庭生活方式的内容很好，不但理论性强，数据证明也比较到位，嘱咐我修改后独立成稿，投《中国社会科学》。我遵照他的指导，以"试析我国独生子女家庭生活方式的基本特征"为题，于1986年在《中国社会科学》发表了该章的修改稿。

硕士班第二年的1983年夏，我受苏驼老师派遣到中山大学参加何肇发先生主持的暑期班的学习。其间，不但听了香港中文大学刘兆佳、刘创楚等老师的课，还结识了新同学，至今有学术联系的有陈皆明、周敏、郝令昕等。已在中大任教的"南开班"老同学丘海雄和董遵圻，拿出他们收藏的全部港台社会学书籍近20本，借给我阅读。那个时候，社会学书报杂志奇缺，能阅读这些专业书籍是非常难得的机会。苏老师来广州开会到中大拜访何肇发先生，得知了这个情况，嘱咐我如有可能复印这些书籍，带回南开供大家参阅。我征得了老同学的同意，复印了这些书，为南开社会学系资料室获得了最初的复印版的港台社会学书籍。

四、从南开园出发

1984年8月从硕士班毕业后,我留校任教。系主任苏驼老师找我谈话,下达了三项任务。一是和同期留校的彭华民一起,为新一年硕士考生出理论考卷。当时条件差,教师没有办公室,我们两个就在华民的宿舍床板上判卷打分。二是主持1984年硕士班的社会学概论课。下达的任务是讲课,但我自知不能胜任,就争取苏老师同意,有些章请"专家"讲课;比如"调查研究"一章请《易村手工业》的作者张子毅教授主讲,"现代化"一章请天津市开发区管委会张炜主任主讲,等等。我也和全班同学一起,用讲课和座谈的方式研讨了社会学概论。我和该班学生之间,名为师生,实为同学。从这个班毕业的关信平、胡荣、刘林平、刘祖云、罗教讲、万向东、王奋宇、汪新建、于显洋、张静、张文宏、周晓虹等,我曾有机会与之进行学术交流,张文宏后来还是我的博士后和研究合作者;令人欣慰的是,他们中的很多人现在已是全国知名学者了。第三项任务是提高我的英语水平,准备转年赴美留学。苏老师推荐我参加学校举办的英语集训班,由英语系的主力教师授课,来自美国和加拿大的专家给学员一对一的口语训练,是我能够顺利出国深造的先期条件。

时值母校百年诞辰,回忆在南开园学研社会学的往事,不禁联想起走出母校之后的南开缘。1985年8月出国后,我在纽约州立大学奥本尼分校读博四年半,师从林南教授,是由于社会学专业班结识林先生的缘故;之后追随林先生去杜克大学从事博士后研究一年半,也是南开的续缘。1991—1997年任教于明尼苏达大学,那里的刘珺珺教授是南开大学校友和客座教授,1985年我出国前在南开园和她相识,没想到多年后同为南开校友的我们一老一少,成为明大中国中心的同事。1997—2006年,我转往香港科技大学任教,先后出任调查研究中心创立主任、人文学院副院长、社会科学部主任,由于工作关系,在那里结识了南开大学特聘教授、数学大师陈省身先生的女儿,还有她的夫君、港科大校长朱经武教授,我和他们夫妇的私下交流,话题不离南开。2009年6月我受聘于西安交通大学,担任社会学领军教授、人文学院院长、实证社会科学研究所创立所长,也是由于南开哲学系本科老同学焦垣生和李建群的推荐促成的。近十年在西安交大工作,多次回母校学术讲座、交流、合作,与老同学和老朋友白红光、王处辉、关信平、彭华民多有谋面,和专业相关的校院系领导朱光磊、孙涛、赵万里、宣朝庆等,结为学界好友。

母校是我的学术萌生之源。她催生了我对社会学的专业兴趣,给我最初的知识给养,激发我不懈努力的求索精神,使我从南开园出发,走向了世界。我爱母校,我爱南开。

(2019年1月29日定稿于美国明州家中。此文受邀于宣朝庆教授。朝庆提供了南开社会学 1980—1985 年大事记,对我回忆重要事件的准确时间颇有帮助。郭小弦、权小娟、杨洋对初稿提出了建议,芦强协助查对了《访美掠影》的发表时间。在此一并致谢。)

三进三出的南开

江山河[①]

我与三有缘：三进三出南开，三进三出武大，在美国三所学校当过教授，弟兄有三，在家排行老三，我的名字曾经有三（江三和）。

一进南开是1981年，也就是南开社会学专业班。二进南开是1984年的社会学研究生班。三进南开是1986年的与美国纽约州立大学合办的南开博士生班。这次受邀回顾南开社会学专业班。我随心所欲的写一些那年特殊的、兴奋的、难忘的感受。38年前已很遥远，但仿佛又在昨天。

一、撞入社会学

我们这一代人生长在动乱的时代，社会的斗争哲学侵蚀过我们幼小的心灵，科学的知识离我们很远很远。1977年有幸得到通过正常考试进大学的机会。我们那一年在得知考分前需要选择大学和专业。一个整天与农田打交道的我哪里知道专业啊！我在湖北报考，报纸上登的省内最好的学校是武汉大学，排在第一的专业是哲学。因此，我按报纸的排序选择了武汉大学哲学系作为我的第一志愿。哲学是什么？天知道！Who cares！进武汉大学就行！想不到真被武汉大学哲学系录取。

从进入武大哲学系的那一天起，我就是云里雾里。好在还有点好记性，在哲学系混了差不多三年。第三年的最后一学期，刚在北京受过短期培训的《武汉大学学报》的张郧老师给武汉大学的学生介绍社会学，说是费孝通先生倡导在全国一些重点院校的77级学生中招收一批学生到南开大学集中训练一年，然后回校当社会学老师。该报告后，哲学系鼓励学生报名。既然哲学对我来说是雾里看花，我也就凑热闹似的填了表，报了读社会学的名。记得在学校通知我

[①] 江山河，1981年南开社会学专业班学员，1984级南开社会学研究生班研究生，1986年南开大学和纽约州立大学奥本尼分校合办社会学博士生班博士生，现任美国韦恩州立大学刑事司法部教授。

去南开学习前，我的同学还跟我说，山河，你真的对社会学感兴趣吗？我说，我也不知道。这位同学说，那我去系里报名，把你换下来。我说，无所谓。但是，系领导说，报名期已过，不能换了。就这样，我又糊里糊涂地"撞入"了社会学。

二、南开室友

刚刚过完 1981 年的春节，便踏上了前往南开的征程。第一次离开湖北，沿途都是新鲜的。干枯见底的黄河与颂歌之中的"母亲"黄河差之甚远，唐山地震后的天津依然是地震棚式的小屋满街都是。与武大诗景般的校园比，冬天的南开给我留下的是平静和淡定。但室外的平淡掩盖不了我急切想见到来自全国 18 所重点院校 43 位同学的期盼和激动。作为东道主的南开同学热情的接待了我们。我与北大的王思斌、孙立平、曹建明、云南大学的严建和我的武大同学蔡禾被分配在一个寝室，开始了我们一年的室友生活。给我留下深刻印象的是老孙（其实他当时一点也不老）每天起床时就抽一支烟的习惯。饭可不吃，烟不可不抽！严建同学也非常有特点，每天早起，衣服叠的整整齐齐。饭可不吃，衣服不能不叠！小曹（好像他比我小一点）不停地给我们讲北京和北京人的故事。思斌（尽管他在我们寝室绝对是老大哥，但我们似乎亲切地叫他的名字）告诉我们，当时有名的天津鸭梨是他们县（河北省的一个县）产的。他还给我们带来家乡的新鲜鸭梨。蔡禾给我们讲过很多故事。他讲故事的能力是我这辈子都望尘莫及的。我吧，最好的特点是做一个好的听众，听蔡禾讲，听老孙讲，听思斌讲，听老宣、小曹和严建讲。去年暑假拜访思斌，他请我在北大的一个餐馆吃饭。跟思斌一起，他还是南开时那样的室友，丝毫没有会长和北大教授的架子。蔡禾是我出国前的同事，2012 年武大同学毕业 30 年聚会后好像已有几年没见。老孙常在网络，微信上"见"。老宣、严建和小曹还停留在南开的记忆。

南开室友的生活，我最喜欢的，也是印象最深的是，我们寝室北大的同学与隔壁寝室的来自上海的同学的无止无休的南北之争。皇城之下的北大、北师大骄子什么没见过，什么没听过，大有征服一切的气概。上海也曾是十里洋场之地，那里来的同学对皇城的故事似乎多了一些多元的、现代的傲气。实话说，我也不记得他们争吵过哪些东西，但同学的情谊在这些争吵中留下终身的回忆。感谢我的室友，感谢我的邻居同学，丰富了我们当时的生活，也使我至今回忆起来还津津有味！几十年过去了，在美国已习惯了自由自在的思维，记得的已不是他们的"伟大",而是有趣的点点滴滴的生活。

三、我们的老师

　　南开社会学专业班是一个特殊的班,不仅它的学员来自全国的重点院校,它的老师也来自世界各方。老师们的构成也很有趣。由于历史的原因,社会学在中国大陆中断了很长时间,也没有真正意义上的社会学老师。因此,费孝通先生等开创性地利用了中国计划体制的优势,与南开大学共同选择和组织安排了集聚五湖四海的师资队伍。我们的老师有几个月前刚在北京受过短期社会学培训的、来自不同学校的先行者,有费孝通、吴文藻、雷洁琼等老一辈的社会学家或人类学家,也有来自世界顶尖的、长期耕耘在社会学领域的社会学家,包括来自资本主义国家的、社会主义国家的。世界大名鼎鼎的皮特·布劳(Peter Blau),我们熟知的华裔美籍社会学家林南先生也在五湖四海教师之列。

　　现在见一个老外已是司空见惯、再平常不过的事了。但1981年的中国大陆,外国人可能像大熊猫一样的稀缺。记得当时的外籍教师都安排在天津大学的外宾招待所。在课堂上,我们很容易与外国老师沟通,也可以提各种问题。但课外想见到他们可就不那么容易了,至少要登记、预约等。另外,已习惯了课堂上国内老师滔滔不绝,学生忙于笔记的我们,多多少少对外国老师的对话式教学有些新鲜感但也有云里雾里的感觉。好在考试不多,听课的压力也大大减轻。

　　除了国际的特殊性,国内的老师也给我们带来许多一般学生没有的经历和感受。费孝通等具有高官位、高资历的先生来南开时,我们常常有机会见到南开大学的校长或其他领导。另外,也由于我们来自许多重点院校,也将回校任教,南开大学的领导可能既把我们看作学生,也看作客人或未来的合作单位。因此,也对我们这个班的学生多了不少关心和亲切,少了一些训教。

　　那一年,与我们打交道最多的南开老师是苏驼和杨心恒。尽管苏驼老师当时是哲学系(南开社会学专业班由哲学系代管)的书记,但他在这个班的角色多样化,既像政治辅导员,也像总经理。校内校外,国际国内,上至教育部,下至我们这些学生,他都要沟通,要安排,要管理。这样的专业,这样的班,这样班的教学安排,没有先例。用邓小平的话说,是摸着石头过河。用现代人的说法是创新。可以想象,苏驼老师与杨心恒老师当初为我们是日夜奔波,辛勤耕耘。作为学生,我对他们仅有的回报是敬重,感恩!

老师教给我们的具体东西已记得不多了。他们的知识已潜移默化地融入到我们的认知系统中。这也许就是传承吧。他们给我带来的东西远多于课堂的知识。比如，多元化的看法，独立的思考方式。专业班给我们创造了南开的"国际"经历，与社会学老一辈（用今天的时髦说法是"大咖"们或"大牛"们）的面对面交流，与教育部领导、南开领导的直接对话，这些经历对消除神秘感、建立自信心、发展独立思考等都终身受用。

四、难忘的毕业年

77级的学子是经历过沧桑的幸运骄子。他们当年经历的整体高考录取率（4.8％）低于美国的哈佛大学（2017年：5％）。重点高校毕业生的就业率应该是100％或接近100％。由于10年正常高教的中断，国家从政治中心到经济中心的转移，政企单位都急需有文化知识的人。记得武大哲学系的同学被分到地市一级的行政单位做行政或211一级的高校当老师时，他们感到闷闷不乐。比起我后来听到武大子弟在武大硕士毕业后还要通过关系留校当辅导员的信息，感觉77级真是幸运之子。尽管如此，77级的同学们仍告之，他们第四年的工作竞争似乎不亚于电视剧中的皇宫故事或现代剧中富家子弟的争权夺利之激烈。在南开的毕业年让我避开了这些激烈但可能有些残酷的竞争。我很幸运，自己一个无所谓的社会学选择让我提前一年决定了自己可以留校当老师的命运。

南开的毕业年也是我们社会学的新生年。至少对我来说，有新生入学的感觉。新的学校，新的专业，新的同学，新的老师，甚至新的气候（从南到北）。我们知道自己一年后的去向：回校任教。自己的每位同学就是以后的关系、资源，是以后合作的对象。我们没有工作分配的困扰。由于地缘的原因（各回各校），也可能少了很多男女朋友的竞争。少了利害之争的同学关系使这个班有了难得的轻松、单纯和友好的气氛。学好社会学也实际上成为我们毕业年的主要任务和目标。社会学长辈和先行的学者们视我们为不久后的同仁，因而多了不少的交流和讨论的气氛。我们从他们那里听到很多历史的故事，社会学发展的最新动向。这些故事和动向把我们很快地推向中国大陆社会学发展的前沿。我们很快认识到，自己将是这个前沿的参与者和推动者。因此，那些自信的同学提出了社会学的"黄埔一期"的类比，也喊出了"横下一条心，献身社会学"的口号。这个类比和口号可能有些自负的味道，也有些政治的光环，但南开社会学专业班是时代的产物，类比和口号也少不了时代的烙印，当然，多多少少也反映了年轻时同学们的使命感和决心。正是在这种使命感和决心的驱使下，专业班的同学天天都在学 ABC，在讨论和探讨皮特·布劳等人的交换理论是否适合中国，费孝通的小城镇研究在中国是否有前途，回归方程和 SPSS 在社会学研究中有多么的重要和深奥。无论是教室、外国专家楼，还是学生宿舍，处处都是提问和争辩的最佳舞台，那种热情叫执着，用我现在的朋友的话说叫 passion。前面提到的我的室友与隔壁寝室同学的南北之争也是这种执着的一个缩影。正是这种执着造就了一批对社会学和其它学科有贡献的人。

南开的毕业年经历给我留下的是甜美、友谊和对知识渴望带来的兴奋。这个甜蜜的南开毕业年给我留下的美好回忆远超过了我武大三年同学的追忆。我无法准确判断南开社会学专业班的一年给我一生带来了多大的影响。但可以肯定的说，它把我带入社会学，带入国际观，找到我日后追寻的方向。从那时起，我开始在学术的领域形成一种独立的思考方式，用挑剔的眼光（critical thinking）评估每一个人，包括自己导师和同学的学术研究。我更加珍惜人与人之间的真诚、友谊和互助，厌恶虚伪和吹捧，尊重和感恩领导、老师和同仁给予的帮助和机会。学术的发展离不开学者的独立、学科的独立、批判性的思维和诚实的科学观。我感谢南开社会学专业班给了我这些方面的起点！祝南开百年校庆！祝每位老同学天天开心，身体健康！

（2019 年 2 月 24 日于美国底特律）

从"少争论,多调查"到"文化自觉"

——新中国社会学发展的引领人

蔡禾[①]

从 1979 年 3 月 30 日邓小平同志提出"社会学要赶快补课"的指示到现在已经 30 余年了,社会学这门学科终于成为中国大学中一个广为开设、较为成熟的学科,而社会学的经世致用价值在"社会建设""社会管理"日益成为国家发展主旋律的今天也愈加明显。我作为一个在社会学恢复重建之初,有幸成为费老全身心投入举办的南开社会学专业班的学生,一个在费老的学术与人格感召力影响下步入社会学殿堂的学人,每每回想起中国社会学 30 余年的发展历程时,总是愈加怀念费老——这位新中国社会学发展的引领人。

记得当年费老给我们专业班的学员讲过这样一件事情,即费老为重建社会学,专此登门邀请一位老社会学家"出山",可是这位老社会学家的夫人对丈夫说,如果你答应"出山"搞社会学,我们就离婚。可以想象,要恢复重建社会学在当年是需要多么大的政治勇气!也正是有了费老当年担纲重建社会学的勇气,才有了社会学今天的发展。

其实,在邓小平同志提出"社会学要赶快补课"之后相当一段时间里,对社会学的学科性质和发展仍然存在诸多的争论。在南开班当年的课堂上,个别教员与学员之间就为这类问题发生过公开、激烈的争论。我记得费老当年给我们的教诲是,要少争论、多调查,先要把中国的情况搞清楚。我以为正是费老的这一指引,使中国的社会学避免了在复办伊始,就可能因为陷入意识形态的争论而难获宽松的发展空间;也正是因为这一指引,社会学逐步形成了避免空谈、脚踏实地的学风,培养出了关注现实、注重田野的良好品格。在 20 世纪 80 年代,社会科学几乎没有什么经费,可即便如此,中国社会学界却成功的开

[①] 蔡禾,1981 年南开社会学专业班学员,中山大学社会学系教授,曾任中山大学社会学与人类学学院院长。

展了"中国百县调查""中国五城市家庭调查"等大规模的全国性调查，我想没有费老倡导的"先把中国国情搞清楚"这一指引，是很难实现的。

在中国历经改革开放二十年，即将进入21世纪时，费老又提出了"文化自觉"的理念。尽管费老最初提出"文化自觉"是对整个中国社会科学而言的，但它对社会学学科的发展意义是重大的。因为社会学在经历近20年的发展，已经积累了大量的经验资料，介绍了大量西方社会学理论，可是如何超越经验描述，避免简单照搬西方解释，回答面向21世纪中国社会发展的问题，是中国社会学的学术使命。文化自觉一定是理论自觉，对于社会学学科发展而言，意味着在保持关注现实、注重田野的良好品格时，还需要在总结中国经验的基础上，发展和形成具有中国特色的社会学理论。社会学如果没有理论自觉，就不可能在社会科学之林中拥有自己的学科地位；而中国的社会学，如果没有理论自觉，就不可能在世界社会学的舞台上拥有自己的学科地位。

不难看出，30余年来，正是费老以他对中国国情的深刻理解，以他对中国文化的深刻把握，以他对社会学发展的学术远见，引领着中国社会学学科健康发展。

费老是一位令人敬仰的大师，这不仅因为他的思想和理论在学术发展史中占有不可替代的地位，还因为他的思想和理论有效地帮助了我们回应重大的社会现实问题。在经济极为落后、城乡二元体制尚未打破的20世纪80年代，费老的"离土不离乡""小城镇发展道路"的理论为改革开放之初的中国现代化发展道路指出了方向。而在改革开放几十年后，中国一方面面对国内种种新的社会经济问题，另一方面也不可回头的卷入到全球化浪潮，面对多元文化的格局。如何解决这些问题？我以为费老的"文化自觉"再次为我们当下的现代化发展提供了新的思想和理论，至少有两点可以回应今天的"文化自觉与率先实现现代化"这个会议主题。

第一，"文化自觉"意味着无论我们今天取得什么样的发展或面对什么问题，我们都要保持一种文化的自我觉醒、自我反省、自我创建的能力。这种反省既不是"复旧"式的"文化回归"，也不是"全盘西化"，而是面对新环境、新时代而建构的一种自主选择、自我发展的能力。

第二，"文化自觉"意味着在当今世界多元格局背景下要实现现代化，我们就必须学会如何处理多元关系。正如费老说："只有在认识自己的文化，理解并接触到多种文化的基建上，才有条件在这个正在形成的多元文化的世界里确立自己的位置，然后经过自主的适应，和其他文化一起，取长补短，共同建立一个有共同认可的基本秩序和一套多种文化都能和平共处、各抒所长、连手发展的共处原则。"我还以为,这段话不仅告诉我们如何处理与他文化的关系,也提醒我们,在社会群体差异日益显著的当下中国,如何处理各种社会群体的关系,构建一个和谐的社会。费老的"各美其美,美人之美,美美与共,天下大同",可以说是对我们如何实现现代化的独特诠释。

中国的社会学在"开放"中前行

潘允康[①]

回顾中国社会学的恢复重建及发展历程,认识改革开放给社会学提出的挑战和任务,对研究社会学在新时期理论创新的议题,推动中国社会学的发展具有重要意义。

1979年中国共产党十一届三中全会确定了以经济建设为中心,实行改革开放的重要的战略方针和决策。在改革的思路下,我们承认中国不仅在自然科学方面落后于发达国家,而且在社会科学方面也落后了,要赶紧补课。社会学也因此获得了正名、重建和生机。中国的社会学恢复伊始,在费孝通先生的领导下,从当时的实际出发,实行了坚决的"开放"方针,引进来,走出去,使社会学得到了快速发展。本文将以1981年中国社会科学院和天津社会科学院与美国纽约市立大学社会人类学家伯顿·帕斯特奈克在天津合作进行的"中国女性生育和家庭调查"和此后由中国学者独立进行的"天津市千户户卷调查"为例,介绍一下改革开放初期(1981—1984年)中国的社会学是如何"请进来"和"走出去"的。

一、"中国女性生育和家庭调查"——将国外学者请进来

中国社会学自1952年被取缔中断了28年,1979年得以正名,恢复伊始,要人没人,要书没书,真可谓一穷二白,筚路蓝缕。客观形势要求必须实行"开放"的方针,将国外的社会学人才和成果迅速引进到中国来。中国社会学恢复和重建的组织者、社会学一代宗师费孝通先生头脑清晰,以其特有的战略眼光和国际学术人脉关系,坚决地推行了社会学重建中的"开放"方针。一方面举办中国社会科学院第一、第二期讲习班和由南开大学承办的全国高校首期社

[①] 潘允康,1981年社会学专业班旁听学员,天津社会科学院首席专家、研究员,曾任天津社会科学院社会学所所长、中国社会学学会副会长、天津社会学学会会长、天津婚姻家庭研究会会长。

学专业班，从国外和港澳地区请来社会学家讲课，传播社会学知识，培养社会学专业人才，另一方面则请国外专家到中国来和中国的学者一起作研究，让中国的学者实地学习。本人不仅参加了中国社会科学院第二期讲习班和由南开大学承办的全国高校首期社会学专业班学习，而且有机会和费孝通请来的第一位美国学者合作，在实践中学习，受益匪浅，感受颇深。

1. 社会学重建的"开放"方针不可逆转

中国的改革开放得到了巨大成功，今天人们对这个方针已经没有怀疑，但在改革开放初期并不是这样。经历了30年的"极左"和"封闭"年代，无论从哪种意义上说，刚刚开始改革，中国对外"开放"是有阻力、困难和曲折的。1981年美国纽约市立大学社会人类学教授伯顿·帕斯特奈克要来中国做"中国女性生育和家庭调查"研究，尽管这个题目远离中国的政治，但让国外学者来中国做实地调查却非常敏感。帕斯特奈克求助费老，费老利用了他的身份和在国家与社会中的影响，经过反复申请，才获得批准和立项。其中有些插曲，也是历史事实和意外的机遇。比如当时这项合作研究为什么选择在天津？其实帕斯特奈克第一要求是去北京做，但有关部门以北京是国家首都，不能允许外国学者作调查，以防止泄露国家机密为理由拒绝了。帕斯特奈克又希望改到上海，有关部门又以上海离北京太远，"不便于控制"为由拒绝了，这样才选择了天津。天津如同北京和上海都是大城市、直辖市，具有同质性，离北京也近，这些成为帕斯特奈克首次来中国就到天津作调查的原因。无论当时有多少限制和阻力，帕斯特奈克还是来了，而且来到天津。中国社会科学院派潘乃谷老师，天津社会科学院派我协助帕斯特奈克做调查研究，他是我本人能"第一时间"接触国外学者，参与实地调查和学习的机遇。

2. 在实践中学习的深刻体会

1981年9至12月，我作为天津社会科学院参加"中国女性生育和家庭调查"的学者，协助帕斯特奈克在天津市河西区尖山街红星里第一、第二居民委员会进行了为期4个月的调查。学者的使命和学习的愿望使我在短短4个月的时间里大有收益，不仅圆满完成了接待任务，而且学习到了大量的在课堂和书本上学不到的知识，他影响和决定了我此后的社会学研究生涯。

今天回忆当时的经历和收获可能觉得平淡简单，但对于刚刚进入社会学领域的我，还是感触颇深、记忆犹新的。因为那时的我是一无所知，一片空白。特别还要说明的是帕斯特奈克来天津不是讲课来的，是要做课题研究。他是研究者，课题组织者、主持者。我们只是助手。只能按他的要求去做。他通常只是告诉我应该做什么，怎样做，而不解释为什么。我们只有依靠自己思考，推理和判断找出其中的道理，然后再延伸和创新，以变为自己的本领和知识。

(1) 学习抽样方法——整群抽样

社会学擅长社会调查，特别是擅长抽样调查。我们在讲习班上听说过包括整群抽样调查在内的各种抽样方法，但没有任何具体体会和认识。第一次真正知道它还是和帕氏合作开始的。帕氏来天津作调查题目是"中国女性生育和家庭调查"，调查地点被限制在天津，他本来希望在天津做大范围、大面积的随机抽样，但没有被批准，而是被天津市政府外事部门限定在天津市河西区尖山街红星里第一和第二居民委员会作调查。帕氏不能不服从这样的规定，来到红星里。他了解了当时红星里居民的数量和户籍情况后，立刻提出了希望，调查以该居民委员会已婚妇女为对象，全部居住在红星里第一和第二居民委员会的已婚妇女都要被调查，都是调查对象，不论她们的年龄和现在的婚姻状况、家庭状况如何（包括丧偶、离婚的单身妇女都要被调查）。这和帕氏的调查题目与宗旨并不矛盾，也和天津市政府外事办公室的规定都不违背。尽管这样的决定为调查增加了一定的难度，我们也只能按他的要求办。大家都知道进行实地社会调查会遇到很多复杂的情况，比如有些人可能不在，可能生病不方便调查或拒绝调查，很难一个不漏。但帕氏坚持他的要求。为此我们为取得入户调查对象的配合，有时要上门多次，耐心和被调查者沟通，说明情况和解释问题，不免有各种烦恼，但在共同努力下，还是用了4个月左右时间完成了对红星里两个居民委员会800多位已婚妇女的全部调查，年轻者20多岁，年长者80多岁。帕氏离开中国时从来没有给我们解释过他为什么要求被调查者一个不能遗漏。以后我再回忆这个经历，联系社会学上的抽样调查知识，知道了帕氏要求的道理，即这样的方法是他在当时特殊条件下不得已采用的抽样方法——整群抽样方法，即在特定的调查地点和区域对于符合调查要求的被调查者全部选为样本，无一遗漏地进行调查，以保证抽样的科学性和代表性。

(2) 学习获取调查资料的方法

这里所说的调查资料是指进行学术研究可以直接或间接使用的资料。有些调查资料是可以通过询问被调查者直接使用的，比如性别、民族等，有些调查资料需要由原始资料间接获得，经过合成才能使用。比如，我们要研究一个家庭的家庭结构，并分类结构，就必须设计一套搜集资料的方法，再根据所搜集的资料逐步合成。这也是重要的社会调查和学术研究的技术和方法。帕氏在天津的调查是由中国社会科学院的一名研究人员与天津社会科学院的一名研究人员（我本人）共同组成3人研究小组。帕氏为主导，中方参与人员是助理，一切听从帕氏的指挥和安排。研究大纲和设计都是帕氏提的，调查问卷也是他拟制好了带到中国的。我们的任务是带着问卷入户调查。他要求怎样做就怎样做，实事求是地说那时我们也只有疑问，提不出问题。据回忆，帕氏设计的问卷中有个问题是问被调查者的家庭人口及成员间的角色关系，每个家庭都要问。当时我们不知道为什么，也不知道有何用途。但我们知道每次帕氏都会根据这个资料为每个家庭做个家庭结构图，以后我们还知道，根据结构图可以对家庭实行分类。比如用美国人类学家默多克的分类方法将家庭分为核心家庭、主干家庭、联合家庭和其他家庭几个大类，只要将所得资料对号入座，分门别类，编辑代码，就可以进行家庭模式和家庭结构的定量分析研究。这是获取调查资料的科学设计和操作过程，对我们来说也是从无到有的学习过程。

（3）学习从被调查者那里获取历史资料的技术

进行社会调查获取现实资料是比较容易的，在合作研究中我们也试验了如何通过现在的人准确地获取历史资料，这也是我们在与帕氏合作中的学习收获。而这样的收获是和动脑筋、主动学习分不开的。在帕氏的问卷中我们注意到他在询问被调查者时不仅问到了被调查者现实的家庭人口及成员间的角色关系，而且问到每个被调查者结婚的时间及结婚时婆家和娘家家庭人口及成员间的角色关系。从操作的角度说，无论哪个年龄的人都可以回忆起自己的结婚年代，青年人、中年人自不必说，老年人也都会记得自己的结婚年龄，并据此推算出结婚年代。而且在一般情况下，尽管女性在婚后到男家落户，也都会记得离开父母时家里的情况和刚刚进入男方家庭时男家的情况。我们在社会调查中在问到这些问题时没有遇到什么障碍，资料也是准确可靠的。这样的调查可以使我们用比较简单的方法获取家庭户的历史资料（比翻阅户籍资料等方法都更加简洁准确），而且从家庭结构和关系研究的角度说，我们可以从一个人那里获取3个家庭的资料，即本人、婆家、娘家3家的资料。在这次调查中我们在红星里第一和第二居民委员会共访问了800多位已婚妇女，我们同时又获得了1600多户她们长辈的资料，从研究家庭结构的角度说，可以有2400户资料（包括历史和今天的），是比较可观的。而且由于问卷中有女性的结婚年代资料，我们的整群抽样方法又使我们的访问对象的年龄在20多岁到80多岁之间都有，这样通过一次调查，我们就有了20世纪前80年代相关家庭资料，并可以借助计算机对资料进行不同年代的分类统计，这对于比较研究，回味历史都是很有益的。

以上我们仅仅用几个事例来说明开放的政策使我们有机会直接向国外学

习,但这样的学习显然是主动思考的,动脑筋的,积极的。正因为如此,在和美国的学者进行的合作调查结束后,我们能很快进入研究程序,并写出了我们自己的研究成果。帕氏1981年就回美国了,而我们自己撰写的论文"试论我国城市的家庭和家庭结构"则在《天津社会科学》1982年第3期上公开发表了,并被《新华文摘》转载,有较多的社会反响。

1981年进行的"中国女性生育和家庭调查"很快被我国社会学界"仿制了",并经过改造由研究女性的生育问题为中心转变为以研究婚姻和家庭为中心,并由天津扩展到中国另外的4个城市(北京、上海、南京、成都),形成了后来的"中国五城市家庭研究"。该项目在1983年成都召开的"六五"国家社科基金规划会议上被批准列为社会学仅有的2个规划项目之一。它曾经带来了中国社会学界乃至社会其他方面在20世纪80年代的家庭社会学研究热。

二、"天津市千户户卷调查"——中国的学者走出去

如果说1981年进行的"中国女性生育和家庭调查"是中国实行"开放"政策,促进中国社会学恢复重建并得以快速发展的"请进来"典型事例,那么随后进行的"天津市千户户卷调查"则是在开放政策下中国的社会学研究成果被运用于政府决策实践,中国的学者也因此很快"走出去",走上国际社会学舞台的典型事例。

在1983年第四季度,天津市社会学会、天津社会科学院社会学研究所研究人员,参加了由天津市人民政府组织的户卷调查。这次调查涵盖了天津市6个中心城区及塘沽、汉沽、大港等3个滨海区,共9个区,是改革开放初期中国社会学的一次较大规模的抽样调查,也是将社会学理论方法运用于社会实践,为政府工作服务、为社会服务的一次大胆成功的尝试。它主要有以下特点。

1. 这次调查是将社会学研究用于政府机关工作改革的重要尝试

首先,这次户卷调查既是一次社会学研究,也是一次政府机关工作的改革,是运用社会学研究改进政府工作的一次尝试。其次,这次户卷调查是从家庭入手,以人民生活为中心,从微观家庭到宏观社会的。通过对微观家庭的民意调查,反映宏观社会问题,改进政府工作,解决社会问题。再次,这次户卷调查是把了解城市居民的态度和他们的行为结合起来的,在态度和行为的综合测量中科学地分析和研究问题,得出相应的结论。最后,这次调查尽可能采用现代社会学调查方法和定量分析的方法,同时也有典型调查和访谈等传统的方法,

是量的研究和质的研究互相结合的，比较准确和深入。

2. 这次调查有科学的抽样方法和过程

1983 年天津的城市市区人口有 390 万人，大约 100 万户家庭。根据这个事实确定的抽样比例是 1000：1，即每 1000 户家庭抽 1 个家庭，全天津市总共抽 1000 户家庭。在确定样本总数的基础上，以户主的职业为抽样的基本依据，参照天津市第三次人口普查中得到的天津市区居民的专业分类和比例，确定千户户主从事各类职业的人数比例，然后用多段抽样方法，从 9 个市区中抽出 36 个街道，每个街道抽出一个居民委员会，在这些居民委员会中，以户主职业为依据，按等距抽样方法进行抽样，从而确定样本。抽样结束后，实施调查，并用样本的数值和天津市人口普查资料的相关数值进行比对。事实证明，该样本在性别、年龄、特别是职业等方面的比例和人口普查数据十分接近，证明样本对总体具有代表性。

3. 这次调查取得了丰硕成果

这次调查由于设计科学缜密，组织实施得当，因此取得了丰硕成果。除去它为我们累积了大量研究社会的基础资料外，特别是为政府决策科学化，改进工作提供了科学依据（数据）。比如改革开放初期，天津市为方便群众，改善副食品、蔬菜供应，扩建和增建了一些新的商业网点，在调查中千户居民有近 70% 的人认为这件事情做得"很好"或"比较好"，但同时仍然有 60% 以上的人认为还是"买菜难"，把购买蔬菜和副食品作为负担最重的一项家务劳动，仍然有近 75% 的人要求抓好蔬菜副食品供应。原因在哪呢？是否还要继续增建新的商业供应网点？通过对户卷调查资料的进一步分析我们知道，当时天津的商业供应网点并不算少，绝大多数居民从住地到买菜和副食品的商店都很近，步行只需 1~5 分钟的户数占 83%，6~10 分钟的户数占 17%，这说明买菜难、买副食品难并不是因为商业网点少。在排除了这个可能因素后，又进一步分析，发现"买菜难"难在商店服务时间不便民、服务态度不好和货源不充足。根据这个情况，市政府决定在新的一年里主要不是开辟建设新的商业网点，而是推行商店两班制，延长营业时间，改善经营作风，增加商品供应。在户卷调查中，像这样的科研成果直接转化为政府科学决策的例子还是很多的。户卷调查既是一次社会学调查，也是社会学研究和政府工作改革相结合，将科研成果转化为政府决策的尝试。

4. 这次调查产生了国际影响

改革开放的中国社会学和改革开放的中国一样引起了世界的关注。1983 年时任美国社会学会主席的罗西女士率美国社会学家代表团访问中国，访问了许多城市。他们认定天津进行的千户户卷调查是刚刚改革开放的中国社会学界最成功、最有影响力的一项研究。代表团回到美国后立即决定以美国社会学学会名义邀请天津户卷调查的创始人——时任天津市政府办公厅主任、天津社会学会会长的王辉先生参加在美国德州圣安东尼奥市举办的 1984 年美国社会学年会，并邀请王辉先生以户卷调查为题在会上发表演讲。1984 年 7 月，王辉在美国社会学年会上，以"从天津市千户居民调查看社会学在中国"为题发表了演讲，有近 200 名美国社会学家聆听了演讲，从中了解了改革开放初期刚刚恢复重建的中国社会学的面貌和进展，起到了中国社会学界和美国社会学界相互认知、相互交流、相互学习的良性效果。在中国社会学恢复重建的短短 5 年里，中国的社会学就已经走向世界了。

三、中国社会学"开放"的反思

中国社会学自改革开放重建以来已经经历了 35 年。一路走来，坎坎坷坷，风风雨雨，道路并不平坦。社会学与"开放"的关系是什么？由此引起的社会学发展和建设的思考是什么？

1. 中国社会学"开放"应该是全方位的，坚持不懈的

本文简单介绍了改革开放初期中国社会学恢复重建时的两件有代表性的事情。实行"开放"方针仍然是今后中国社会学发展必须坚持不变的方针。中国的社会学会在"开放"中受益，也在"开放"中前行，实现和国外学者交流，宣传了自己。

其实中国社会学"开放"之路历经阻力和坎坷，主要和我们对改革开放的总体认识有关。改革开放初期，我们曾经有个设想，即我们只要国外的经济和技术，不要国外的意识形态和思想，这样"开放"就只能是"局部"的，不可能是"全面的""全方位的"。当时曾经有过"反对精神污染"和"反对资产阶级自由化"两次运动和高潮，反映了我们对问题的认识。包括社会学在内的"社会科学"一直被归属在"意识形态"领域，被宣传系统主管。在我们总结和陈述与美国学者共同进行"中国女性生育和家庭调查"的过程中，已经知道当时那个合作项目从批准立项到实施都被"限制"，困难重重。这个项目的调查部分结束后，依然余波未平，并曾经在北京的一次反对"精神污染"大会上遭到过个别学者的点名批评。

以往的经历告诉我们，中国的改革开放只能是全方位的，不可能是局部的。包括社会学在内的社会科学既有意识形态方面的问题和价值，也有自身科学的理论和方法体系。把社会科学或它包含的某一学科完全归属到意识形态范畴，是对社会科学认识的错误和误导。社会学的恢复和重建得益于"改革开放"，也离不开"改革开放"。社会学只有在"开放"中才能生存，也只有在"开放"中才能发展和前行。

　　2. 中国的社会学既是中国的也是世界的

　　回顾中国社会学的发展历程，一直纠结着一个问题，即有无中国特色的社会学，就像中国特色社会主义理论那样。关于中国特色社会主义理论属政治范畴，我们这里不过多议论。但对中国特色的社会学却可以根据我们的实践和体会发表一些议论。有些人一直在致力于创造和建立中国特色社会学理论和方法体系，其实从社会科学研究的角度说，中国的社会学和世界的社会学是交融的，相通的。社会学的基本理论和方法对包括中国在内的世界各个国家都能适用。只是研究对象有所差异而已。如果说存在有中国特色的社会学，只是研究对象的差别，自然也会有研究结果和结论上的差别而已。自中国社会学恢复重建以来，我们有很多研究进展和成果，但还构不成有中国特色的社会学理论和方法体系。即便是已经被国际认可的中国学者理论，比如说，费孝通先生的"差序格局"理论，也只是中国社会关系的特色描述。费孝通先生在其著名的《乡土中国》一书中将西方社会的人际关系比喻为像我们在田里捆柴，每一根柴在整个挑里都属于一定的捆、扎、把，分扎得清楚，不会乱的。而把中国的人际关系比喻为以己为中心推延出去的"同心圆"，就如同石子投进水中，产生的波纹一般，一圈一圈推出去，愈推愈远，也愈推愈薄。我们可以认为费孝通先生的"差序格局"理论是对中国社会关系的准确生动的描述，是对有中国特色社会关系的社会学的研究和结论。

　　因此，从科学研究的角度说，与其说致力于创建有中国特色的社会学理论体系和方法，不如说中国在向世界社会学界的学习中汲取营养，发展自身的研究；在自身的研究中丰富和发展世界社会学理论和方法，为世界的社会学作出贡献。从这个意义上说，中国的社会学既是中国的，也是世界的，是不能分割的。

南开社会学专业班的学习生活
——我的南开日记

范伟达[①]

1981年3月5日《人民日报》第四版刊登了一则报道:"本报讯:由南开大学举办的社会学专业班最近举行了开学典礼,著名社会学家费孝通教授出席作了报告。这个班是受教育部和中国社会科学院委托举办的,学员共43名,是全国部分高等院校从七七届学生中选拔出来,由南开大学代培的。学习期限一年,毕业后还要继续培养提高,以便从事社会学教学和研究工作。教育部、中国社科院、天津市、南开大学等单位的有关领导同志参加了开学典礼。"

"社会学专业班开学典礼"是在2月26日召开的:

"下午2点在工会小礼堂召开'社会学专业班开学典礼'。教育部一司领导、天津市委宣传部长、南开校党委书记、副校长、费孝通教授参加了会议。会议开始首先由南开哲学系主任温公颐讲话,随后由南开副校长滕维藻讲话,继而费孝通讲话,学生代表周雪光发言,最后教育部同志作了发言。费孝通还将于

[①] 范伟达,1981年南开社会学专业班学员,复旦大学社会学系教授,教学名师,复旦大学市场调研中心主任,曾任中国社会学会方法研究会会长。

明、后两天与我们专业班同学继续座谈。"①

会前我请费孝通教授签名留念,费先生在我的笔记本上题辞:"这是我们创建新中国社会学的一个起点,希望大家努力学习不辜负人民给我们的期望。"

被学界誉为中国社会学恢复重建后"黄埔一期"的南开社会学专业班拉开了序幕。我有幸成为社会学专业班的正式学员,在南开大学度过了紧张而又难忘的一年。翻开当年的南开日记,那些年那些人、那些事、那些场景都历历在目。

一、学科创建

正如费孝通教授在给我的题辞中所言:"这是我们创建新中国社会学的一个起点。"中国社会学在 20 世纪 50 年代受到批判,专业教学和科研工作中断了近 30 年。改革开放,百废俱兴,经济发展、现代化建设事业需要社会学。1979 年春节,时任中国社会科学院院长的胡乔木同志约请会见费孝通教授,商谈恢复重建中国社会学事宜,请他出山来担当此项重任。费先生自接受重建中国社会学的使命以后,就全力以赴地工作起来。开始是很艰难的,真可说是白手起家,筚路蓝缕。先是说服动员已经改行多年的老社会学工作者归队,接着开办讲习班,培养中青年学者,邀请国内外专家讲授社会学理论和方法。他亲自讲课,亲自主持编写《社会学概论》等教材,亲自写文章、作演讲,宣传重建中国社会学的重要,争取社会的支持;并运用他的声誉与智慧,到各省及多所著名大学去动员他们成立社会学学会、社会学所和社会学系。那几年,中国社会学的重建工作开展得有声有色,社会学在全国各地发展起来,适应了改革开放后国家经济社会大发展的需要。

1981 年初,由费孝通先生倡议主持的社会学专业班就是新中国社会学创建过程中的一个伟大创举。当年,从北大、人大、复旦、武大、中山大学、兰州大学、云南大学等国内主要重点大学选派 43 名恢复高考后第一届——77 级大三优秀学生集中学习社会学;如今,南开班的许多毕业学员已成为我国和国际社会学界的知名学者。

1980 年费孝通应邀来南开大学讲学。刚落座,他就开宗明义地说:"我这次来一是看看老朋友,二是宣传社会学……"在他带动下,当时在座的滕维藻校长、郑天挺、王赣愚、吴廷璆都觉得有必要建立社会学。滕维藻当下询问苏

---

① 我的南开日记:1981 年 2 月 26 日。

驼、赵文芳的意见（当时两人分别任哲学系党总支书、副主任）。他们两个表示同意。费孝通提议先办一个专业班培养师资，然后建系。学员可以从重点大学三年级中的优秀生中挑选。

会后，杨心恒等马上行动起来，迅速起草了相关的申请文书，报请教育部批准。1980年教育部以"高教一字第104号"文件批准南开大学设立社会学专业，并批准南开大学从全国重点大学三年级学生中选拔学员举办社会学专业班。最后，从18所重点高校中选拔了43名学员，其他学院和研究机构也派了一些人旁听。

改革开放后已经年近七旬的费先生在非常艰难的情况下承担起社会学恢复重建的重任。他认为，在新形势和新问题面前，社会学不是个恢复问题，它既不应恢复这个学科旧有的内容，也不应照搬西方社会学的内容，而应当是个重新创建的事业。费先生当年提出的创建社会学的三句话方针"以马克思主义为指导，结合中国实际，为社会主义建设服务"给我们指明了学习和努力的方向；他决心要用十年时间来夺回失去的二十年的使命感和责任感更激励我们社会学专业班的学子奋勇向前。

二、人才培养

由于众所周知的原因，社会学的教学和科研在我国中止了近三十年。"文革"结束后，过去搞这行的，大多数都六十岁以上了，五十多岁的也不多。因此，要办几个系，培养一批二十多岁的社会学工作者迫在眉睫。1979年3月中国社会学研究会成立时，胡乔木同志在讲话中就提出赶快培养社会学这门学科接班人的任务。他说："要赶快带徒弟，要教学生，即在大学里边恢复社会学系，不能在全国综合大学同时都设立，那么就在有条件的地方先设立……现在许多同志都老了。我们希望从我们开这次会到有些大学设立起社会学系，这中间不要开追悼会。"[①]

当时，费先生还对社会学的人才培养作了个计划：估计我国现有600多所高等院校里如果有1/10陆续开设社会学课程，将需要300个教师（每校5人计算），有2%的院校成立社会学系，几年里需要教师240人（每系20人），再加上各研究机关所需研究人员500人，这个为重建社会学所需的基本队伍一共将

---

① 费孝通：《费孝通全集》第十卷，呼和浩特：内蒙古人民出版社，2009年，第164页。

是1000人。如果我们立即开办四个社会学系,并以招收研究生为主,估计每系每年毕业50人,也需5年才能达到上述指标。到1985年以后才能有60个高等院校有条件开设社会学课程及12个院校有社会学系,每年还只能向全国提供600个社会学系大学毕业生,到2000年总数还不到1万人。如果在这期间全国高等院校已大大超过1000所,其中一半以上开设社会学课程,加上各研究所所需的研究人员,社会学系毕业生中一半以上即将被教研队伍所吸收。如果要同时满足日益发展的社会工作的需要,必然会感到十分紧张。①

于是,中国社会科学院社会学研究所和中国社会学研究会为了培养社会学工作者及编写教材于1980和1981年办了两期短期学习班,参加人员共约有一百多人。南开大学在1981年办了一期专业班,把几所重点大学七七级文科学生中愿意学习社会学的人,挑一批集中起来,搞了一个班,共约四十多人,南开承担了任务,教育部也大力支持。费老、雷老等老一代社会学家,奔波于京津之间,为中国社会学事业后继有人,呕心沥血。

当年,我在南开日记中工工整整地抄录着当时我们南开社会学系专业班学员的名单:

姓名	性别	年龄	政治面貌	学校	姓名	性别	年龄	政治面貌	学校
王 玲	女	26	党员	南开大学	宋 丁	男	26	团员	南开大学
马和建	男	26	团员	南开大学	边馥芹	女	31	党员	武汉大学
周 华	女	23	党员	湘潭大学	王思斌	男	31	党员	北京大学
范伟达	男	34	群众	复旦大学	宋林飞	男	32	党员	南京大学
郭申阳	男	26	党员	复旦大学	余艳菊	女	23	党员	华中工学院
周雪光	男	22	党员	复旦大学	严 建	男	27	党员	云南大学
彭华民	女	23	团员	四川大学	宣兆凯	男	33	党员	北京师大
蔡 禾	男	26	党员	武汉大学	张友芹	女	28	党员	厦门大学
江山河	男	24	团员	武汉大学	韩广生	男	28	党员	南开大学
边燕杰	男	26	团员	南开大学	王来华	男	23	团员	南开大学
白红光	男	28	党员	南开大学	李 军	男	24	党员	南开大学
折晓叶	女	31	党员	兰州大学	林征宇	女	34	团员	复旦分校
林克雷	男	26	群众	人民大学	王 勋	男	24	团员	复旦分校
方 明	男	22	团员	山东大学	曹建民	男	24	团员	北京大学

---

① 费孝通:《费孝通全集》第九卷,呼和浩特:内蒙古人民出版社,2009年,第133页。

续表

姓名	性别	年龄	政治面貌	学校	姓名	性别	年龄	政治面貌	学校
何 娟	女	28	团员	南开大学	王依依	女	28	党员	北京大学
李晓丽	女	26	团员	吉林大学	阮丹青	女	22	团员	北京大学
孙立平	男	25	群众	北京大学	丘海雄	男	26	团员	中山大学
李建设	男	28	党员	南开大学	董遵圻	男	21	团员	中山大学
王 颖	女	26	团员	南开大学	郭鲁晋	男	25	团员	人民大学
李觉敏	女	23	团员	中山大学	谢 文	男	24	团员	人民大学
任 昕	女	24	团员	人民大学	王建民	男	31	群众	华东师大

共 42 人，来自全国 18 个大专院校，男 27 人，女 15 人，年龄最小 21 岁，最大 34 岁。①

社会学专业班还有一些旁听学员，据师生录记载，他们是：黄渭梁、金榜、张雅芳、徐世民、张青、夏文信、史新社、李友梅、周路、王辉、李再龙、潘允康、冯全民等。

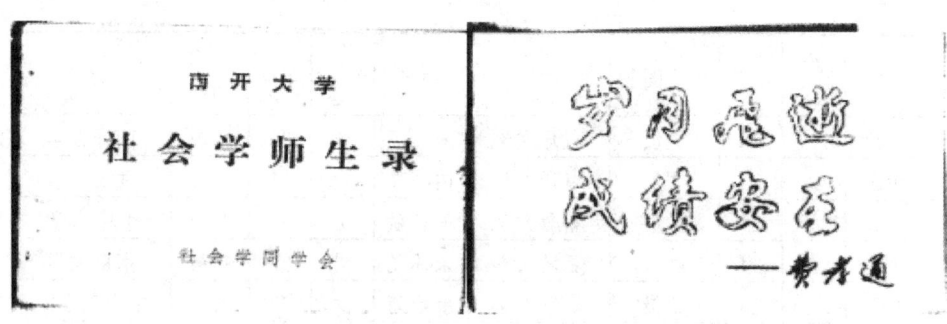

南开大学社会学师生录剪影

正如边燕杰教授所感受和评价的那样："这不是一个人，而是一批人。这批人经历了十年'文化大革命'的磨练，有政治智慧，了解国情，具有强烈的问题意识。这批人曾下过乡、扛过枪、进过厂，了解基层生活，懂得中国文化及其实践意义。这批人曾研习中、外社会学知识，了解中国和国际社会学的异同，形成了相应的学术理念。这批人有抱负，目前处在社会学教学和研究的关键岗位上，有条件、也有能力将中国社会学再办得好一些，更理想一些。为此，这批人也就有责任去思考、推动和发展反映中国社会本土特征的社会学理念、学

---

① 我的南开日记：1981 年 2 月 23 日。应为 43 位，还有一位应是梁向阳同学。

科方向、学术流派,并依此培养社会学人才,为社会服务,同时也为社会学学科作出具有中国特色的理论贡献。"①

三、课程师资

我们社会学专业班的课程安排完全是根据费先生提出的"五脏六腑"的重建社会学科的基本架构进行设置的。社会学重建之初,费教授就一再强调"五脏六腑"的学科架构:一个学科应包括学会、研究所、学系、图书资料中心、书刊出版部("五脏"),一个学系至少有六门专业基础课程("六腑")。

费孝通教授认为,能不能办好一个学系主要是在师资,同时要有个课程规划。课程规划里包括专业课和基础课。基础课是一个念社会学的学生必须有的其他学科的训练,如中文、外文、历史、数学、自然科学特别是生物学的基础知识、哲学和逻辑等等。社会学专业课还可分两类,一类是基本课程,凡是专修社会学系的学生必须学习这些课程。还要开一些社会学专业课让学生选修,至于必修课的规定也应由各大学自己决定。

他认为要办一个社会学系至少要有六门基本课程。准备好了六门课程,才有条件可以成立学系。当然可以在四年里分年准备,不必全都准备好才招生。一个社会学系应当开出哪些基本课程呢?他想到的是:概论,社会调查,社会心理学,城乡社会学(社区概论),比较社会学(社会人类学),西方社会学理论介绍。("六腑")

给我们专业班上课的师资则主要来自两个方面:国内相应学科的专家教授和国外聘请的社会学专业教授。在我们南开班通讯录上记载了当时社会学专业班部分师资的名录:

费孝通、季啸风、陈道、王康、张之毅、吴承毅、雷洁琼、林耀华、吴泽霖、全慰天、袁方、赵凤岐、佟庆才、苏驼、林南、布劳、贺碧立、李哲夫、丁克全、刘源、宗力。

其中布劳教授和林南教授就是给我们留下深刻印象的两位。彼特·布劳是位大胡子、秃顶的美国老师,长得很像马克思(布劳和马克思一样都是犹太人)。来中国前,布劳就已功成名就,是社会学理论中"交换论"和"结构论"的代表人物,他自称是"两栖动物"。林南教授是美籍华人,他给我们专业班带来了

---
① 李培林主编:《费孝通与中国社会学》,北京:社会科学文献出版社,2011年,第100页。

一缕清风,将海外定量研究的社会调查和社会统计的方法传授给我们,使我们耳目一新,激发了大家学习社会学的热情与信念。尤其是我在担任林教授方法课程课代表期间,更是受益匪浅,学到了课堂上学不到的更多的知识、方法和感悟。①

根据我的南开日记不完全的记载,按该老师来专业班讲课时间先后顺序排列,至少有以下一些教授学者为我们专业班学员授过课:

〈二月份〉

2月23日天津财经学院的刘儒老师开讲"社会经济统计"的课程。

2月24日开始讲"社会学概论"课。下午开始讲专业英语课,英语教师选了1977年美国出版的《社会学入门》一书某些章节作为教材。

2月27日费孝通教授介绍我国社会学的一些情况。

2月28日上午费孝通教授为专业班学员作了整整四个小时的报告,中间仅休息15分钟。

〈三月份〉

3月7日中国人大的统计学家戴世光老先生讲"统计与调查研究"。

3月12日中国社科院规划局负责人陈道同志来校,征求对开设"马克思主义与社会学"这门学习马列原著课的意见。

3月14日吴泽霖先生介绍美国几位社会学奠基人的基本情况。

3月20日武大周运清教师上的"社会化"部分上完。

3月21日人大教授全慰天讲"半殖民地半封建社会分析"。

3月24日人大教师贾春增讲"概论"的小群体部分。

3月25日中国社科院陈道来为专业班讲课。

3月30日中国人民大学马哲史研究所的熊子云同志讲马克思《1844—1848年经济学哲学手稿》,他在这两周要讲6次。

3月31日美国纽约州大学人类学系副教授玛格丽特·惠勒给我们专业班讲课,谈了美国社会的6个阶层之状况。

---

① 我的南开日记:5月14日、11月8日等。

〈四月份〉

4月4日中国社科院哲学所副研究员赵凤岐同志介绍南斯拉夫哲学及社会学。

4月6日人大贾老师介绍苏联、南斯拉夫等国社会学之情况。

4月7日新疆社科院何炳济开始讲社区部分。

4月11日中央民族学院的林耀华教授介绍新中国民族学发展的情况。

4月17日上午概论课,何炳济老师将社会学问题部分讲完。

4月18日中央民族学院的人类学专家李有义教授开讲课,谈了人类学的现状。

4月21日北京大学夏学銮老师讲"社会制度"。

4月25日天津大学管理系一教师来介绍行为科学。

〈五月份〉

5月6日中国社科院王康同志来专业班讲话。

5月9日北京经济所的袁方教授谈劳动就业问题。

5月13日袁方讲中国人口问题和孙本文的《社会学原理》。

5月16日马列研究所马句同志来做"科学社会主义"的讲座。

5月18日今起两位教授开始上课。上午由布劳教授讲"社会学说史"。下午由林南教授讲"社会调查"。

5月23日北京市副市长、北大国际政治系教授雷洁琼教授讲"社会学和社会问题"讲座。

5月27日上午布劳课,下午仍林南课。

5月29日下午听林南教授讲"社会网"之课。

〈六月份〉

6月19日下午2点专业班召开欢送布劳及夫人和林南教授的会议。

〈八月份〉

8月31日天津商院的林秉贤讲"社会心理学"。

〈九月份〉

9月1日纽约州立大学一教授开始讲"人类学"。

9月12日中秋节。费孝通教授前来我们专业班一起座谈,教育部季副司长也讲话。王康也同来。

9月14日王康同志介绍美国社会学进展情况。

9月17日河北大学李老师来讲"日本哲学和日本社会情况"。

〈十月份〉

10月4日上午开始上"社会学流派"课,由西德教授来上。

10月13日西德的博格讲"社会学流派"。

10月16日上午博格讲课,下午由中科院情报所的佟庆才同志讲"苏联社会学"。

10月19日王康同志(中国社科院社会所副所长)来专业班讲话。

10月24日下午社科院社会学所的党委书记吴承毅同志来专业班讲话。

10月28日社会心理学课开始上《需要和谋略》一章。

10月30日下午听"决议"宣讲后,举行学习"决议"的考查。

〈十一月份〉

11月12日丁克全教授讲"历史唯物主义和社会学"之课。

11月20日西德教授巴巴拉(中国名字为贺碧立)今天上午开始讲授"都市社会学"及"农村社会学"。

〈十二月份〉

12月2日美国天主教大学教授李哲夫开始讲授"社会统计学"课。

12月11日上午社会统计课。

12月13日2点在主楼316室召开"社会学专业班结业典礼"。费孝通教授、教育部一司司长及季啸风副司长、天津市委有关人员等均来参加了结业典礼。苏驼作专业班总结报告后,费孝通等讲话,南开党委书记张再旺最后讲了话。

费孝通教授为专业班倾注了大量心血。尽管非常忙,但是他在一年之内,就来南开专业班4次,还在"概论"教材的建设和通过自己在海内外的"人脉",为专业班提供了最大的支持。

费先生一生对编辑社会学教材持十分慎重的态度，轻易不为。迫不得已的一个例外是他在恢复重建社会学时期主编的《社会学概论》。为了尽快培养人才，必须有课程教材。《社会学概论》是他主编的第一本社会学教材，也是唯一的一本。尽管他认为该书没有达到他的预期目标，但仍是那个时期中国自己学者编写的最重要的社会学教科书。

费先生曾谈到，"教材的第一稿出来后在南开社会学班上试讲，我们得到的反映说是'不三不四'。我说不要紧。它反映了我们当时的水平。这是历史文献。我们的出发点就是这样一个水平。将来可以用这水平衡量我们的进步。现在哪个人有三有四能拿出来？拿出来我们欢迎。但我们的基本标准要清楚，一是以马列主义为指导。我们是社会主义社会，我们要反映的是社会主义条件下的社会情况，它应该是科学的。二是要结合中国的实际，外国人不能为我们建立中国的社会学。我们对中国社会了解得还很少，缺乏系统、科学的认识，但是一定要自己来搞，搞出一个社会学的中国学派。三是我们要为社会主义建设服务，不是单为社会学而创建社会学。"[1]

我们专业班的学员作为第一本《社会学概论》教材的试听者，与该教材编写组的丘士杰（中山大学）、夏学銮（北京大学）、贾春增（中国人大）、周运清（武汉大学）、何炳济（新疆社科院）、沈关宝（上海大学）等老师结下了教研之情；除了听课外，还在学术上加强了交流，日记上还记载着在沈关宝来南开讲课期间，我还向沈老师借阅过龙冠海的《社会学》一书的趣事。[2]

专业班的师资是非常强大的。费先生、王康通过海外关系邀请了彼特·布劳（美国哥伦比亚大学）、林南（美国纽约州立大学）、博格（联邦德国）、芭芭拉·贺萨（联邦德国）等外籍专家。这是费孝通先生通过深思熟虑，也是在当时特定的条件背景下不得已而采取的明智的举措。作为受过完整西方社会科学训练的中国社会学家，费孝通明白，当时的社会学恢复重建也只能在西方既有理论和方法的学科框架中展开，只能在翻译和介绍西方社会学作品的同时，脚踏实地地从现实入手去发现真正的中国社会学问题。因而，当时费先生尽管已进入古稀之年，但他在相关课程中仍不遗余力地参与外国教授的讲课和讨论，适时地做出必要的补充和解释，引导学员用中国事实恰当地理解西方的理论概念。同时，他也特别强调要结合中国的实际，不能照抄外国学者的成果来建立中国的社会学，要搞出一个社会学的中国学派。"希望大家努力学习不辜负人民给

---

[1] 费孝通：《社会学的探索》，天津：天津人民出版社，1984年，第45页。
[2] 我的南开日记：5月25日。

我们的期望。"①

四、社会调查

费孝通先生对"社会调查"的重视和实践是无论怎样高度评价都不会过分的。费先生说："自然科学离不开实验,社会科学离不开社会调查。""立足于中国社会实际的社会学必须从科学地调查中国社会入手。""社会调查和理论研究是两条腿,没有社会调查,理论就没有根据;没有理论,社会调查就没有方向。"②

费先生把主要精力放在对中国社会的调查研究上面。他说："我们只有一条路可走,就是投身于社会实践,到人民群众的日常生活中去,踏踏实实地从具体的问题调查做起,一步一个脚印,去认识处于社会主义现代化建设时期的中国社会。"③

专业班的学员遵循费先生的教诲,没有让费教授失望。我们一方面如饥似渴地吸收社会学知识,另一方面还积极投身社会调查实践。我的南开日记中记载,我们的专业班班主任苏驼老师在宣布当年7月2日起放暑假时,就部署和强调了社会学专业班暑假期间要进行社会调查的任务。④

我们上海的几位学员,我和王勋、王建民等就以"上海市社会学研究现状"为题利用暑假进行了调查研究,分别到市社科院、社会学会、团市委、总工会、国棉十七厂、复旦分校资料室、同济大学等单位与机构进行调研,同时还参加了当年上海市社会学会的理事扩大会,并在8月31日形成了调查报告的初稿。⑤

7月10日下午2点到王勋家,与王勋、王建民一起商量了下阶段搞有关社会学方面情况的调查问题,作了个初步打算。

7月13日与王建民、王勋一起到有关单位搞社会调查。上午先到社会学所听薛素珍同志介绍上海社会学研究会的有关情况。下午分别到团市委青少年问题研究会、总工会和民政局了解有关情况。

7月17日上午与王建民、王勋一起到十七厂,听其组织组一成员姚志康介

---

① 我的南开日记：2月26日。
② 费孝通：《社会学的探索》,天津：天津人民出版社,1984年,第7、25页。
③ 李培林主编：《费孝通与中国社会学》,北京：社会科学文献出版社,2011年,第52页。
④ 我的南开日记：6月23日。
⑤ 我的南开日记：7月10日、7月13日、7月17如、7月19日、7月30日、8月3日、8月4日、8月5日、8月10日、8月18日、8月19日、8月31日。

绍该厂借鉴行为科学做政治思想工作的情况。下午又与王勋一起到总工会了解情况。

7月19日上午与周雪光、王建民一起到言心哲教授家，询问有关华师大招社会学研究生及教育部下达代培人员的情况。

7月30日上午与王勋一起到复旦分校社会学资料室的何玉林老师家，向他了解长宁区党委举办的社会学讲座（十讲）授课后，听者的反应情况。晚与王勋一起去拜访了胡曲园教授。我向他汇报了在南开学习半年的简单情况，胡老也谈了一些他对社会学的看法。

8月3日上午9点到复旦分校社会学系资料室翻阅有关资料。何玉林老师给予大力支持。

8月4日下午2点到社科院。经杨忠鹿介绍，与原住宅七队，现考入社会学研究所的卢汉龙同志相互交流社会学的一些情况。

8月5日上午与王勋一起到社科院129室参加市社会学学会理事扩大会。各所属研究会的理事也参加。会上，曹漫之讲话，袁辑辉谈了学会的活动情况，有关理事也就学会活动发了言，会议开到中午11点半。

8月10日上午到同济大学图书馆将此次社会调查的报告初稿写就。

8月18日上午在同济图书馆开始写"创建新中国的社会学"的稿件，下午继续。

8月19日上午仍去同济图书馆将稿件之初稿写完。下午翻阅参考黄渭梁送来的第二期社会学讲习班简报后则定稿，抄写了一份定名为《创建新中国的社会学——当前社会学研究中应重视的几个问题》。

8月31日新学期第一天上课。下午及晚上把《上海市社会学研究现状》一份调查报告抄写完毕，交有关同志传阅。

秉承费孝通教授的社会调查传统，在专业班班主任苏驼老师的倡导和组织下，南开社会学专业班的学员积极参与了"中国社会学会社会调查研究方法专业委员会"（简称：中国社会学会方法研究会）的筹备成立，为推动我国的社会调查事业而努力勤奋工作。

1986年11月，在天津召开了"全国首届社会调查方法学术研讨会"，在拥有了一定的理论基础和方法论基础上，社会学者们从事经验研究的热情空前高涨，他们积极尝试运用问卷调查方法和其他社会学方法来研究各种各样的社会现象和问题。

1992年12月15日至17日，"中国社会学会社会调查研究方法专业委员会成立大会暨学术研讨会"在天津召开,来自全国各地的研究社会调查研究方法的理事们参加了大会。大会由社会调查研究专业委员会筹备组组长苏驼教授、筹备组成员范伟达、王汉生同志分别主持。袁方教授和王庆基副所长分别代表中国社会学会和中国社会科学院社会学所向专业委员会的成立表示祝贺并作了报告。理事们选举苏驼同志为理事长,吴军、王汉生、方明、范伟达同志为副理事长。经正、副理事长讨论决定,白红光同志为秘书长,林彬、青连斌、风笑天同志为副秘书长。会议期间,专业委员会与天津市社会科学界联合会共同举办了全国社会调查研究方法学术研讨会。与会同志围绕着如何使社会调查研究方法在社会主义现代化建设中更好地发挥作用这一中心议题进行了交流、讨论。

21世纪以来,方法研究会在新一届理事会领导班子的组织下,中国社会学会方法研究会每年举行一次社会调查研究方法的年会或论坛:

2006年太原:民意调查与和谐社会
2007年长沙:调查研究与和谐社会建设
2008年长春:中国社会调查三十年
2009年西安:中国社会调查六十年
2010年上海:首届"中国调查"学术研讨会
2011年南昌:第二届"中国调查"学术研讨会
2012年银川:社会管理调查研究的理论和方法
2013年贵阳:怎样上好方法课
2014年武汉:社会治理与满意度测评

尤其在2010年7月18日,中国社会学会方法研究会等单位主协办方在上海复旦大学光华楼隆重召开了"中国调查"学术研讨会。研讨会共设五个论坛和两场专题讨论。五个论坛分别为高校调查研究方法教学研讨、费孝通先生调查思想与方法、中国民意调查的应用与发展、市场调查行业的现状与趋势、CAI调查等现代技术的运用;两个专题讨论为"海外社会研究方法的新进展"和"谁动了我们的数据"。

来自海内外的一百五十多位专家学者、与会代表出席了会议,并进行了开放而热烈的探讨,随后参观了上海世博会。大会开幕式由中国社会学会方法研究会会长、复旦大学教学名师范伟达教授主持,中国社会学会方法研究会秘书长、南开大学社会学系主任白红光教授致欢迎词。中共上海市委宣传部潘世伟副部长、复旦大学党委宣传部萧思健部长、复旦大学社会发展与公共政策学院党委书记严峰同志、中国社会科学院社会学研究所原党委书记王庆基同志、中国社会学会副会长暨上海大学副书记副校长李友梅教授等领导嘉宾出席开幕式并致辞，对大会的召开表示热烈的祝贺。中国社会学会方法研究会名誉会长、南开大学社会学系苏驼教授，邓伟志教授，Jonathan H. Turner 教授等知名学者向大会发来贺信、贺电。

正如首届中国调查学术研讨会设立的"费孝通先生调查思想与方法"专题论坛那样，对我国著名社会学家费孝通先生学术成就的研讨将持续地进行下去。

附录：我的南开日记

（1981 年 2 月 20 日至 12 月 16 日）

2 月 20 日　阴　上午送母亲、姨娘及冰冰上火车，404 次，7：40 上海站发车。下午 4 时许，可抵达南京。此次母亲带冰冰到 9424 阿芳处可望能住上较长时间。前天阿芳来信也迫切希望母亲前去，以双方有个照应。送母亲上车后，又到复旦去了一次，还资料室书，办集体借书卡手续及调换全国粮票。

下午乘坐去北京的 14 次特快列车去天津。原单位的旭林、小韩、沈彪，复旦的林敏、施志伟均来送行。到站内送行的是金凤、阿星与小施、沈彪（因站台票限额购买）。下午 5：21 分列车徐徐开动，开始踏上新的旅程。同时前往天津的有国际政治系的周雪光同学和政治经济系的郭申阳同学。此行，将在天津南开大学社会学专业班学习一年。

2 月 21 日　阴转多云　经过 18 个小时的途中旅行，今天上午 10 点 40 分到达天津站。吃了午饭后，由南开设在天津东站接站人员陪同，乘 8 路车来到了南开。

哲学系社会学班的有关同志帮助我们办理了报到手续，并同时发给"南开大学"校徽一枚、饭菜票若干、洗澡票一张。

利用休息时间，我马上写了三封信发出，分别给南京的母亲、阿芳，上海的金凤和家中，以报平安到达。下午四点多，由校方派车到火车站北将托送的行李物品取回，晚上进行了初步整理。

据说此次来南开社会学班的有 18 个院校的 40 名同学。人大 4 名，北大 5 名，还有南京大学、吉林大学、兰州大学、复旦分校、华师大都有 1~2 名人员。看来女生的比例也不小。

2月22日　阴雨　起床后到百货店购买物品，并在银行开了银行户头，以后工资由单位转至这儿的银行。银行同志讲可寄：天津和平区八里台分理处、天津大学储蓄所，账号是33075。午睡后整理了物品，并到天津市百货大楼购买了纸张、鞋刷等物，晚将床铺等环境整洁了一下。

2月23日　阴　昨晚下了一场小雪，清晨起来一看，到处白茫茫一片。今天正式开始上课。由天津财经学院的刘儒老师开讲"社会经济统计"的课程。下午发学生登记卡及学生证，由个人自行填写之。晚写了两封信，一封给郭明、吴伟、林敏、小梅及张新琦，并转顾家靖和俞吾金看；另一封是给韩兴龙、旭林、郦俊娇、沈彪，另附一信给沈家燕。

2月24日　阴，大风　今天开始讲"社会学概论"课。下午开始讲专业英语课，英语教师选了1977年美国出版的《社会学入门》一书某些章节作为教材。晚则借助字典翻译了部分的英语材料。

2月25日　晴，风大低温　上午继续上社会学概论课。下午及晚上预习了关于社会学的由来和发展一章，并看英语。

2月26日　晴　上午概论课。下午2点在工会小礼堂召开"社会学专业班开学典礼"。教育部一司领导、天津市委宣传部部长、南开校党委书记、副校长、费孝通教授参加了会议。会前我和郭申阳等请费孝通签名留念，费在我的笔记本上题辞："这是我们创建新中国社会学的一个起点，希望大家努力学习不辜负人民给我们的期望。"会议开始首先由南开哲学系主任温公颐讲话，随后由南开副校长滕维藻讲话，继而费孝通讲，学生代表周雪光发言，最后教育部同志作了发言。费孝通还将于明、后两天与我们专业班同学继续座谈。

晚写了七封信分别给：金顺尧（华宣华）、余源培、孙翠宝、林敏、杨忠鹿、邱国平，明上午到邮局发出。

2月27日　晴　上午10点由费孝通教授介绍我国社会学的一些情况，因近中午没讲完，明天再讲。下午则上专业外语课。晚写了五封信，分别给：小章（阿芬）、小王、施志伟、朱红生及阿芳。中午收到了阿芳第一封来信，母亲、姨娘及冰冰顺利到达南京，现在那儿生活得很好。今去信嘱母多住一段时间。

2月28日　晴　上午费孝通教授为专业班成员作了整整四个小时的报告，中间仅休息15分钟。七十二岁的老人，精力仍如此充沛。午睡后，预习英语课文，并到医务院就医，需打庆大霉素。晚写了三封信，分别给邱柏生、系办公室周建国及李洁玲。

3月1日　晴　中午到佟楼商场附近，看看市场情况，并在那儿吃了午餐，后到浴室洗澡。天津生活各方面条件看来确实比上海要差。由于刚到异地,气候饮食等不适应,这两天因咳嗽打庆大霉素,今晚饭时又觉胃与肚痛,到医务室拿了药。人一生病,更想到了家中父母弟妹等。

3月2日 晴 上午统计课,下午同寝室人一起到新兴影剧院看电影《永恒的爱情》。晚班务会,讲了些琐事,后由南京大学、复旦分校及华师大的几个人介绍一些学习社会学的打算和体会,后分组讨论、选举组长等。

3月3日 晴 上午概论课,下午专业外语。

3月4日 晴 上午统计课,下午及晚上专门复习了英语。晚饭时,新疆社科院的一位何老师来了解了一些专业班成员的状况。

3月7日 晴 刮大风 上午专题讲座,由中国人大的统计学家戴世光老先生讲"统计与调查研究"。

3月8日 晴 星期天整天在图书馆的自修室看书,主要将第三课英语预习一下。

3月9日 晴 台湾郭、张合著的《社会学》(增订本)基本上览阅了一遍。

3月10日 晴 上午概论,下午专业英语。晚看露天电影《天云山传奇》。南开今天开了"'我是爱南开的'动员大会"。

3月12日 晴 上午原理课,下午英语课。晚中国社科院规划局负责人陈道同志来校,征求对开设"马克思主义与社会学"这门学习马列原著课的意见,专业班不少同志发表了看法。我也谈了自己的一些想法,举上午概论课中"人处于神兽之间"的观点与恩格斯《反杜林论》中批判"人是什么?一半是天使,一半是野兽"之语,说明学原著之重要,并提了几个要求。此发言颇得陈道与本班级同学之欢迎。

3月13日 晴 上午仍上概论课,下午预习英语阅读材料第四课。晚粗略地阅读了周谷城1933年所翻译的一本《社会学大纲》。通观全书,感觉到此书材料已旧,无多大参考价值,遂还给宋林飞同学。

3月14日 晴 上午由社会学专家吴泽霖先生介绍美国几位社会学奠基人的基本情况。吴先生已80多岁,能一讲半天,身体尚健。下午全校大会,由天津有关经济界人士介绍我国经济调整情况。晚将孙本文的《社会学原理》(上册)粗略看了一遍。此书对于搞社会学的人极有价值,值得好好研究,目前我国的社会学研究似尚未能超过孙先生之水平。

3月15日 晴 上下午预复习英语,并作了篇英语论文。晚将孙本文的《社会学原理》(下册)粗略看了一遍,并做了些摘录。下午写出一信给华宣华老师,并附一信给吕俊宝老师托其借书。

3月17日　晴　上午概论课后到卫生院就医，因连日咳嗽，一老年医生配了点高效药，中午及晚上吃了，似有效果。晚将《社会学概论》（初稿）全部翻了一下，发现45个章节中有18个章节之内容与我们哲学系以前所开课程（与10个课程）内容有重复。后又将《社会学文献》简单看了几篇文章。

3月19日　晴　上下午均有课。收施志伟来信一封，详细介绍了班里的一些情况。晚又收金凤挂号信，寄来了20斤全国粮票还了王勋，又收王礼民之信。晚饭后，经过多方考虑，还是写了一封信，劝妈在南京阿芳处多住一段时间，而冰冰在南京入托几个月，至少待小王从党校回去后再说。同时又给金凤写了回信，此两信明一早寄出之。

#录人民日报关于专业班级的一则报道：1981年3月5日星期四，第四版。本报讯：

　　由南开大学举办的社会学专业班最近举行了开学典礼，著名社会学家费孝通教授出席作了报告。这个班是受教育部和中国社会科学院委托举办的，学员共43名，是全国部分高等院校从七七届学生中选拔出来，由南开大学代培的。学习期限一年，毕业后还要继续培养提高，以便从事社会学教学和研究工作。

　　教育部、中国社科院、天津市、南开大学等单位的有关领导同志参加了开学典礼。

3月20日　晴　上午概论课，武大周运清老师上的社会化部分上完。下午及晚上预习专业英语第五课。此次能一次把两天半的课文全部预习完，较第一节课时省力多了。

3月21日　晴　上午由人大教授全慰天讲"半殖民地半封建社会分析"。下午理发洗澡。晚在南开露天广场看电影《红牡丹》。

3月22日　晴　风仍很大。上下午均看薄冰的《英语语法手册》一书，晚翻译了阅读材料第五课，关于社会化问题。

3月23日　阴　晚下点小雨。上午统计课，下午看英语社会学之原版书。晚看了《什么是人民之友》部分章节。

3月24日　阴　由人大教师贾春增讲"概论"的小群体部分。下午专业英语。晚复习英语后，到报刊杂志阅览室翻阅了部分目录资料。

3月25日　晴　上午统计课，下午复习英语。晚7点，中国社科院陈道来为专业班讲课。

3月28日　晴　因原定讲专题课的同志生病，上午课不上，则一天看书。晚到天津大学操场看露天电影《悲惨世界》（上下集）。

3月29日　晴　上下午预习英语第6课。晚则看《社会学导论》的前几页（英文版）打算连续看看原版书。

3月30日　晴　下午听中国人民大学马哲史研究所的熊子云同志讲马克思《1844—1848经济学哲学手稿》。他在这两周要讲6次。晚做英语翻译作业。

3月31日　晴　下午美国纽约州大学人类学系副教授玛格丽特·惠勒给我们专业班讲课，谈了美国社会的6个阶层人之状况，该女教授1957年在耶鲁大学获博士，看上去现在仅40多岁。

4月1日　晴　下午仍听熊子云同志讲马克思哲学手稿。

4月2日　晴　下午专业英语课。晚则写了读《英国工人阶级状况》德文版第二版序言的体会札记，并翻阅了费孝通的《生育制度》一书。

4月3日　晴　上午概论课。下午仍听熊子云讲马克思哲学手稿。晚抄写了"社会学工作者的指南"，并复习英语。

4月4日　晴　上午由中国科学院哲学所副研究员赵凤岐同志介绍南斯拉夫哲学及社会学情况。下午专业英语。晚与北师大老宣等一起到天津大学看露天电影《雾都茫茫》。

4月5日　晴　清明节。在"我是爱南开的"周总理纪念碑前有几只花圈，松柏上扎有小白花。白天预复习英语，晚则看"学术月刊"等杂志有关"异化"问题。

4月6日　晴　上午上经济统计，下午仍听关于马克思1844—1848手稿的讲座。晚听人大贾老师介绍苏联、南斯拉夫等国社会学之情况。会后，由边燕杰召集开了学术性小组领导会议，由沈（北大）、王依依（女）和本人参加，一起讨论了班之学术活动打算。

4月7日　晴　上午概论课，由新疆社科院何炳济开始讲社区部分。下午专业外语。晚看了费孝通的《访美掠影》一部分。

4月8日　晴　上午统计课。下午专复习英语。晚将费孝通《访美掠影》看完，并看了人大复印资料《社会学》第一期。

4月10日　晴　上午概论课。下午及晚上预习英语及看社会学有关书。

4月11日　上午复习"社会统计"，下午听中央民族学院的林耀华教授介绍新中国民族学发展的情况。晚看电影《第二次握手》。

4月12日　晴　又是星期天。上午在阅览室做经济统计作业，下午及晚上看"英语课文"并翻阅了一些社会学资料。

4月13日　晴　晚班级组织"五四"论文讨论会。会上由严建、孙立平、宋林飞、边燕杰等6位同志宣讲了自己所写的论文。会开了3个小时，效果还可以。

4月15日　晴　与严建等商议，欲发起成立一个马列著作小组，专门学习马恩列斯对有关社会学的论述。由严建进行具体串联之。下午看了社会学英语原版书，晚则将《社会学导论》一书看完，并作了摘录。

4月16日　晴　上午概论课讨论"社会问题"。下午专业外语。晚考虑了下阶段有关班里学术活动的一些设想，打算在这几天内付之现实。

4月17日　晴　上午概论课，何炳济老师将社会学问题部分讲完。课后我和边燕杰一起召集天津、江苏、河北等地来专业班进修的成员开座谈会，了解他们所在地的学术动态。下午3点半，新成立的学习马列有关社会学思想的学术小组开第一次会议，简议了下阶段之活动计划。参加这个组的有严建、宣兆凯、周华、余艳菊、王勋、方明、李建设和我八个人。晚看《德意志意识形态》一书。

4月18日　晴　上午由中央民族学院的人类学专家李有义教授开讲课，谈了人类学的现状。下午政治学习，听南开党委书记讲"党的领导"。晚到天大看电影《白蛇传》。

4月19日　晴　上午做统计学习题，下午及晚上看英语，并看了部分《德意志意识形态》。

4月21日　晴　今起由北京大学夏学銮老师讲"社会制度"。下午英语课后到新兴影剧院看电影《摩羯星一号》（均系哲学系组织看）。晚陈道来专业班讲课，谈了他对上次每人体会稿子看法（且在许多人稿件上作了批语）及讲了科学社会主义问题。

4月24日　晴　上午概论课。下午继续看《德意志意识形态》一书摘录。晚饭后向北大夏老师了解了一些北京情况。后则看《英国工人阶级状况》一书。

4月25日　晴　上午复习英语，并将《英国工人阶级状况》一书卡片摘录。下午听天津大学管理系一教师来介绍行为科学，晚看电影《戴手铐的人》。

4月28日　晴　上午概论课，下午英语。晚抄录有关社会学的卡片。

4月29日　晴　上午统计课，下午则做统计习题。晚将复旦分校有关"社会学概论和家庭学教授提纲"抄录了一下。并作了明去北京的一些物质衣服等准备。

4月30日　晴　上午课后在校吃了午饭，11点半多，与宋林飞等同学（包括一些回北京度假的同志）一起乘坐216次由天津开往北京的列车前往北京。中午12点46分开车，经过一小时50分行程到了北京车站（2点40分左右）。出北京站，正好三点钟。后到崇文站买了明天去长城、十三陵旅游的车票（6.00元）。在宣兆凯（北京师范大学的）同志的陪同下，来到他家里休息，并由其爱人（张）做了晚饭，后有老宣陪同到北京师范大学哲学系的学生宿舍（227室）休息。

5月3日　阴　仍刮大风。上午先与宋、李、张一起在天安门广场照相，后到王府井照相馆看看昨天冲洗的底片。10点与宋林飞一起参观人民大会堂、大会厅及各省市会议厅、国宴厅、迎宾厅等。午饭后，好不容易才找寻到中国社科院社会学研究所及社会学学会所在地，向有关人员及资料室同志了解了一下社会学在中国的概况。后又到社科院情报所（建内五号）及《哲学研究》编辑部，了解了有关情况。在外吃了面条之后，到王依依家还绒线衫。正逢他们在吃晚饭，一起饮酒戏谈，一直到10点多，才回到北师大寝室227室，今晚已回来2位同学，他们明去密云水库游玩。

5月4日　晴　上午到中南海门口，欲与警卫局同志商量能否进中南海参观。但因五四青年节，今天之票均由团中央发，故没能进。午后到东单买了明天中午回津火车票。后则到商务印书馆、人民出版社了解社会学书籍及动态情况。晚则洗洗衣服后，仍在北师大宿夜，明上午去毛主席纪念堂瞻仰主席遗容。已托人向专业班教师请半天假，5号才回津。

5月6日　晴　上午统计课后，中国社科院王康同志来专业班讲话。

5月7日　晴　上午概论课，下午专业英语。晚，整理了一份有关社会学动态方面的情况汇总，以便周六上午的向专业班同学汇报。

5月8日　晴　上午概论课，下午预习英语，4点钟小组打扫427教室。

5月9日　晴　上午听北京经济所的袁方教授谈劳动就业问题。下午在图书馆看英语。上午7点半，班级同学早到教室（事先通知），本人向专业班同学汇报了在外所了解的一些社会学动态情况。晚，看电影《巴山夜雨》。

5月10日　晴　刮大风，飞沙走石，一片迷漫。上午复习英语后，翻阅"什么是人民之友"一文。晚，看看闲书。

5月11日　晴　上午统计课，黑板通知，统计课的平时作业作为考试成绩。下午马列小组活动，交流了各人选摘的马恩列斯有关社会学方面的语录。晚，起草了一份学习"什么是'人民之友'"的心得体会,并看了一些社会学书籍。

5月12日 晴 上午概论课。晚,到新兴剧场观看了中央实验话剧团演出的话剧《灵与肉》。

5月13日 晴 上午听袁方讲中国人口问题,下午及晚上摘抄孙本文的《社会学原理》有关章节内容。

5月14日 晴 上午概论课后,与周雪光、王玲、边馥芹等一起到天大小宾馆林南、布劳教授住处,交往熟悉了一下。下午外语课后,则开欢迎会。此次班里面经系领导批准要本人担任林南的课代表。

5月15日 阴,午后有小雨 上午概论课讨论关于"西方的分层与马克思阶级概念的区别"。课后与边馥芹一起到专家楼接林南教授来讲课,因系里没与他具体联系好,故改期。后与张青、李友梅一起谈谈社会学状况。下午因林南教授所邀与边一起到他404房间,林交托办理一些有关借书籍、打印讲义、联系计算机使用、汽车接送等事宜。回系后与苏、杨老师汇报后,打算分头办理。

5月16日 晴 上午听马列研究所马句同志来做《科学社会主义》的讲座。下午3点参加天津人民出版社余秀等同志来召开的有关出版政治读物意见的座谈会。谢文、宋林飞、李晓丽、严建等7人参加。晚与宣兆凯等数人到天大看电影《亲缘》。

5月17日 上午及晚上在图书馆摘录孙本文《社会学原理》一书中有关资料,下午预习《社会经济统计》等。

5月18日 晴 今起,两位教授开始上课。上午由布劳教授讲"社会学说史"。下午由林南教授讲"社会调查"。晚则在阅览室将孙本文的原理书阅完,并做了部分摘录。

5月19日 晴 上午4节课(概论及社会学说史),下午林南讲二节课。课后不少同学问林南教授问题,因而与开车司机商量,今后候车有个20分钟左右的余地。晚把《社会研究与统计》一书的下册看了部分,似乎与现在所学的社会经济统计类似。

5月20日 晴 上午布劳的"社会学说史",下午则仍由林南上课。晚陪同几个要去林南所住专家楼的同学去天大专家楼。

5月21日 晴 上下午6节课。晚到阅览室,将社会调查研究一书的下册全部看完,并做卡片摘录,此本书明还河北大学金榜老师。

5月23日 晴 上午听北京市副市长、北大国际政治系教授雷洁琼教授讲"社会学和社会问题"讲座。雷教授(女)年已76岁,但精神十分之好。下午及晚上看看书，因今晚所放电影均已看过。

5月24日 晴 上午与黄渭梁一起做社会统计自习题。下午与郭申阳、周雪光等一起做林南所布置的习题。晚全班到新兴电影院观看电影《拿破仑在奥斯特里茨战役》。10点多归。

5月25日 晴 上午四节课，下午两节课。为赶看沈光宝教师所借的龙冠海《社会学》一书，晚饭前后及晚上抓紧看之，并做了部分笔记。

5月26日 晴 下午林南课。晚将龙冠海的《社会学》一书有关章节摘完。

5月27日 晴，有雨 上午布劳课，下午仍林南课。晚将社会统计学习题做好。

5月28日 晴 上午4节课，下午林南课。晚开始索罗金的《当代社会思想史》一书。

5月29日 晴 上午4节课，下午听林南教授讲"社会网"之课，他谈了自己进行理论研究之体会。晚看蔡正仁一书。

5月30日 晴 因无讲座，今一天不上课。上午预习英语14课（部分）。下午则做统计习题。

5月31日 晴 上下午在图书阅览室预习英语及做有关习题。晚将蔡正仁的《社会学概论》一书摘录完毕。

6月1日 晴 上下午4节课。今起作息时间改变，早6点起床，7：30—11：30上课，下午两点上课。晚与郭、周到南开招待所拜访复旦教务处文科副处长陈庆基老师，向他了解了一些校方对于社会学方面的安排及有关资料费用等问题。

6月2日 晴，中午前后有阵雨 上下午6节课。晚与郭申阳、王勋等一起到林南教授住处请教有关问题，并借了两本书打算复印。陈庆基老师昨晚答应在本学期放假前，我们可复印一些资料，不超过200元。具体可与我系王德良老师联系。今已与南开图书馆复印室联系了，可以安排之。

6月3日 晴 上午布劳课，下午林南课，后则看"社会学说史"。

6月4日 晴 上下午6节课后。晚在资料室将有关"社会结构"的杂志翻阅了几份。

6月11日 晴 上下午4节课晚与边馥芹一起陪同林南教授到南开文化馆看话剧《猎狼》，一直到晚10点35分回到学校。

6月12日 晴 上午4节课。下午看社会学理论方面书籍。4点钟与小周、郭申阳一起到苏驼老师家探望其病情。郭、周就研究生问题向苏谈之。晚将"社会学概论"翻阅，打算选定一个题目以作学期考试论文。

6月14日　晴　上午在图书馆将"研究社会结构的科学方法"一文初稿写成（采用剪贴资料之方式）。下午做统计习题。晚摘录索罗金书有关资料。

6月19日　晴　上午四节课，下午2点专业班召开欢送布劳及夫人和林南教授的会议。各方讲话，并赠送了礼品。全班与几位教授分别在主楼（图书馆处）和周总理纪念碑拍照留念。晚钱建业老师继续进行布劳译文的宣读。

6月20日　晴　上午将所复印的林南关于统计一书从复印室取回之。下午及晚上均将布劳课程内容对笔记查对之。

6月21日　晴　上午复习布劳的课程内容，下午与周雪光一起陪同布劳及林南教授到塘沽新港参观，在那儿拍照留念。晚布劳及夫人和林南在"狗不理"包子铺宴请我们五个课代表（周、王玲、边馥芹、阮丹青及本人）、苏驼书记、赵副主任、钱建业翻译和两个外办人员以及宗力，作为他们对我们接待工作之答谢。宾主举杯庆贺此次讲学成功，一直到晚八点钟，由轿车送回学校。

6月22日　晴　上下午仍6节课。下午课后同边馥芹及李友梅一起到林南教授住所，向他告别。经边馥芹建议，我与两人买了一本照相簿送林南留念，上题"治学谨严，诲人不倦"。

6月23日　晴　第一节课时到南开图书资料复印室结算了上阶段所复印资料的账。中午饭后，我与周雪光等随着校系领导一起为布劳教授及夫人和林南教授送行。昨天课后，苏驼老师当班宣布，社会学专业班因假期搞社会调查，故提前于7月2号起放假。

6月24日　晴　上下午均在图书馆复习布劳"社会学说史"。晚小组讨论，一起看布劳学说史，以准备周五考试。

6月29日　晴　上午将概论考试之论文《社会结构的哲学探讨》一文抄写完毕。晚交班里。午睡后到劝业场等处采购物品。晚与黄渭梁一起乘坐天津到上海的123次直快离津。许多同志送行到八里台车站，周雪光、王勋及方明一直送到天津车站火车内。回沪的旅程开始。

7月10日　晴，晚有阵雨　上午在家看英语书。下午2点到王勋家，与王勋、王建民一起商量了下阶段搞有关社会学方面情况的调查问题，作了个初步打算。

7月13日　晴　今天与王建民、王勋一起到有关单位搞社会调查。上午先到社会学所，听薛素珍同志介绍上海社会学研究会的有关情况。下午分别到团市委青少年问题研究会、总工会和民政局了解有关情况，后两单位所要找的人没空，另约时间。

7月17日　晴　上午与王建民、王勋一起到十七厂听其组织组一成员姚志康介绍该厂借鉴行为科学做政治思想工作的情况。下午又与王勋一起到总工会了解情况。

7月19日　晴　上午与周雪光、王建民一起到言心哲教授家询问有关华师大招社会学研究生，及教育部下达代培人员的情况。

7月30日　晴，有阵雨　上午与王勋一起到分校社会学资料室的何玉林老师家，向他了解长宁区党委举办的社会学讲座（十讲）授课后，听者的反应情况。晚与王勋一起去拜访了胡曲园教授。他最近身体尚可。我向他汇报了在南开学习半年的简单情况，胡老也谈了一些他对社会学的看法。

8月3日　晴　上午9点到分校（复旦）社会学系资料室翻阅有关资料。何玉林老师给予大力支持。

8月4日　晴　上午在家看书。下午2点到社科院。经杨忠鹿介绍，与原住宅七队，现考入社会学研究所的卢汉龙同志相互交流社会学的一些情况。

8月5日　阴　上午与王勋一起到社科院129室参加市社会学学会理事扩大会。各所属研究会的理事也参加。会上，曹漫之讲话、袁辑辉谈了学会的活动情况，有关理事也就学会活动发了言，会议开到中午11点半。

8月10日　晴，傍晚有雷阵雨　上午到同济大学图书馆将此次社会调查的报告初稿写就（连同下午一些时间）。

8月18日　晴　上午在同济图书馆开始写"创建新中国的社会学"的稿件，下午继续。

8月19日　晴　上午仍去同济图书馆将稿件之初稿写完。下午翻阅参考黄渭梁送来的第二期社会学讲习班简报后则定稿，抄写了一份定名为《创建新中国的社会学——当前社会学研究中应重视的几个问题》。

8月31日　晴　新学期第一天上课。上午3节课由天津商院的林秉贤讲"社会心理学"。下午及晚上把《上海市社会学研究现状》一份调查报告抄写完毕，交有关同志传阅。

9月1日　晴　上午在图书馆看英语原版书，并到哲学系张老师处，将我系送南开的几本资料拿去。下午由纽约州立大学一教授开始讲"人类学"。课后与夏文信到天津人民出版社购买《"唯批"讲义》等书籍，由出版社邮寄回复旦。

9月2日　晴　上午社会心理学课，下午看英语原版书。晚，翻阅了一些社会心理学的资料书籍。

9月3日　晴　因英语课哪位教师上尚未定，故今天一天没课。上午看社会心理学方面的书，下午则看英语原版书。晚，校迎新生放电影《药》，故看之。

9月4日　晴　上午社会人类学课。下午阅读英语。晚看心理学分析有关书籍。

9月5日　晴　上午仍上人类学课。下午按计划阅读外语原版书，似乎顺利了一些。晚看电影《南昌起义》。

9月6日　晴　上下午均阅读"社会心理学"的书籍，将对象、范围、方法学等章节的内容进行了整理，对人的心理的生理基础部分进行了一部分预习。晚阅读一些发下的讲义等。

9月8日　晴　秋季开始晚又起风。上午三节人类学课。下午及晚上均看英语原版书。已将该书的第一章节"什么是社会学"看完。

9月9日　晴　上午社会学课。晚在图书馆看外语原版书。今开始看"社会心理学"有关书籍。

9月11日　晴　上午人类学课。下午专业班交流暑期社会调查工作情况及体会。我将上海几个人调查的情况及上海社会学研究现状大体谈了一下。晚在阅览室看英语。

9月12日　晴　上午人类学课讲完。下午2点半钟，费孝通教授前来我们专业班一起座谈，教育部季副司长也讲话。王康也同来。季、费主要讲了关于研究生班的问题。晚饭时，104寝室聚餐，共度中秋节。

9月14日　晴　上午两节社会心理学课后，由王康同志介绍美国社会学进展情况。午睡后，寻腐臭气寻找老鼠，因前几天附近寝室放了鼠药，鼠死于各处。在我们寝室与105室的夹墙洞中找出一只死老鼠（已开始腐烂），后则打扫，消毒之。

9月15日　晴　上午在阅读室看原版书（英语）。下午三点与周雪光一起到天津人民大学出版社购买了些书籍。并应余秀和杨清文同志的要求，向他们简单谈了有关上海社会学的一些情况。

9月16日　晴　上午3节社会学心理课介绍弗洛伊德理论。4点看"人脑结构"教育电视。晚看社会心理学有关书籍。

9月17日　上午河北大学李老师来讲"日本哲学和日本社会情况"。下午看英语原版书。晚则看社会心理学流派一书。其中好多论点似乎是列宁在《唯批》一书中早已批判过的，应重温列宁之著作。

9月20日　晴　上午看英语书籍。下午及晚上看社会心理学书，并对照课堂笔记，核对该教师讲课内容的书籍出处。

9月21日　晴　上午社会心理学课，下午开英语座谈会，有位教师来了解学生对英语课的要求。下午4点听南开外文系为该校部分教师和职工开设的"新概念教程"英语课，已上到第三册26课。

9月22日　晴　今天没课。上午预习英语《新概念教程》第27课。下午及晚上看原版书并将曹日昌的《普通心理学》上册看完。

9月24日　晴　上下午均看英语原版书及《普通心理学》下册。晚到报刊资料室翻阅部分杂志。昨天文汇报头版，由奚迪华写了我们班（复旦哲学系77级）"刻苦学习马列，热情宣传马列"的通讯。

9月26日　晴　上午听日本社会学情况介绍，下午听苏驼老师讲学习三中全会决议的重大意义。

9月28日　晴　上午心理学课，下午4点半在图书馆擦玻璃窗。收到林南教授本月13日从美国发出的信件及其他在上海、天津时拍的彩色照片，负责分发给各人。林南信中对复旦社会学系十分关切，因而下午把林南信及给我的照片先寄回家中，并嘱家里在10月5日寄往复旦哲学系金炳华处，同时我附了给金炳华老师一信。中午到杨心恒家，问及了寄给林南有关讲义。午睡后又将照片（林南拍的）交苏驼老师。

9月29日　晴　上午心理学课，收到卢汉龙来信一封。下午整理心理学课笔记，晚则写信给林南一封。

9月30日　晴　上午为寄林南之印刷件，分别到系里、校收发室、又到南开区八里台邮局，终于以先邮局邮寄，再到系里报销形式寄之。挂号寄上两本《社会学方法概论》里面附本人及边馥芹之信，邮费6元9角（若航空要17元）。据说不寄航空到美国要2个月左右，下午又补寄一封航空信（8角），让林南能及时得知信已收到。下午同时写了给卢汉龙信，并将有关社会学资料寄上。晚看电影《夺命钱》。

10月1日　晴　国庆三十二周年。与分校黄渭梁老师一起走访了有关人家，游了天津市区及公园。8点出发，先到晏昇东家，再到王玲家（她不在）。后到劝业场观看了天津节日市场情况，饭后在中国剧场看了电影《毕昇》，作为午后休息。后到王来华家，其也不在，则到宁园游玩。晚饭后，到边馥芹家一走，其公婆在，她又出去了。回到学校已八点多。与108室专业班同学一起打会儿牌后，则睡之。

10月4日　晴　上午开始上社会学流派课，由西德教授来上。下午及晚上复习社会学中有关的西方社会心理流派部分。

10月5日　晴　上午社会心理学课。下午英语听音。晚看些杂书，收家中及施志伟来信一封。

10月7日　晴　上午社会心理学课。下午听英语。晚则看些杂书，将复印资料整理之。

10月8日　晴　上午社会学流派课，午睡后办理学习费用问题。晚则开始看《西方现代哲学》一书。

10月9日　晴　上午社会学流派课。下午及晚上看《西方现代哲学》一书，并预习英语第十四课课文。

10月10日　晴　一天无课。上午看英语及有关书籍。下午听三中全会决议辅导报告。发出一信给复旦校人事处曹伟民老师，并将有关发票附之。晚看电影《伤逝》。

10月11日　晴　上午学习"社会学流派"上课笔记有关内容。下午洗澡洗衣服。晚在报刊室翻阅社科有关杂志。分校袁辑辉近在北京开会，今来南开看望其分校师生。

10月12日　晴　上午社会心理学课。下午看英语语法，并听英语课。晚看社会心理学书籍。

10月13日　晴　上午西德的博格讲"社会学流派"。下午及晚上复习英语，将《社会心理学》一书看完。

10月14日　晴　上午社会心理学课。傍晚听英语课。晚看社会心理学有关内容。

10月15日　晴　上午听博格讲马克思学说。下午与夏老师（南京公安学校的）一起到天津社科院听王辉讲社会学，一直到6点15分才回校。晚饭后随便翻阅柏欧的《工业文明的社会问题》一书（由费孝通译），并看了熊贝特的《资本主义、社会主义和民主主义》一书的部分章节。

10月16日　晴　上午博格讲课，下午由中科院情报所的佟庆才同志讲"苏联社会学"。晚则看"社会学（流派）"课堂笔记。

10月17日　阴有小雨　上午佟庆才讲"苏联社会学"。社会学概论的一书的英语原版书，今已复印好取回。同时拿去复印一本俄文的《应用社会学》。

10月19日　晴　上午王康同志（中国社科院社会所副所长）来专业班讲话，介绍了国内社会学的一些情况。下午午睡后，请郭申阳为我及黄渭梁在南开校园内拍照留影（一卷胶卷）。后去上英语课。晚看英语、《生育制度》等书。

10月20日　晴　上午"社会学流派"介绍课。下午由佟庆才讲苏联社会学。晚则预习英语。

10月21日　阴　昨晚有雨,气温下降。上午仍上"苏联社会学"介绍课,于今讲完。下午英语课。晚读"社会学流派"有关书籍。

10月23日　晴　上午有课,下午宣讲"决议"。

10月24日　晴　上午听了二节课。社会学方面论文交流会,参加听讲人甚少。下午社科院社会学所的党委书记吴承毅同志来专业班讲话,吴同志看来很有魄力,讲话号召力很强,是一位精明强干的领导(已60岁)。晚看电影《小城春秋》。

10月25日　晴　今一天理发、洗澡及洗衣服,换了冬装。晚到报刊室看文汇报、解放报。

10月27日　晴　上午社会学流派课。下午及晚上预习英语,并翻阅了李景汉的《实地社会调查方法》一书。韩广生上午课后讲,经苏、杨与教务处联系决定,南开发结业证书,而每人的毕业证书仍由派出学校发。下午又传闻,苏今去长途电话,得知对研究生班事,教育部有关司负责人不同意这么办,现尚在交涉之中,较为困难。

10月28日　晴　上午社会心理学课开始上"需要和谋略"一章。下午西德教授博格在留学生楼召集专业班全体同学叙谈相互,介绍个人之情况。4点仍听英语课,晚翻阅储安平所写《英人·法人·中国人》一书。

10月29日　晴　上午社会学流派课。下午专业英语课。明天要测验十一届六中全会决议,晚则将"决议"前三部分复习之。

10月30日　晴　上午社会学流派介绍课。下午听"决议"宣讲后,举行学习"决议"的考查。出了三道题:①决议为什么写建国前二十八年的历史回顾?②如何估计建国三十二年的伟大成就?③说明对私有制的改造必要性。晚听英语课。

10月31日　晴　今上午均看英语原版书《当代社会学理论》中的有关帕森斯之章节。晚看电影《绅士流浪者》。

11月2日　晴　晚起有大风,渐冷。上午社会心理学课,林秉贤教师讲,这门课要上到12月7日左右。下午及晚上均看外语。并去听了英语课(教师业余班)。

11月3日　晴　上午社会学流派课。下午预习外语。今起抄写河北大学一同学翻译的《社会学理论》(格·C·金洛克)草稿本,以供今后教学参考。

11月4日　晴　上午社会学流派介绍课。下午及晚上抄写《社会学理论》译稿，并看英语语法部分内容。

11月5日　晴　上午因博格教授病假，故不上课。下午及晚上上英语课，并抄《社会学理论》译稿。

11月6日　晴　收到工资汇款60.8元。中午取之，并寄回家10元。下午四点欢送西德教授博格茶话会。晚继续抄写《社会学理论》译稿。

11月8日　晴　晚又写一信给林南（内附郭申阳信），询问他明后年是否有可能到复旦讲授《社会学方法》课程。回校后，本人打算要求校方举办一期《社会方法论讲习班》，由林南来上海。给林南的信，明天寄出。小周从北京回来，带回社会学所借的《社会学理论》一书，明去联系复印事宜。

11月9日　晴　上午社会心理学。下午预习后去上英语课。晚与黄渭梁一起到李建设家中，黄向李之父亲（老西医）请教有关病情。

11月10日　晴　上午东北师范大学丁克全讲课。下午看《社会心理学》，晚将《社会心理学》译稿之上部分抄完。

11月11日　晴　上午社会心理学课，讲"态度"章节。下午英语预习后上课。晚看了社会心理学方面的书籍。

11月12日　晴　上午听丁克全教授讲"历史唯物主义和社会学"之课。下午及晚上看社会理论书籍，并翻阅人大复印资料"心理学"的1981年之资料。

11月13日　晴　上午看英语及社会心理学。下午听"决议"宣讲。晚到333室参加南开校学生会举办的"演讲比赛会"。

11月16日　晴　上午社会心理学课讲完。林秉贤老师布置了此次考试要求之章节。下午5点，与周雪光、宋林飞、黄渭梁一起到李建设家（住柊楼附近）看电视，中国女排获世界第三次女排国际比赛冠军，一直到8点多才回到校。

11月17日　晴　上下午去图书馆复习"社会心理学"中有关理论流派的部分。晚听"决议"宣讲，有关毛泽东思想的部分。

11月19日　晴　上午复习社会心理学。下午及晚上抄写《社会学理论》译稿之下本。

11月20日　晴　西德教授芭芭拉（中国名字为贺碧立）今天上午开始讲授"都市社会学"及"农村社会学"。下午看社会理论讲义。晚7点多与黄渭梁等一起到新兴影剧院看《风雪黄昏》电影。今中央台广播教育部有关77级分配的六条规定，其中提到今年分配由系专业向毕业生公布调配方案，由个人填写志愿。

11月21日　晴　今天不上课。一天在图书馆复习社会心理学（看有关讲义）。晚看电影《沙鸥》后，则抄《社会学理论》之译稿。

11月23日　晴　上午"都市社会学"课。下午英语课。晚复习社会心理学。

11月25日　阴　下小雪，路上已铺上白雪。下午社会心理学考试前答疑。送5本书到图书馆复印室，继续复印（各个学校的）。晚复习。

11月26日　晴　上午及下午均背社会心理学有关概念，并将几个理论流派整理一下。晚打了会扑克，并看书。

11月27日　晴　明天考试，今一天复习社会心理学。下午抽一小时与林征宇一起对了对要点。晚10点半睡。

11月28日　晴　今天下午"社会心理学"考试。6个名词解释，三个问答题（A、B组可选择）。其中有对精神分析理论实质之分析、米德的相互交往理论及社会从众行为分析等。自我感觉，考得还顺手，就是对"角色行为"之概念解释有所欠缺。晚看电影《风流千古》。

11月29日　晴　上午在阅览室看书。下午及晚上开始看李沛良的社会统计讲义，并继续抄《社会心理学》之翻译稿。

11月30日　晴　上午在阅览室复习英语。中午吃饭时遇林秉贤老师（心理学）讲本人考得可以。晚与黄渭梁一起到林老师家看了社会心理学考试成绩，本人考了96分。晚看足球赛电视。

12月2日　晴　上午阅览室看书，下午美国天主教大学教授李哲夫开始讲授社会统计学课。

12月3日　晴　下午社会统计学课。晚104寝室同学及夏老师和黄老师一起为郭申阳的朋友小任来天津玩之事而茶话叙谈。

12月4日　晴　下午上社会统计课。晚抄写《社会学理论》译稿。

12月5日　晴　上午与韩广生、王来华一起到南开校教务处及学生科问询有关情况。教务处对于在本月中旬发结业证书一事予以担保，但须苏驼向校正式讲明何时结业。下午李晓丽、折晓叶等来，又李友梅及林震宇来理装订教材并聊聊。晚抄《社会心理学》译稿。

12月6日　晴　上午在杨心恒家，托其将《社会心理学》一书还社会学所资料室。听说费孝通教授在本月20日又去江村调查，写一便信托杨老师带给费教授。晚将《社会学理论》译稿全部抄完。笔记借宣兆凯抄之。

12月7日　晴　下午听社会统计课。晚整理统计课时内容。

12月8日　晴　上午整理统计课课堂笔记（每人整理一部分，以集一册）。

下午听社会统计课。晚饭时，苏驼和宋林飞讲，杨心恒从北京来电，费孝通教授决定在本月 13 日来专业班参加结业典礼。（他还在开政协会，利用周末全体会议来津）。看来离津时间已不长。晚与黄渭梁一起到芭芭拉教授住处，相互熟悉一下情况，又去李哲夫教授处，谈谈社会统计问题，并互留了通信地址。

12 月 9 日　晴　上午将装订的复印件全部从加工场取回。下午仍听社会学统计课。晚整理了一下书籍。

12 月 10 日　晴　上午做社会统计课之作业。下午听社会统计课。晚将复印资料的账目清理了一下。并起草了一份给资料复印室的感谢信。

12 月 11 日　晴　上午社会统计课。下午做统计学题目。专业班结业鉴定工作开始，今发下表格，由每人先做自我鉴定，然后由小组、班委等讨论。晚初步考虑了个人之鉴定。

12 月 12 日　晴　上午最后一批资料，并将结账之清单与复印室商定，由各校自付款。下午小组讨论结业鉴定，在自我鉴定基础上签署小组讨论意见。晚看电影。

12 月 13 日　晴　上午做统计课习题。下午一点半在图书馆门口拍结业照。2 点在主楼 316 室召开"社会学专业班结业典礼"。费孝通教授、教育部一司司长及季啸风副司长、天津市委有关人员等均来参加了结业典礼。苏驼作专业班总结报告后，费孝通等讲话。南开党委书记张再旺最后讲了话。晚郭申阳乘坐 123 之快车回上海。

12 月 14 日　晴　上午社会学统计课。下午也如此。托夏文信老师购买的 3 张火车票已购回（123 次，我、周雪光及王建民）。下午课后，苏、杨来班级讲了研究生班前前后后及结业离校后有关要求。晚听天津医学院的陈钟舜老师讲 MMPI 个性调查表问题。

12 月 15 日　晴　下午到天津人民出版社向余秀等同志告别。继而到劝业场购买红枣等物。后到教务秘书处张景荫老师处领取了结业证书（包括成绩表）。晚专业班召开联欢会，先欢送贺碧立教授讲课完毕。然后，全班"欢送会"，大家互相发言庆贺，表示今后加强联系。专业班班委工作结束。今后之工作由"社会学专业班首届班友会"负责联系。苏、杨任名誉会长，韩广生任会长，边燕杰任秘书长，我担任上海大区之联络员。

12 月 16 日　晴　上午办理了退学生证、校徽、板凳等离校手续。中午王来华、黄渭梁约我到天津大学饭馆吃饭送行。下午把行李铺盖打妥，4 点随校方之卡车送车站行李房托运（33.4 元）。苏、杨等老师分别来寝室为我们送行。

临行时，把周雪光行李也托运。韩广生、李军、李友梅、张青等不少同志来送行。10点55分乘坐123次快车由天津出发。同行者有周雪光、王建民、边馥芹（她去江村作调查）。

南开社会学班情缘

王辉①

南开大学的社会学专业班,在高等教育史是从未有过的,是最独特的。它改变了我后半生的命运,留下了刻骨铭心的记忆。让我从头说起吧!

我的前半生是个地地道道的党政干部。1945年日本投降后,15岁的我参加党的地下工作,1947年参加了中共地下党。1948年担任天津市一中地下党支部书记,后调解放区中共中央华北局城工部。1949年1月天津解放,任南开区委办公室主任,后调市委办公厅,先后担任处长、副主任、主任。那时自己和家人都断定,今生今世离不开党政这个行当了。

真没料到,机会来了。1979年邓小平在"坚持四项基本原则"的讲话中提出对社会学"也要赶快补课"。社会学起源于欧洲,蓬勃发展在美国,创立阶段是19世纪30年代至19世纪末,至20世纪初传入中国。到1947年,全国已有22所高等院校设有社会学系、历史社会系、社会事业行政学系。1952年,我国高等院校在院系调整时,因社会学被视为"资产阶级学科",1957年"反右"时又受到了批判,因此,社会学专业被取消,而且在学术生活中亦消失了。邓小平同志的讲话如春回大地,给社会学带来了生机。胡乔木同志根据邓小平同志的指示精神,向费孝通等老一辈社会学家传达了恢复社会学的喜讯,由费孝通牵头,承担起恢复和重建中国社会学的重任。

费孝通等为恢复和重建社会学,采取了一系列措施。例如,筹建研究机构和社会学学会,在京举办暑期师资培训班,编写《社会学概论》,等等,其中最重要的一项是培养人才。在费孝通等人的倡导下,国家教育部和南开大学给予了积极支持,1981年社会学专业班在南开大学创办。从全国18所高等院校77届文科生中选拔了43名学生学习一年,授予社会学和原学科双学位,以应急需。除了正式生以外,还招收了14名旁听生。我就是其中之一。

---

① 王辉,1981年南开社会学专业班旁听学员,曾任天津社会科学院院长、中国社会学会副会长。

当时听到这个消息后,我感到非常兴奋。记得年轻时参加革命,就是源于对革命知识了解的渴望。社会学对我来说虽然陌生,但却深深地吸引了我,我怀着极大的兴趣要求参加这个专业班的学习,得到了批准。我当时要求参加这个专业班的学习,只是出于求知的欲望,而且正是这次参加学习的经历,竟成为我生命转轨的一个契机。

这个班的在职进修生年龄偏大一些,但大的也不过三十多岁,我是唯一年届半百的人,真有点不好意思。那些从外语系转来的学生,可以用流利的英语与外籍教师交谈,我当时却张不开口——就如同今日下舞场迈不开腿一样。听社会统计课,一连串的数学公式,我上高中学的那点数学,早还给老师了,而今听起来相当吃力,作习题时两眼直冒金星。生活总是苦乐相伴,苦是苦了一些,却催我奋进。

我参加学习遇到另一个困惑是社会角色的突变。我在办公厅供职时,乘车下基层,总有负责人接待。记得在 70 年代中后期,市委常委开会听取南开大学杨石先校长汇报时总是由我负责联系,杨石先校长还亲笔给我写过信,而今我作为一个普普通通的学生,蹬着破自行车上学,心里总有点若有所失。可是天天蹬自行车跑来跑去,逐渐也适应了。生活不论是顺遂还是坎坷,总是有得有失。得之淡然,失之泰然才好!后来想想,参加这次学习,得到的是知识,失掉的是"官架子"。

一、老师和挚友

社会学由于中断了二十多年,师资缺乏,当时主要是聘请外籍教授。社会学的两门主课,即社会学理论和社会学方法,聘请了两位美国一流的学者,他们是哥伦比亚大学教授彼得·布劳和著名的华裔美籍教授林南。

彼得·布劳教授曾担任过美国社会学会主席,是美国社会学理论的代表人物。他是德裔犹太人,已年过花甲,蓄着大胡子,真有点像马克思。他讲课深入浅出,给我们留下了深刻印象。在讲到马克思是社会学的奠基人之一时,他幽默地说,你们说马克思是你们的,不是,他是我们的,因为《资本论》主要是揭示了资本主义社会。他对当代社会学创始人、著名的法国社会学家杜尔克姆(Emile Darkheim)作了深入细致的讲解,尤其是对其经典著作《自杀论》,指出不仅应用了统计学的技术,而且对各种自杀现象作了不同于个体心理学的社会学的解释,使学生获益匪浅。他很客观地分析了社会学理论上的派别,而且在黑板上明确地写出了他自成一派……由于他有德国口音,加之嗓音嘶哑,临场翻译困难,换了两个翻译还难以适应需求,最后只好把南开大学外文系副教授钱建业请来才圆满解决。布劳夫人也给我们讲过一些专业课。我于90年代去美国杜克大学访问讲学时,最后一次见到年逾古稀的布劳教授,他已在哥伦比亚大学退休,随同妻子定居北卡州。那时他双腿已弯曲,可是还自己开车。布劳教授20世纪末故去。

林南教授当时在纽约州立大学奥本尼分校任教,后调杜克大学任教。他毕业于台湾东海大学外语系,到美国读社会学,获得博士学位。当时他四十多岁,是社会学方法的主讲人。他和布劳都是学期课教授。开课时他上来就在黑板上画了一个图,第一小圈是个人,第二圈是家庭,第三圈是非形式结构,第四圈是形式结构,第五圈是社会与文化。这样十分形象和直观地解释了社会学研究的范畴,非常通俗易懂。他讲普通话,经常与同学们交流。他在美中学术交流方面有很多贡献。1993年秋,经他提议,得到美国福特基金会资助,在天津召开了社会学方法国际研讨会,开得很成功。

除布劳、林南,还有其他5位外籍教授。一位是美籍华裔教授李哲夫,讲社会统计。在台湾读大学时他是学生物的,到美国留学读社会学,获得博士学位,后在美国天主教大学任教。在他之前,曾有一位财经学院的教授讲一般统计课,例如中数、众数、标准差等,我们学到了一些基本常识。林南授课也讲到不少统计分析的内容,如常态分布等等,李哲夫则专讲社会统计,写在黑板上的都是一个个数学公式的推导。第二位是德国的伯克教授,主讲组织社会学,主要是社会学理论。他对《资本论》很有研究,他和西方的学者都认为马克思是社会学的奠基人之一。在他的讲课提纲中有部分是专讲马克思的,据说有人曾向他建议:中国学生一般都学过马克思著作,可以少讲,他却不以为然。一次他在课堂提出一个观点问学生,这个观点在《资本论》中是怎么说的?好几位同学举手回答,他说都不对,继而举出了《资本论》是如何如何讲的。第三位是德国的年轻女教授贺碧丽,是讲社区研究的,包括城市社区和乡村社区。从几位外籍教授的学问功底来看,贺碧丽稍差一些。可是她年轻漂亮,性格开朗活泼,很讨男生的喜欢,愿意向她请教问题。记得在专业班结束时,她还拉着班里的学习委员边燕杰一起给大家表演交谊舞呢。第四位是纽约市立大学人类学教授帕斯特纳克。他以人类学的视角给我们讲课,听起来比较新颖。第五个是斯坦福大学英格尔斯教授。他是国际著名的研究社会现代化的问题专家,美国科学院院士。他就社会现代化问题专门讲过一段课。后来我曾专门邀请他来津访问，他在旧金山也接待过我。

这个班还有多位中文教师。首先是社会学概论课，除《社会学概论》主编费孝通，还有其他参与撰著者，他们是南开大学的杨心恒、中山大学的丘士杰、复旦大学的刘豪兴、上海大学的沈关宝、北京大学的夏学銮、人民大学的贾春增、武汉大学的周运清和新疆社会科学院的何炳济。他们大都是学哲学的，因是参与编写《社会学概论》，所以讲课时都重点讲了自己编写此书的内容，各有千秋，异彩纷呈。其次是马克思主义社会学，由中国社会科学院规划局局长陈道讲。他是延安时代参加革命的老理论工作者，他的教学方法十分独特，他要求同学们每人写一篇小文给他看，他看得很认真，加以评点，对欣赏的文章观点会加以赞扬。此外，还有一门社会心理学课，由财经学院的林秉贤承担，他口才好，资料丰富，颇受学生欢迎。

这个班还举办过专题讲座，每周一次。费孝通、雷洁琼、王康等著名学者亲自授课，另外还邀请国内知名学者十多人先后前来授课。学广而闻多，博采众长，这些讲座对学生们开阔眼界、充实头脑大有裨益。

这个班开办于恢复和创建中国社会学伊始，承担了培养新一代社会学师资和研究人员的特殊历史任务，教师精英集中，课时安排紧凑，传授知识量大，可以说是空前的。一年的课时等于正常情况下几年的专业课时安排。南开大学的领导对这个班十分重视，主要由苏驼、杨心恒两位老师负责。苏驼是南开大学哲学系总支部书记，工作细致、稳重，承担了专业班的组织领导工作。杨心恒与全国社会学界联系最多，实际上是天津与全国社会学界最早的牵线人。他从1979年中国社会学学会建立时，就主动赴京联系，先后拜访过王康、雷洁琼等人，还去过上海。专业班的开办还得到了国家教育部、中国社会科学院、中国社会学学会的大力支持。在费孝通的倡导下，王康、陈道二位功不可没，布劳、林南等著名教授都是王康到美国聘请的，王康主张起点要高，要聘请一流教授，这是极其重要的。国家教育部给以大力支持，在安排各大学选拔优秀生转入社会学专业班时做了许多有益的工作。南开大学办学人的努力，教育部等的积极支持，是这个专业班取得成功的基本保证。

当年的老师，有些和我的年龄相仿，而有许多都小于我，其中不少还成了我的挚友。例如南开大学的苏驼和杨心恒。苏驼长我两岁，我们有在解放前参加地下学运的类似经历，不同的是他早就弃政就学，后来从事学校党务工作，高校工作经验比较丰富。杨心恒小我一岁，可是他读过私塾，不仅国学基础扎实，专业知识更比我雄厚。我先写随笔，后来他也转向写随笔，我们成了无话不说的文友。我写的比他多，不过是发表在本地报书刊的"土特产"，而他却走出津门，有些文章发表在《人民日报》和香港《大公报》上。再如武汉大学社会学系的周运清，当时是年轻的教师。去年我和《天津老年时报》联合办"构控老龄和谐社会论坛"，向他求援，他很快赐稿。

在外籍教师中，林南、李哲夫都是我的挚友。当年天津社科院最早对外合作交流就是从林南开始的。我在访美讲学时，有三次受到林南的接待。他来津次数很多，记不清接待过多少次。2002年这个专业班庆祝办班20周年时，我与林南夫妇再次相聚。我向林教授提出，在《环球花语》杂志上写写他。他说写写他夫人蒲慕蓉吧，蒲女士欣然同意。蒲女士颇值得一书。蒲女士是位医生，当过纽约州政府心理卫生厅首席副厅长，退休后当兼职教授，也是社会活动家。我以《华裔女性的多彩人生》为题发表了一篇文章并附有几张照片。我和李哲夫的交往甚密，1992年我第二次去华盛顿，约定翌日去他所在的天主教大学，他竟向我提出，那天下午他有课，如果我不介意，让我替他给学生讲讲，我答应照办。后来他来津，我请他吃饭时，说起准备给中小企业家联谊合作访美报告时，他说想听听，我答应了他，我讲后还请他即席说了两句。若不是关系很深，他不会唐突提出让我替他讲课和听我作报告的。我们还是很好的酒友。一次杨心恒请李哲夫和我到他家喝酒，老友相聚，开怀畅饮，一晚上竟喝了两瓶白酒，创造了我们饮酒的最高记录。虽然哲夫比我和心恒都年轻，可是几年前竟驾鹤西去。我们得悉后不胜悲伤！

二、同学与忘年交

这个专业班从北京大学、人民大学、北京师范大学、复旦大学、复旦大学分校、武汉大学、华中工学院、云南大学、兰州大学、山东大学、中山大学、四川大学、南京大学、厦门大学、华东师范大学、吉林大学、湘潭大学和南开大学等18所高等学校中选拔了43名学员。他们来自哲学、经济、中文、英语、历史和政教等专业。男生28名，女生15名。各大学都把品学兼优的学生推荐来学社会学。因为他们是恢复高考后的第一届大学生，所以年龄差距比较大，小到21岁，大到34岁，大都有下乡插队的社会经历，思考问题比较成熟。布劳教授说，从这些学生提问题的理解能力来看，相当于研究生的水平。

这个班还招收了旁听生14人，多为在职人员，天津市有7人，其余来自北京、上海、南京、河北、黑龙江等地。

在 43 名正式生中，有南开大学本科生 12 人。南开大学原计划招 7 人，结果从报名的 30 人中经过考试和政审择优录取了 12 人，这也叫"近水楼台先得月"吧！来自北京大学西语系的阮丹青（留学美国后在美国教书，后应聘到香港浸会大学任教），其父是著名作家黄宗江。一次她给我来信："你和我父亲是同行（因我也写些散文、随笔，故把我也列入'作家'行列），你和我母亲是同志（其母是抗战时期参加革命的老干部）。"我读后笑了，她还没有写我和她是同学！这不是"角色错位"吗？不管怎么说，我和这些年轻同学是"忘年交"吧！

专业班不仅课程紧张，而且一些学生还承担了外籍教授讲课记录整理工作，编写了若干期"社会学教学参考资料"，十分刻苦勤奋。

这个班办得很成功，人才辈出。在 43 名学生中，出国留学的 18 人，在国内的 25 人。在出国的 18 人中，留在美国、加拿大社会学界的有 8 人。我国留学读社会学的不少，但真正留在社会学界的不多。美国康奈尔大学社会学教授倪伟德对我说过，他带的社会学博士生有的毕业后到餐馆工作，他心里十分难过。因为他的心血付诸东流了。有 8 个人留在学术界就很不容易了。他们虽在国外，可是对促进中美学术交流作出了贡献。

在国内的 25 人中，留在社会学界的有 19 人。这个比例也是很高的。旁听生大都留在国内，也大都没有离开学术界。

这个班为我国恢复和重建社会学发挥了重要作用。其中有些人已经成为学科带头人，成了社会学界的中流砥柱。如江苏省社会科学院院长宋林飞、北京大学教授王思斌、中山大学教授蔡禾等，他们都是全国社会科学规划组成员、中国社会学会副会长、博士生导师。宋林飞在入学前当过农村干部，理论和实践的根底较深。他曾担任过南京大学社会学系主任、副院长，培养了许多社会学学人，著述甚丰，是我国一流社会学家。王思斌也曾任北京大学社会学系主任，是我国社会学学科的带头人，也是一流社会学家。再如清华大学社会学教授孙立平，在过去上课时提问题较多，是个"怪才"。如今他早已脱颖而出，发表了关于我国"社会断裂"之学说，经常通过媒体发表政见，成了著名的"公共知识分子"。当年有的旁听生也是出类拔萃的。如上海的李友梅，记得当年她自谦地说自己是"四肢发达"（年幼时游泳拿过名次）。这个班结束后，她曾随同费孝通几次去江村调查，之后又赴法国留学，几年前就任上海大学副校长，是上海社会学界领头人之一。就以天津社会科学院来说，社会学研究主要靠专业班培养的人才支撑着。潘允康（旁听生）曾任 20 年的院社会学研究所所长，还担任了近两年的中国社会学会副会长。正式生王来华现担任院舆情研究所所长。周路（旁听生）曾任院法学研究所所长，对犯罪问题的研究颇有贡献，可惜在 2005 年去世。当时我写诗悼念他："与君相识四十年，犯罪研究君领先。孰料今日君先去，无限悲恸涌心田。"

留在美国从事社会学研究的人员中，有的成了大牌教授。周雪光、边燕杰就是其中的佼佼者，他们都已取得了终身教职。周雪光在入复旦大学国际政治系之前，到农村插过队，当过生产队长，对农村社会了解较深。他曾应聘到香港科技大学任教。他研究美国社会问题颇有造诣，这在华裔学者中是少见的。边燕杰原是南开大学哲学系的，在专业班担任学习委员。他和我交往甚密，在美国有深刻的求学、治学体验，为此我曾在《环球花雨》杂志上以《当洋教授的五部曲》为题记述了他的经历。在美国核心学术期刊上发表学术文章难度是很大的，周雪光和边燕杰却发表了多篇学术论文，足见他们学术功底的深厚。

"相识满天下，知心能几人？"我在专业班旁听一年，结交了好几个知心朋友，足以快慰人生！

三、三请费孝通

我从专业班结业后，调市政府办公厅任主任。如何把专业班学到的社会学知识运用到工作中去，成为我追求的重要目标。新官上任"三把火"，我上任后搞了三次大规模社会调查，并三次邀请费孝通先生来津。

1983 年，由市政府办公厅主持，市社科院社会学所参加，在天津市市区抽取了 1000 户样本，进行了首次千户居民问卷调查。在完成调查总结工作时，我专程赴京邀请费老莅会讲话，他欣然同意："很好，这对于行政管理很有意义。"他来津后，与李瑞环市长进行了亲切交谈。费老在我们举行的调查总结会作了专题报告，他指出："天津开展的千户调查，是中国社会学发展道路上很重要的一步。这一步的意义在于社会学开始和行政管理结合起来了，开始用信息系统来管理我们自己的社会了。"这项问卷调查坚持了 10 年之久，积累了大量资料，为开辟国际合作交流奠定了基础。

1983 年第四季度至 1984 年上半年，由市政府办公厅主持，市政法有关部门和市社科院社会学所参加，在天津市开展了犯罪问题调查，对全市全部在押犯 1300 人进行了问卷调查，并选择 500 名犯罪青少年同 500 名正常青少年进行对比研究。在这次调查的基础上，邀请外地专家参加，召开了犯罪问题学术研讨会。为此，我又第二次赴京邀请费老，他又欣然同意。费老在会上作了长篇讲话，不仅对犯罪问题进行了精辟的社会学分析，还特别鼓励天津社会学界的同志们："天津市上次举办的千户问卷调查和这次犯罪问题的调查，都是把社会学同实际工作结合，并作出了成绩。"他还鼓励市社科院社会学研究所和南开大学社会学系的同志们抓住机遇，开创社会学研究的新局面。当时根据这次调查，提出了社会治安综合治理的10项措施，被市有关部门所采纳。

1984年下半年，由市政府办公厅主持，与市社科院社会学所、市老龄委办公室合作采取抽样调查的方法，对1000名老人进行了调查。在此次调研的基础上，又召开了有外地学者参加的老龄问题研讨会。我赴京第三次邀请费老出席，他仍然同意。费老到会讲话，就老龄问题发表了精辟的见解，并且再次鼓励我们："从今日来讲，科学地处理市政问题，天津市带了头，我觉得这是一条正确的道路，是发展我们社会学的道路。"

四、鸣锣开道的角色

我在专业班结业后开展的几项大规模的社会调查，不仅受到国内社会学界的重视，也引起了国际社会学界的关注。1984年春，由美国科学院组织，以前社会学会主席罗西为首的社会学家、人类学家代表团来我国访问（林南也参加了）。当年我以天津市社会学会会长的兼职身份接待了这个代表团并一起座谈。座谈结束时，罗西向我提可否将户卷调查表带回参考，我同意了。他们回国后，通过林南向我发出正式邀请函，请我们出席1984年8月下旬在德州圣安东尼奥市举行的美国社会学年会，还安排我在会上就天津市千户居民户卷调查作一个专题讲演。按一般惯例，参加年会交纳会议费而且食宿费自理，这次则破例承担了我们的食宿费用，并邀请我们会后去纽约州立大学奥本尼分校、芝加哥大学、威恩州立大学访问讲学。那次是由市社科院社会学所的潘允康随同我去的。会上要求我的讲演最好用英文，于是我请南开大学外语系精通英语的一位教授译成英文。他译的很好，我读的也不错。一位美国教授听了我的发言后，我们竟成了好朋友。一次他问我："王先生，我很奇怪，那次你在年会上的演讲，英语那么好，怎么现在又退步了呢？"我说那次是英语教授翻译的好，我读的也不错。正是：当年演讲真不差，今天想来也潇洒！

罗西来我国访问后给美国科学院写了长篇报告，提到我的两个"第一次"，说我在中国第一次将社会学运用于市政工作，又是第一次被邀请出席美国社会学年会。事实上这是从 1949 年以来,美国第一次邀请大陆学者参加年会,从此他们每年都邀请大陆学者参加。

  天津市社科院社会学所于 1985 年与纽约州立大学社会会学系、1986 年与哥伦比亚大学社会学系建立了合作研究关系;我从 1990 年以后 4 次访问美国,一次访问加拿大,两次访问日本,一次访问韩国,与有关方面进行了更广泛地学术交流。这虽然始于千户居民户卷调查,但追本求源,还是源于南开大学的社会学专业班。

  2002 年,来自国内外的专业班校友相聚一堂,感慨万千。想想我这个年龄最大的校友,而今在社会学界已经边缘化了。我忝列为天津市社会学学会会长二十余年,任中国社会学学会副会长、全国社会科学规划组成员十余年,可扪心自问,我对社会学理论研究和学科建设究竟有什么贡献?哪一个理论观点是我提出来的?很惭愧地说,没有。前些年我在一次全国年会上说过,社会学人有三种角色:一种是社会学研究者,也就是社会学专业研究人员;一种是社会学教育工作者,也就是从事社会学教学的人员;一种是社会学普及工作者。不少社会学界同人都是集三种角色或集两种角色于一身,而我没有系统地进行过社会学研究,也没有在大学系统地开过课,只是为社会学鸣锣开道,敲敲边鼓,做了些推广工作。因此,我只是一个社会学普及工作者,为社会学做点摇旗呐喊的事情而已。

  1997 年我赴日本访问讲学,与一位曾任日本政府高级官员的教授相会,彼此甚为投机,我赋诗一首道:"宦海沉浮四十年,学海茫茫未着岸。东渡扶桑逢知己,名山修禊共攀援。"是啊,世事如棋,人海茫茫,人与人之间能够相遇相知,看似偶然,又是必然。冥冥之中,自有一种缘分。因为有缘,才成就了人世间的许多功名事业,圆满了许多爱情、婚姻、家庭,也缤纷了人际间的来来往往。人生何处不相逢,相逢就是缘分。人生在世,随缘而安。珍惜缘分,就是珍惜人情的美好。我永远珍惜在南开大学社会学班结下的情缘。

(本文曾发表在《天津文史资料》第 109 辑,2007 年第 1 期)

一生只做一件事
——我与社会学之缘

张友琴①

此生与社会学结缘,这是参加高考时未曾想过的。1977年底,在经历了3年上山下乡插队,6年工厂工作之后,我终于盼到了高考的恢复。1978年春季被录取到厦门大学哲学系。虽然文科并不是我的最爱,但哲学却是文科中我最喜欢的专业。

1980年底,学校选我去南开大学学习社会学。当时对社会学一头雾水的我,只知道自己学习成绩不错,被选中了,只知道这次要去北方学习,只知道以后要留校做社会调查(系领导说的)。1981年2月开学报到时,我只身坐了近50个小时的火车硬座千里迢迢到达天津,从火车站到达八里台时还不到早上8点,路上没什么人,在校门口向一位男士(他看起来比较成熟)问路,恰巧是我们社会学专修班的本校学员李建设,他操着一口天津话,热情地把我带到报到处。由此开始了我与社会学的缘之路。

此后安排的一系列活动今天已没有太多的记忆,但南开的学习生活却令我难以忘怀。记得开始的课程是由费孝通先生上的,他谈了社会学在中国的历史,也谈了他与几位社会学前辈访美的感想。印象最深的是,费老说要在他们这代人还健在的时候,赶紧抢救社会学。在此之前我没有读过费老的书,但曾听说过他的新婚妻子在他们进行田野调查时遇险身亡,心中对这位老人的敬佩之情油然而生。课后同学们都抱着非常虔诚、敬重的心情排队请费老题词,我也在此列。这个场景的相片连同开办社会学专业班的消息刊登在了1981年3月14日的《光明日报》上,让我的厦大小伙伴们猜测了一阵。

为了抢救社会学,教育部和中国社会学学会此前已经为全国重点大学抽选

---

① 张友琴,1981年南开社会学专业班学员,厦门大学公共事务学院社会学系教授、博士生导师。

的教师开办了一期暑期讲习班,并编写了第一本教材(油印的)。我们这个班是第一期在本科四年级的大学生中开办的社会学专修班,主要是要培养大学的社会学师资,因此,我们必须用一年的时间学完所有社会学的基础课和专业课。国家为此配备了最好的教师,这是我在以后的学习中不断感受到的。

有人说我们这一代是属于有使命感的一代,我自己也有同感。费老和前辈们的期待给了我们以极大的学习动力。一年的学习生活非常紧张,一周要上36节课,加上作业,我们几乎每天都学习到很晚,日日重复着宿舍—教室—图书馆的"三点一线"。直到外教来授课时,开始有同学到老师的住处坐坐,我是由此才开始接触国外的世界。当时不少同学(包括我在内)不太习惯与老外交流,因此,常去的地方主要是华裔老师的住处,比如林南教授的住处。这个现象让同来授课的美国哥伦比亚大学的彼得·布劳教授大为"妒忌",说以后他只帮助到他那里坐的学生去美国留学。

一年的学习让我们收获颇丰,明白了社会学的体系、理论与方法。我们在暑期也以社会学的方法开展调查。社会学以实证为基础的严谨的研究程序与过程对我的影响极大,奠定了我日后职业生涯中的治学基础。特别是我们一批来自哲学专业背景的同学,开始学习从宏观走向中观,从思辨走向理性。两种专业背景的结合对个人是很有益处的,宋林飞就是一个比较突出的代表,他在这一年就在学校的学报上发表了论文,让我们这些小字辈佩服得五体投地。

转眼毕业在即,从全国各重点大学挑选来南开学习的同学(一校只有一名)都面临一个新的选择——考研。我请示了厦大,系领导说要先回校,下一学年就要上社会学的课了。我想既然学校派我出来,我还得服从学校安排,考研暂时就不考虑了。结业前夕,在毕业典礼上,我记得最牢的是费老和教育部的领导要我们回去后要当"播种机",播下社会学的种子,让它扎根、开花、结果,要求大家不要仅把社会学当作"职业",更要当作"事业"。后来的事实证明,这一期的同学大都在社会学领域中发挥了重要的作用。

怀揣前辈满满的期待,我回到厦大。1982年2月,我开始了教师的职业生涯,此后的30年,我一直致力于社会学的教学、科研、学科建设。如果说当年学习哲学,让我待在"天上",那么学习社会学让我回归"地上",后来再开辟了社会工作的新领域,更是把自己扎根在坚实的土地上。回顾自己走过的社会学之路,感到欣慰的是自己用一生中最好的年华做成了一件事。一颗小小的种子在厦大扎根了,为厦门大学的社会学学科建设与发展贡献了力量:在自己任内重建了厦大的社会学系,建成了覆盖社会学本科、硕士、博士和社会工作本科、专业硕士的学科体系。在 2012 年 11 月退休时,我在心里对自己说:我没有辜负费老等社会学前辈的期望,我把社会学当作了自己的事业,也做成了这件事。

如今我已经退休,但仍在延续着我的社会学之缘。我希望用自己所学,为发展社会工作的实务工作再努把力。

怀念我的导师费孝通先生

王勋①

　　三十三年前的一九八一年,由著名社会学家费孝通教授建议并受教育部和中国社会科学院委托,南开大学举办了中华人民共和国成立后的第一期社会学专业班。该班学员共 43 名,是全国十八所高等院校从七七届学生中选拔出来的,学习期限一年,毕业后还要继续培养提高,以便从事社会学教学和研究工作。我十分有幸的成为其中的一员。专业班学习一年后,我又万分有幸的通过研究生考试,成了费老在"文革"以后的第一批四位研究生之一,在他的直接指导下从事对"江村"及中国社会变迁的研究。

　　三十三年后的今天,很高兴得知母校南开大学社会学系的同人们正在编写一本社会学系史集,主要是以早期学习的同学之回忆为主,记录同学们在南开学习及日后对中国社会学的贡献。我认为这是一项十分有意义的工作。作为校友和同人,我们都应该大力支持。

　　毫无疑问,费老是中国当代最重要的社会学家,对中国社会学的发展有着巨大的、无可比拟的影响。可以说,中国社会学之所以能在短短的三十五年中重建并取得长足的发展,离不开费老的辛勤培育和无微不至的关怀。

　　费老对中国社会学发展最重要的影响是他促使包括邓小平在内的党和国家领导人坚定了在二十世纪七十年代末在中国重建社会学的决心,彻底结束了近三十年社会学作为一门独立学科在国内消失的不正常状态。费老以他推动社会进步的胸怀和热情,独特的研究视角,与中国社会当时的社会情形十分合拍的研究范式和朴实无华而又深入浅出的文字,展示了社会学对社会管理、社会控制和社会发展的功能,从而奠定了在中国重建和发展社会学的必要基础。

　　费老在中国社会学的重建和发展过程中扮演了主要领导的角色。他的"五脏六腑"方略,为中国社会学的重建和发展绘制了蓝图。用费老自己的话说,

---

① 王勋,1981 年南开社会学专业班学员,1982 级南开社会学研究生班研究生,现任美国威斯康星大学帕克塞分校社会学教授。

所谓"五脏"是：（1）举办培训班和社会学系培养人才；（2）通过教材的发行推动学科的发展；（3）建立专门机构开展研究；（4）创办学会以促进专业人员的交流；（5）设立图书资料中心，专业刊物和出版机构。所谓"六腑"是指社会学系要开好六门基本课程包括社会学概论、社会学调查方法、社会学理论、社会心理学、经济社会学和比较社会学。

与中国社会学的重建和发展同步，费老一直关注着中国社会最重要的动向和问题。他进行的一系列调查研究包括小城镇的建设、乡镇企业与农村发展、西部地区的开发、中国文化和全球文化的融合等，无一不与近年来中国社会变动的节拍相吻合。正是费老的引领，才使得中国社会学的重建和发展走在健康的和充满生机的大道上。

费老对社会学人才的培养十分重视。他于1981年在南开大学建立了第一个全国性的社会学本科生班。1982年又在南开大学开办了全国第一个社会学研究生班。我不仅有幸成为南开本科生班和研究生班的学员，更重要的是我成了费老在"文革"以后的第一批四位入室弟子之一，在1982到1984年间，在他的直接指导下攻读硕士，从事对"江村"及中国社会变迁的研究。

在跟随费老学习的三年期间，先生的耳提面命，使我学到了许多非常难得和终生受用的东西。概括起来有这样几点。

第一，社会学家应该积极参与社会生活。费老一贯提倡学术研究的"经世致用"。他从不把学术研究看成知识分子的个人嗜好或是单纯的谋生手段。他认为知识分子在社会生活和社会进步中承担着义不容辞的使命。他不仅仅对积累和发展社会学知识有兴趣，更看重如何把社会学知识应用于现实生活。因此，费老总是在关注中国社会急剧变革中出现的最敏感的问题，总是希望用社会学知识解释问题的发生和提出解决问题的办法。他提出的发展小城镇和乡镇企业、开发西部地区和建立长江三角洲经济开发区等多项建议，先后被政府有关部门采纳。他为我们树立了"学以致用""知行合一"的典范。

第二，费老一再告诫我们，社会学家不要过分拘泥于传统的学科界限。尤其是在社会学重建的初期，这个问题至关重要。我记得我几次向他询问社会学的定义和学科的研究范围，他告诫我不要太在意社会学的定义，因为定义是主观决定的，而世界上的社会学定义不下几十种。它们各有侧重，但又都不完整。另外，他还告诫我社会是一个整体，不同的学科能够研究同样的社会问题。例如，小城镇的发展地理学家可以研究，经济学家可以研究，社会学家同样也应当研究。

第三，费老认为，社会学家应该站在社会改革的前沿，发现和研究重要的社会问题。为了做到这一点，社会学家不应该只坐在书斋里苦思冥想，要经常走出去，看看老百姓真实的生活，与现实世界保持密切的联系。我个人认为，费老的社会学是走出来的社会学。举一个简单例子，光是一个江村，费老就先后调查了十几次。据有关报道，近20年来，费老每年都用将近三分之一的时间在全国各地搞调查研究或参加学术活动。我几次回国路过北京想去看看他，都被告知，费老出去搞调查研究了。最后一次见到他是2002年的夏天，已经九十二岁高龄的费老，依然不辞辛劳，前来和我们一起参加南开大学社会学本科生班毕业二十周年的纪念活动和相关的学术讨论。

第四，费老在他长达七十多年的社会学研究生涯中，形成了他特有的研究范式。简单地说，首先，社会学研究必须以实地调查为基础，以提供解决社会问题的办法为导向。其次，尽管调查的目的可以是多元的，但主要的目的是为了大多数被调查者的利益，是为了社会的利益。再次，调查的方式，既要以"深挖洞"的形式进行定性分析，也要用"铺地毯"的形式进行定量分析。当然，费老更重视的还是定性分析，方式是以访谈为主并结合使用相应的统计资料。最后，费老认为具体的研究应该先要有宏观的把握，然后从微观入手，而研究的结论则应再上升到宏观层次。

第五，费老提倡的社会学是人民的社会学，社会学家不但需要跟他们的学术同伴交流，更要和普通民众交流。读过他的著作的人都有同样的感受，那就是他能以最平实的语言把社会学理论、方法和实践与普通民众沟通。

使我终生难忘的是费老的为人师表、虚怀若谷。当年我在他的指导下写硕士毕业论文时，费老不仅已是七十四岁的古稀老人，而且担当着众多的重要的社会职务，可是他仍然逐字逐句地修改我的论文，先后在上面做了144个批注和修改意见。更使我感动的是，他接受了我对他在中国家庭的类型学上的建议。在他的评语中，费老写道："在论家庭结构上，王勋对我的分类提出的批评是合理的。我正在研究这个问题，说过我们应重新考虑过去对大小核心、直系和主干家庭的概念，要从实际出发，看哪种概念最能解释中国的社会细胞。这篇论文在这方面突破了我两篇对家庭结构的文章的框框，也为我的'三论中国家庭结构'提供了很有益的启发。在家庭的赡养职能上能对我的'二论'作了追踪的观察，即对实行生产责任制后的变化和产生的新的问题做出了很有系统的续篇，希望能把这一部分写成一篇专论，可以单独发表。"时隔三十年，今天重读费老当年对我的鼓励和期待，依旧令我感慨万分，潸然泪下。

从费老身上，我看到了一位大师和哲人的风采。他的胸怀、思想、方法和实践，是我们受益无穷的精神财富。

在过去的三十年中，虽然没有取得什么显著成绩，但我还是试图努力追随着费老的脚步，从事社会学的学习、教学和研究工作的。回顾过去，发现我的学习和工作深深的受到了费老的影响。

第一，关注社会的现实的重大问题，试图站在社会改革和发展的前列。1983年我还在读研究生时，就在江村调查的基础上在《广东保险》杂志上发表了关于计划生育与农民养老问题的文章，呼吁建立农村养老保险制度。这不仅是做好计划生育的重要前提条件，更是开展计划生育后出现相关养老问题的解决方式之一。与此同时，1984年初我在《人文杂志》上发表了关于西北移民的文章，呼吁开发大西北。提出对这两个问题的进一步研究，应该说是在国内开了先河的。三十年过去，这些课题仍然具有重大的现实意义。1985年研究生毕业后我又在《社会学研究》上发表了"社会学应该站在改革的前列"的文章，呼吁社会学应该研究重大社会问题，成为显学，防止社会学变成于光远先生所说的"剩余科学"。1987年赴美国后我的研究兴趣主要在国有企业改革，中外合资企业的文化冲突和全球化几个大的方面。这些问题也都是近年来中国社会变动中的现实和重大问题。

第二，我的研究兴趣更注重应用社会学和公众社会学。虽然这类研究的文章大多不太适宜在所谓的以定量研究为主的顶级杂志上发表，但我认为这类研究对社会的贡献很大，更应该提倡。1987年出国前我就发表了相关文章，介绍美国的应用社会学。受美国社会学学会会长麦克·布洛维的影响，最近几年我在国内多所大学进行关于应用社会学和公众社会学的演讲，呼吁回复社会学的根本，希望社会学能够经世致用，能真正为中国社会的发展和进步把脉、诊断、开方。1996年我在富布赖特基金会的资助下，在中国人民大学开设了"美国企业的社会文化背景"专题讲习班。通过讲习班，我们不仅详细介绍了包括法律、思想等美国企业的社会文化背景，更重要的是我提出和传播了一个重要的社会学理念，即管理制度的建立离不开本土的文化。中国管理制度不能完全照搬美国的理论，而必须建立在中国文化的基础上。2001年，在美国国务院资助下，我邀请了包括国家发改委社会发展部部长丁宁宁，体改委研究会秘书长石晓敏，时任劳动和社会保障部培训就业司副司长、现任人力资源和社会保障部副部长的信长兴和清华大学校长助理，中国人民大学助理及北京大学医学院院长等在内的十二位与劳动就业相关的经济、就业、住房和医疗方面的政府官员和学者在美国进行为期一个月的学习和考察，详细了解如何在市场经济下全方位的对待和解决失业和再就业的问题，特别是通过介绍美国"一站式"劳动就业中心，第一次向国人介绍了"一站式"办公的理念。2014年1月，我又和武汉市江汉大学的同人们率先在国内建立了第一个社会组织发展研究中心，从事对社会组织的研究、孵化和培育工作。2014年6月，在中心同人共同努力下，我们在武汉市政府有史以来的第一批政府采购中中标，对武汉市的200家社会组织进行评估。

第三，在我的研究中运用各种研究方法而不只是局限于一种研究方法。我既用过在问卷调查基础上定量分析的研究方式，也用过访谈式方法收集资料的定性分析。由于中国社会学恢复草创阶段，曾经有一阶段一些同人盲目全盘接受美国的定量方法而忽视了传统的定性研究方式，甚至有人评判认为费老的研究方式缺乏科学性，过时了。以我之见，这是值得商榷的。科学研究的方法应该而且可以是多样化的，定量研究固然重要，但在研究一些刚刚出现的社会问题时，定性研究也是特别必要和行之有效的方法。而社会学的生命力恰恰是要研究这些最新出现的社会问题，因此这种方式是永远不会过时的。

第四，我非常赞同费老关于科学研究不要过分拘泥于传统的学科界限的观点。我从事的组织研究和中国研究本身就是跨学科的。我参与的研究及发表过的文章不少是超出了社会学领域的，其中包括管理学、政治学和教育学的杂志。值得一提的是2011年我和美国"研发百家奖"（又称世界发明的奥斯卡奖，应用科学诺贝尔奖）获得者——美国阿岗国家实验室的曾左韬博士合写的关于全球暖化对中国水资源和农业影响的文章在中国科学技术协会学术会刊《科技导报》上发表，并为《新华文摘》转摘。《科技导报》是中国科学技术协会学术会刊，1980年由诺贝尔奖获得者杨振宁博士倡议在美国创办，全世界发行，杨振宁博士、孟昭英院士、朱光亚院士先后任主编，现任社长、主编是中国科协副主席冯长根。《科技导报》以发表国内外科学和技术各学科专业原创性论文为主，同时刊登阶段性科研成果报告，报道国内外重大科技新闻，把努力办成中国的《SCIENCE》和《NATURE》作为奋斗目标。

第五，我的研究和工作兴趣是跨文化的、全球性的。2000年起我和两位美国同学创办了全球社会变迁研究网站，并在网站上发表了一系列关于全球变迁的研究报告。这些研究报告被不少研究领域的研究者引用，其中包括全球社会和经济变迁研究、不平等研究、宏观市场研究、性别和都市研究、组织变迁研究、资本主义研究、旅游学研究、经济发展、地区主义和政策研究、生活质量研究等。

2012年我和夏克漫、刘雅玲合写的《在全球开展社会学研究》一文,被收选到由剑桥大学出版社出版的《社会学导读三十篇》(*Thirty Readingsin Introductory Sociology*)一书中。这本书收集了三十篇社会学历史上著名的文章,其中作者包括社会学的创始人卡尔·马克思、弗里德里希·恩格斯、马克斯·韦伯、埃米尔·杜尔克海姆,现代著名社会学家怀特·密尔斯、W. E. B. 杜波伊斯、伊曼纽尔·沃勒斯坦、霍华德·贝克、麦克·布洛维等。本书作者中有五位先后担任过美国社会学学会的会长。

与此同时,我还长期和国内各大学进行交流,为研究生和本科生讲课,其中包括在中国人民大学讲授"美国企业的社会文化背景",南开大学讲授"美国企业人力资源管理",清华大学讲授"西方组织理论"。我还多次应邀在国内各知名大学开设讲座,其中包括:武汉大学、中山大学、上海财经大学、四川大学、上海大学、贵州大学、云南大学、新疆大学、重庆师范大学,并在多所大学担任过特聘教授或兼职教授。

2002年10月,作为芝加哥地区华侨领袖和优秀留学人员代表我受到中国国家主席江泽民亲切接见并合影。2009年4月我应国务委员刘延东特别邀请参加由15名华裔教授参加的在旧金山举行的国家中长期教育规划研讨会。2011年1月,我作为芝加哥地区华侨领袖和优秀留学人员代表受到中国国家主席胡锦涛亲切接见并合影。

最后我想用费老逝世时我寄给治丧委员会和费老家人的一副挽联来结束本文,并以此再一次表达我对费老的思念:

　　一介书生,一生富民,难显先师博大胸怀。
　　三年门生,三生有幸,不尽后学无限思念。

费孝通中国社会学重建战略思想以及对消费社会学的启示

彭华民[①]

作为南开社会学专业班的学生,特别是作为费孝通先生的学生,我撰写此文讨论费孝通先生重建中国社会学"五脏六腑"和"先有后好"的战略思想,回顾他的思想对我消费社会学研究的启示,以此方式表示对费孝通先生的纪念,以此方式记录南开社会学发展的一个侧面。

在费孝通先生的倡导和推动下,1980年教育部以"高教(一)字第104号"文件下达了教育部与中国社会科学院共同委托由南开大学举办社会学专业班的决定。教育部发文给全国重点大学,从三年级优秀学生中挑选社会学专业班的学生,最终从18所重点高校中选拔了43名学生到南开学习,其他院校和研究机构还派了一些旁听生。我当时是四川大学经济系的学生,由四川大学推荐到了南开社会学专业班学习,由此和社会学结缘三十年,打下了我从社会学视角研究消费的基础。南开社会学专业班同学在南开学习一年后,部分回到原来的学校开始教授社会学,而我和另外13位同学考上了南开大学哲学系社会学专业研究生(当时社会学专业还设在哲学系里),继续学习社会学。在南开社会学专业班和南开社会学研究生班学习的三年半时间里,费孝通先生给我们上过课,开过讲座,主持过讨论。他还请潘乃谷教授邀请雷洁琼、吴泽林、林耀华、袁方等许多老社会学家给我们讲课和开设讲座。一时间,大师们云集南开,莘莘学子受益匪浅。

费孝通先生在南开社会学班开班仪式上和给我们讲社会学概论课时,多次讲到中国社会学重建的"五脏六腑"说。他说他推动办南开社会学专业班就是这个思想的实践。费孝通先生认为重建一个学科在组织结构方面必须要有五个

---

① 彭华民,1981年南开社会学专业班学员,1982级南开社会学研究生班研究生,现任南京大学社会学院教授、博导,南京大学社会建设与社会工作研究院院长。

要件（五脏）：建立学会；建立研究机构；建立培养人才的社会学系；设立图书资料中心；出版社会学的专门刊物和出版机构。他形象地把社会学专业人才必须具备的基本知识结构概括为"六腑"：即要设置社会学概论、社会学调查方法、社会心理学、城乡社会学、比较社会学（社会人类学）和国外社会学理论等必修课①。鉴于当时中国学者缺乏严格的社会学训练，缺乏社会学研究资料，他提出了"先有后好"说，即先建设，在不断的建设中提高质量。这个原则不仅体现在南开社会学专业班的建设上，也体现在社会学的教材建设上。我在南开社会学专业班学习时，费孝通先生领导的《社会学概论》编写组正在编写《社会学概论》。我们当时用的就是这本教材的打印本。教材的编写者们先后来到南开给我们讲社会学概论课。他们有不同的学术背景，带来了不同的观点，在编写教材时有诸多争论和分歧。费孝通先生主张"先有后好"，敦促教材编写者们求同存异，共求发展，先建设尔后逐步提高质量。后来编写组在书名《社会学概论》后加上了"试讲本"三个字，交由天津人民出版社于1984年出版。该教材对中国社会学重建中的人才培养起到了相当大的积极作用。

  费孝通先生推动南开社会学专业班的建设，同时还支持南开大学培养社会学的研究生，以"先有后好"的方式实践他的"五脏六腑"说。改革开放后，中国大学教育实际上已经和国外大学教育脱节多年。国外大学制度化的研究生培养方法对中国来说是十分陌生的。例如，当时中国大学没有研究生开题制度。但我清楚记得费孝通先生来到南开，讲述他做研究写论文的经验，和我们讨论研究生论文的选题。另外，交换理论的代表人物布劳教授、现代化理论的代表人物英格尔斯教授等著名的西方社会家在南开大学访问讲学时都和我们一起讨论过论文的选题以及论文写作；苏驼先生、孔令智先生、杨心恒先生、傅正元先生等也多次和我们讨论论文。在大师们的引导下，我完成了硕士论文《论凡勃伦的炫耀消费思想》。论文答辩时，傅正元先生特别请来时任北京大学经济系教授的厉以宁先生担任我论文答辩委员会主任，他后来担任了北京大学光华管理学院院长。其精彩的点评以及对我的期望激励我继续从事有关消费的社会学研究，其厚积薄发的著作《消费经济学》（1984年人民出版社出版）对我消费

---

① 关于费孝通先生"六腑"的解释有不同的版本。北京大学潘乃谷老师回忆说，费孝通先生提出的"六腑"是"社会学概论、社会学调查方法、社会心理学、城乡社会学、比较社会学（社会人类学）和国外社会学理论"。南开大学苏驼教授回忆说"六腑"是"社会学理论、社会调查方法、西方社会学学说史、社会心理学、比较社会学、城乡社会学"。中国人民大学郑杭生教授回忆说"六腑"是"社会学概论、社会学调查方法、社会心理学、经济社会学、比较社会学和西方社会学理论"。这些不同可能来自费孝通先生在不同时期对"六腑"不同的解释，也可能是由于追述者的记忆造成的，有待进一步研究。

社会学研究有很大影响。这种跨学科的互动在今天看来是多么的难能可贵。

对消费社会学研究的兴趣，部分源于我成长的背景。我曾经在今天因为汶川地震后更有名的四川德阳孝感公社和平二队插队，担任生产队会计。那时德阳农村一年三季，但农民生活之贫困，经济之不发达，就连历史上最富饶的四川盆地也不能幸免。当时我最大的梦想就是上大学，而那时的大学受"文革"影响，实行推荐工农兵上大学制度。父亲曾经来到我插队的公社，亲自劝我放弃上大学的梦想。我到四川日报编辑部校对组工作后高考制度恢复，我考上了四川大学经济学系，成为踌躇满志、如饥似渴学习的77级本科生。插队时体验到的民生之苦难令我不断反省中国经济制度之弊端。由于插队经历和接受的政治经济学的严格训练，我形成了一个根深蒂固的观念：人们的经济行为是社会行为中最重要的组成部分。后来我转向了社会学，观察经济行为的视角变了，但对经济行为的关注没有变；再后来我转向社会福利与社会工作，对消费行为的研究兴趣也未改变。

费孝通先生的"五脏六腑"和"先有后好"说对我影响很大。我是一步一步地加深了对他中国社会学重建思想的理解。中国社会学重建初期，经济社会学和消费社会学资料都很缺乏，但培养社会学人才不能等，必须"先有"起来。我在1986年给南开大学83级（第一届）社会学本科生开设经济社会学课程，在1993年前后给南开本科生开设消费社会学课程。之后我开始构想和撰写《消费社会学》。1994年我访问美国明尼苏达大学社会学系一年，给美国学生讲授"中国人的生活方式"一课，同时收集了一些消费社会学资料，回国后完成了《消费社会学》书稿，1996年由南开大学出版社出版。这本《消费社会学》是中国第一本消费社会学专著，它提出了消费社会学的体系，提出了从社会学视角分析消费行为的主要内容领域，后来获得了天津市社会科学成果优秀专著奖。后来我虽然把更多的时间和精力转向那些影响社会弱势群体消费和公民权利实现的社会问题，研究提升人类福利的公共消费问题，但还坚持在给本科生和研究生上消费社会学以及消费社会学研究课，努力把"后好"工作做好。

费孝通先生提出社会学重建要"先有后好"，我理解他强调"先有"必须和"后好"结合；"后好"就是要坚持研究，建立研究队伍，持续不断地深化中国问题研究。1985年我的论文《论凡勃伦的炫耀消费思想》发表（《社会调查与研究》第5期，《社会学研究》前身）。1994年我获得国家社会科学基金青年项目，研究中国青年的消费行为。除了给本科生开设消费社会学课程外，我还给研究生开设了消费社会学研究课程。2008年我接受景天魁研究员的邀请，筹备编写《消费社会学新论》的工作时，消费社会学"后好"工作进入了新的阶段。按照费孝通先生的观点，"后好"还包括培养研究团队。我非常希望能够培养年轻的老师来接消费社会学的班。非常荣幸地是，我邀请到了在日本获得博士学位的杨春华副教授和在中国社会科学院社会学系获得博士学位的王建光博士加盟消费社会学教学和研究工作，他们也是新书的撰写者。希望他们坚守消费社会学研究领域，深化消费社会学研究。

我深刻地认识到，费孝通先生的"先有后好"是重建中国社会学"五脏六腑"必经之路，"先有"就是要结合中国社会学急需发展的国情，因地制宜，不求洋求全，从现在做起，研究中国社会，走本土化的社会学发展道路。在费孝通先生的带领下，无论是南开社会学专业班的人才培养模式，还是南开社会学研究生班的人才培养模式，无论是《社会学概论》（试讲本）教材的编写，还是中国社会学会的建设，全部都体现了他这个重建中国社会学的战略思想。南开社会学发展历程是中国社会学重建三十年的发展历程的缩影，我从事消费社会学研究是这个缩影的一个侧面。有人认为向先哲致谢是一个俗套，但我十分愿意落入这个俗套。我衷心感谢费孝通先生对我的教育。我是在重建中国社会学过程中成长起来的。我做的一切完全是在费孝通先生"先有后好"和"五脏六腑"思想引领下前行的。那个一直保留着费孝通先生亲笔赠言笔记本的女学者，今天在这里告慰她的恩师，她在努力把"后好"的工作做得更好。

费老：永远的尊师

宋丁①

说起来我还是非常幸运的，当年赶上国家在"文革"后恢复社会学，把全国第一个社会学班放在南开，我顺理成章进入了这个后来被称为中国社会学"黄埔一期"的集体。更让我感到荣幸的是，正是由于上了这个班，使我有机会直接考入南开在全国最早举办的社会学研究生班，并且成为国内外一大批社会学泰斗人物的学生，例如，国外的默顿、皮特·布劳、英克尔斯，中国的费孝通、袁方等等。

然而，在这些重量级的教授中，我心目中最耀眼的一颗明星莫过于费老了。为什么？一是因为他在中国乃至国际学术界的崇高地位，二是因为他多年来立足于中国社会改革和发展的超强的实践精神，三是因为他在长期受到不公正待遇过程中表现出来的坦荡胸怀。这样的学者在我心中的地位是非常重要的，而我竟然要成为他的学生了，那种激动的心情真是难以用语言表达。

我当时选择了农村社会经济发展为研究方向，和其他三名同学一道成为费老的研究生。当时还没有认识到更多，现在想起来有多幸运，我竟然成为费老一生中最早亲自指导过的研究生！

其实，说费老是耀眼明星，是后来的影响了。在1982年到1984年我读研的那个年代，费老刚刚走出"文革"动乱的阴影，人朴素得难以想象，住在北京中央民族学院一户极为简单的教师宿舍里，我们因为做论文的关系，经常从天津坐火车到北京费老家，就在他家和他全家一起吃饭、聊天、谈学习，谈如何做论文。我们"仗着"是他的研究生的身份，常常在他的家里无所顾忌，大声说笑，大口吃饭，现在想起来，还真没个样子。但是，转念一想，后来的研究生哪一个有我们那样的机会和福分呢？那两年多中间，我们多次和费老无拘无束的交流、沟通，不仅让我在社会学的专业方面获得了极大的成长机会，更

---

① 宋丁，1981年南开社会学专业班学员，1982级南开社会学研究生班研究生，现任国家高端智库中国综合开发研究院旅游与地产研究中心主任、研究员，兼任中国城市经济专家委员会副主任。

重要的是，费老的精神价值观和人格魅力深深影响了我的思想和行为，以至于我一生的行动基调都是沿着费老当年给予我的谆谆教诲而展开的。

费老让我明白了一个人应该怎样生活，才能对得起他的国家和时代。记得1982年春天，费老来南开指导我们，他很风趣地用一口浓浓地苏州普通话对我说：我还有7块钱，我要好好用。看我有点听不懂什么意思，费老笑着说：我今年73岁，到80岁我就差不多了吧，按80岁计算，我还有7年，一年我算1块钱，我只有7块钱啦，当然要好好用！我听了心头一阵感动！毕竟是73岁的老人了，从"反右"到"文革"，二十多年里，对于一心想做好学问的费老来讲，浪费了多少时间！现在，该安享晚年了，却想的是如何把失去的时间补回来。而这个"补"，今天就是要给我们传授更多的宝贵知识和经验。我当时心里想，只有努力在费老的指导下，做出优异成绩，才能对得起费老的教诲和付出，也对得起国家和时代。

费老让我明白了社会学的根基就是学社会。费老作为中国学界的大才子，学富五车，著作可谓汗牛充栋，可是，费老最大的特征恰恰不是学究式的研究，而是把学问的根子深深扎在社会实践中去。从他当年写作《江村经济》，到后来对中国农村的长期研究，再到改革开放以后对小城镇的研究，都是坚持在社会第一线亲自考察后进行深入分析。1983年4月，我们正在江村进行硕士论文的实践调研，费老亲自到村里看望我们，听完我们的调研汇报，他语重心长地对我们说，一个小村庄就是一个小社会，要深入到农民家里，田间地头，要吃人家的饭，和人家一道下田插秧收割，你才能了解什么是农民，什么是乡村生活。好好学习社会，才能解读社会，造福社会。按照费老的要求，我们真的是一户一户跑，一人一人问，把整个江村折腾遍了，还跟着村民去田里割稻子，骄阳暴晒下的狼狈样子，至今还历历在目。这么多年了，费老的话一直在我心中回响，我的确是按照费老的教导去做的，我虽然仍在研究机构工作，但是，我的绝大部分时间是在社会实践中，立足于把理论深入落实到实践中去。我已经养成习惯，让我再去学院做一个纯粹的学者，我恐怕做不到了。

费老让我明白了什么是思维的创新。一次和费老聊天，谈到大学考试，他突然问道：如果让你们考学生，你怎么考？我说，不都是那些固定套路吗？费老笑了笑说：考试无非是激发学生的创造能力。我可以这样考试，就是让学生考老师。关于这门课的内容，让学生来问我问题。你提的问题我一下就答得很好了，要给你不及格了；我想了想才回答，你及格了；我想过了才回答，还答得很一般，你算不错的成绩了；我答得不是很好甚至答不出来，你的成绩肯定是优秀了。

　　费老的这个"倒考法"的确是个创新，尽管不一定都这么去做，但他透漏出一种清晰的思路，那就是，学习和工作一定要有创新精神，不能因循守旧、墨守成规，从学生时代起，就要培养一种创新思维和精神，并且要勇于把这种创新精神带到未来的工作中去。我现在的工作就是做项目策划，已经在全国31个省市区作了300多个城市发展和旅游地产项目，一直坚持创新突破，略有一点成就，这实在应该归功于费老当年的深刻教诲。

　　费老让我明白了面对错综复杂的社会，人要坦荡从容，笑对人生。一次去费老家讨论论文提纲，其间聊到社会关系问题，费老以自己为例说：你们看我这些年，"文革"中人家直呼我"费孝通"，"文革"结束后，我的名誉恢复了，我成了"老费"，现在社会地位和影响力又上去了，我又变成了"费老"，这就是社会关系的复杂性和实用性。不管你叫我什么，我就是我自己，这个人性、人格关要把住、把好。真是一堂生动的社会关系课！费老的学问从来都是这么生动和富有实践性，同时，这个分析更折射出费老高品位的人生价值观，深深启发了我。一个人的人生可能遭遇各种变故，应该从容应对，应该坚持原则，以不变应万变。

　　时间过得太快，转眼间，从南开社会学研究生班毕业已经30年了，而费老离开我们也已经将近10年了。每每回忆起和费老在一起的美好时光，我心中就有一种情愫在流淌，那是发自内心的感动，对一位充满智慧和亲和力的老人的深切怀念。可以说，无论30年前还是现在，无论在还是不在，费老都是我永远的尊师，一生不变，终生受用。

写于 2014 年 5 月 8 日·深圳

第五编

附录

附录1 南开社会学专业班和研究生班学员名单

1981年社会学专业班正式学员名单

姓名	本科学校	本科专业	入学年龄（1981）	工作单位（含曾经）	职务职称
王思斌	北京大学	哲学系	32	北京大学社会学系	教授，社会学系系主任，中国社会学会副会长，中国社会工作教育协会会长
王依依	北京大学	哲学系	29		
曹建民	北京大学	经济系	25		
孙立平	北京大学	中文系新闻	26	清华大学社会学系	教授
阮丹青	北京大学	西语系英语	23	香港浸会大学社会学系	教授
郭鲁晋	中国人民大学	哲学系	26	教育部、光大银行	
谢文	中国人民大学	哲学系	25	中公网、互联网实验室、和讯网、雅虎中国、一起网	CEO，总经理
任昕	中国人民大学	哲学系	25	加州州立大学萨克拉门托分校刑事司法学院	教授
林克雷	中国人民大学	哲学系	27	中国人民大学社会学系	教授，社会学系副主任
宣兆凯	北京师范大学	哲学系	34	北京师范大学哲学与社会学学院	教授
郭申阳	复旦大学	经济系	27	北卡罗来纳大学教堂山分校社会工作学院	教授
范伟达	复旦大学	哲学系	35	复旦大学社会学系	教授，系副主任，中国社会学会方法研究会会长
周雪光	复旦大学	国际政治系	23	杜克大学、香港科技大学、斯坦福大学	教授，香港科技大学商学院组织管理系系主任

续表

姓名	本科学校	本科专业	入学年龄（1981）	工作单位（含曾经）	职务职称
王勋	复旦大学分校	社会学系	25	威斯康辛大学帕克赛分校社会人类学系	教授
林征宇	复旦大学分校	社会学系	24	美国劳工部劳动统计局	高级研究员
蔡禾	武汉大学	哲学系	27	中山大学社会学与人类学院	教授，社会学与人类学院院长，中国社会学会副会长
江山河	武汉大学	哲学系	25	托莱多大学刑事司法学系	教授，刑事司法学系主任，华人社会犯罪学研究会会长
余艳菊	华中工学院	哲学系	24	美国联盟计算机服务公司	
严建	云南大学	哲学系	28	云南大学	
折晓叶	兰州大学	经济系	32	中国社科院社会学研究所	研究员，社会学研究所学术委员会委员
方明	山东大学	经济系	23	华润总公司资本运营部	
丘海雄	中山大学	经济系	27	中山大学社会学系	教授，珠三角改革发展研究院副院长
董遵圻	中山大学	哲学系	22	澳大利亚 Auscentury 公司	市场经理
梁向阳	中山大学	哲学系	25	中山大学社会学系	
李觉敏	中山大学	哲学系	24		
彭华民	四川大学	经济系	24	南京大学社会学院	教授，社会学院副院长
宋林飞	南京大学	哲学系	33	江苏社科院、南京大学社会学院	教授，中国社会学会会长，南京大学社会工程与管理学院院长
张友琴	厦门大学	哲学系	29	厦门大学公共事务学院社会学系	教授，中国社会工作教育协会副会长，中国社会学学会常务理事，厦门市老年学学会副会长

续表

姓名	本科学校	本科专业	入学年龄（1981）	工作单位（含曾经）	职务职称
王建民	华东师范大学	政教系	32		
李晓丽	吉林大学	哲学系	27		
周华	湘潭大学	哲学系	24		
李军	南开大学	哲学系	35	天津工商局	
边馥芹	南开大学	哲学系	32	美国纽约州卫生署	
白红光	南开大学	哲学系	29	南开大学社会学系	教授，社会学系系主任
边燕杰	南开大学	哲学系	27	美国明尼苏达大学、西安交通大学社会科学学院	教授，西安交大社会科学学院院长
宋丁	南开大学	哲学系	27	深圳综合开发研究院	旅游与地产研究中心主任
王颖	南开大学	哲学系	27	中国社科院社会学所	研究员，组织与社区研究室主任
韩广生	南开大学	历史系世界史	29		
马和建	南开大学	历史系世界史	27		
王来华	南开大学	经济系	24	天津社科院舆情研究所	研究员，舆情研究所所长，院首席研究专家
李建设	南开大学	中文系	29	天津理工大学管理学院	教授
王玲	南开大学	外文系英语	27	美国 AOL 公司	
何娟	南开大学	哲学系	28	天津大学管理系	教授

1981年南开社会学专业班非正式学员名单

姓名	原工作单位（1981）	后工作单位	职务职称
黄渭梁	复旦大学分校社会学系理论研究室	上海大学社会学系	教授，系副主任
张青	复旦大学分校社会学系	香港金融管理学院	教学研发部及学历学位部总监
李友梅	复旦大学分校社会学系	上海大学	教授，副校长，中国社会学会会长
李再龙	哈尔滨市社会科学研究所	哈尔滨市社会科学研究所	
金榜	河北大学哲学系	河北大学哲学系	
夏文信	江苏公安专科学校	江苏公安专科学校	教授
周路	天津社会科学院哲学所社会学研究室	天津社会科学院犯罪学研究中心	研究员，主任，中国青少年犯罪研究会副会长
潘允康	天津社会科学院哲学所社会学研究室	天津社会科学院社会学研究所	研究员，中国社会学会副会长
张雅芳	天津社会科学院哲学所社会学研究室		
史新社	天津市社会科学联合会		
王辉	天津市委政策研究室	天津社会科学院	研究员，院长，中国社会学会副会长
李胜利	天津市团委团校		
冯会民	天津市民政局		
徐世英	天津市公安学校		
宗力	南开大学哲学系	加拿大萨斯喀彻温大学社会学系	教授
杜岩	南开大学	中国社会调查所、中国市场调查所	所长
宋奇	南开大学哲学系	《理论与现代化》编辑部	主编

注：以上两表根据2016届北京大学社会学系硕士生张龙硕士论文《南开社会学班》附录A、B转录，部分信息进行了订正。

1982级南开社会学研究生班学员名单

学号	姓名	本科学校	本科院系
81116	王来华	南开大学	经济系
81117	宋丁	南开大学	哲学系
81118	边燕杰	南开大学	哲学系
81119	白红光	南开大学	哲学系
81121	梁向阳	中山大学	社会学系
81122	林征宇	复旦分校	社会学系
81123	折晓叶	兰州大学	经济系
81124	彭华民	四川大学	经济系
81125	周华	湘潭大学	哲学系
81126	余艳菊	华中工学院	哲学系
81127	方明	山东大学	经济系
81128	王勋	复旦分校	社会学系
81129	马和建	南开大学	历史系
81130	边馥芹	南开大学	哲学系

附录2　南开大学社会学系1983级本科生课程表

南开大学社会学系1983级本科生课程表

学年	学期	课程名称	学分	必修或选修课	备注
1983—1984	第一学期	中国近现代革命史	3	必修	
		科学社会主义	4	必修	
		外语	8	必修	
		高等数学	5	必修	
		体育	1	必修	
		共产主义思想品德课		必修	
	第二学期	外语	6	必修	
		中国近现代革命史	3	必修	
		哲学	6	必修	
		高等数学	5	必修	
		体育	1	必修	
1984—1985	第一学期	哲学	3	必修	
		社会学概论	4	必修	专业课
		外语	2	必修	
		体育	1	必修	
		概率统计	2	必修	
		线性代数	2	必修	
		普通心理学	3	选修	专业课
		伦理学	3	必修	
		形式逻辑	2	必修	
	第二学期	马克思主义社会学思想	3	必修	专业课
		统计学	4	必修	专业课
		社会心理学	3	必修	专业课
		计算机原理及其应用	2	必修	
		外语	4	必修	
		专业俄语	2	选修	
		体育	1	必修	
		外国社会思想史	2	选修	专业课
		外国社会思想史原著选读	2	选修	专业课
		新概念	2	选修	
		人口理论	2	必修	专业课

续表

学年	学期	课程名称	学分	必修或选修课	备注
1985—1986	第一学期	社区分析（农村）	2	必修	专业课
		政治经济学	4	必修	
		社会调查方法	3	必修	专业课
		中国社会思想史	2	选修	专业课
		组织社会学	2	选修	专业课
		家庭社会学	2	选修	专业课
		生态学	1	选修	
		美国家庭社会学	2	选修	专业课
		中国社会思想文选	2	选修	专业课
		法学概论	2	选修	
		生物学导论	2	选修	
		体育	1	选修	
		管理学	2	选修	
	第二学期	政治经济学	4	必修	
		科学逻辑	2	选修	
		体育	1	选修	
		专业外语	2	选修	专业课
		美学	2	选修	
		资本论	2	选修	
		现代外国哲学	2	选修	
		社区分析（城市）	2	必修	专业课
		社会问题	2	选修	专业课
		新概念英语	2	选修	
		专业俄语	2	选修	
		科学社会学	2	选修	专业课
		学年论文	2	必修	
1986—1987	第一学期	经济社会学	2	必修	专业课
		马克思主义调研思想概论	2	选修	专业课
		中国哲学史	4	选修	
		政治学概论	2	选修	
		社会学史	2	必修	专业课
	第二学期	社会调查	4	必修	专业课
		毕业论文	8	必修	

资料来源：《南开大学学生历年学习成绩总表》，1987 年 6 月 25 日，档案号：2-JX13-01-7581，南开大学档案馆藏。

附录3 南开大学社会学系教材建设（1983—1989）

1983—1989年南开大学社会学系教师编写书籍目录表

书　名	著者（编者）	出版社	出版时间
心理学	孔令智等	广西人民出版社	1983
社会学参考书目	苏驼、张向东、王处辉等	南开大学出版社	1984
社会学概论	杨心恒、宗力	群众出版社	1986
社会学概论	张乐宁、刘祖云、唐忠新	中央广播电视大学出版社	1986
社会学概论学习指导书	张乐宁、刘祖云、唐忠新	中央广播电视大学出版社	1987
社会学概论参考资料	张乐宁、刘祖云、唐忠新	中央广播电视大学出版社	1987
社会学方法初步	杨心恒	天津人民出版社	1986
现代认知心理学	乐国安	黑龙江人民出版社	1986
犯罪心理学	乐国安	中国人民公安大学出版社	1986
社会调查基础知识	苏驼等	湖南科技出版社	1987
社会心理学新编	孔令智等	辽宁人民出版社	1987
社会心理学导论	孙非、李振文	华中工学院出版社	1987
侦查心理学	乐国安	中国人民公安大学出版社	1987
证人心理学	乐国安	中国人民公安大学出版社	1987
社会心理学导论	孔令智等	天津人民出版社	1988
社会心理学概论	孔令智主编	天津人民出版社	1988
西方社会学思想进程	侯钧生	辽宁人民出版社	1988
多元化的社会行为与人际关系	关信平	工人出版社	1988
人际交往与社交新观念	张向东	南开大学出版社	1988
社会心理学词典	孙非、金榜	农村读物出版社	1988
军队法制心理学	乐国安等	广东人民出版社	1988

续表

书　名	著者（编者）	出版社	出版时间
社会心理学	乐国安、钟元俊	物资出版社	1988
社会调查研究方法	苏驼等	吉林人民出版社	1989
社会调查原理与方法	苏驼主编	湖北科学技术出版社	1989
城市居民生活方式	苏驼等	黑龙江人民出版社	1989
现代护理心理学	孔令智等	天津人民出版社	1989
思想政治工作心理学	孔令智等	天津人民出版社	1989
中国社会思想史（上）	王处辉	南开大学出版社	1989
社会调查与社会统计	杨心恒	人民出版社	1989
大众社会心理学	钟元俊	云南人民出版社	1988
论青年小群体	汪新建	解放军出版社	1989
社会学论文集	南开大学社会学系	云南人民出版社	1989

资料来源：国家教委高教司文科处编：《高校社会学在发展》，北京：高等教育出版社，1995 年，第 68-70 页。在此基础上，通过南开大学图书馆检索功能和网络搜集相关图书，可能有遗漏。

1983—1989 年南开大学社会学系教师翻译图书目录表

书　名	著者（编者）	译者	出版社	出版时间
应用社会学	（苏）达维丘克		南开大学出版社	1983
社会心理学	（苏）安德烈耶娃	南开大学社会学系	南开大学出版社	1984
辩证法与社会学	（苏）M. H. 鲁特朗维奇	南开大学社会学系资料室		
社会心理学	（美）巴克（K. W. Back）	孙非等	南开大学出版社	1984
经济社会学	（日）富永健一	杨栋梁等	南开大学出版社	1984
科学技术史	（荷）R. J. 弗伯斯，E. J. 狄克斯特霍伊斯	刘珺珺等	求实出版社	1985
十七世纪英国的科学技术与社会	（美）罗伯特·默顿	吴忠等	四川人民出版社	1986
社会研究的方法论问题	（苏）科兹洛夫主编	曹静等	南开大学出版社	1986
妇女心理学	（美）珍妮特·希伯雷·海登，B. G. 罗森博格	范志强、周晓虹 译 孔令智 校	云南人民出版社	1986
科学的生命	（美）萨顿	刘珺珺	商务印书馆	1987
社会调查方法	（苏）	曹静等	南开大学出版社	1987
社会学理论	（美）约翰逊	南开大学社会学系	国际文化出版公司	1988
社会科学中的整体论思想	（美）D. C. 菲立普	吴忠等	宁夏人民出版社	1988
元科学导论	（英）约翰·齐曼	刘珺珺等	湖南人民出版社	1988
科学技术对社会生产效益的测定	（苏）C. N. 戈洛索夫斯基等	张大本 校	科学技术文献出版社	1988
管理心理学	（苏）B. M. 舍佩尔	韩进水	南开大学出版社	1988
工业社会心理学	（苏）库兹明，斯文齐茨基	曹静等	南开大学出版社	1988
权力与特权：社会分层理论	（美）格尔哈特·伦斯基	关信平等	浙江人民出版社	1988
社会生活中的交换与权力	（美）彼得·布劳	孙非、张黎勤	华夏出版社	1988

续表

书 名	著者（编者）	译者	出版社	出版时间
行为管理心理学	（美）未知	孔令智等	云南人民出版社	1988
越轨与控制	（美）艾伯特·K.科恩	张文宏、李文	云南人民出版社	1988
纵向人际关系	（日）中根千枝	王处辉、文成峰	云南人民出版社	1989
处理生命危机的艺术	（美）未知	汪新建	沈阳出版社	1989

资料来源：国家教委高教司文科处编：《高校社会学在发展》，北京：高等教育出版社，1995年，第68-70页。在此基础上，通过南开大学图书馆检索功能和网络搜集相关图书，可能有遗漏。

附录4 南开大学社会学系学术交流（1981—1989）

南开大学社会学系国内学者讲学统计表（1981—1989）

姓名	单位	姓名	单位
费孝通	中国社会科学院社会学研究所	戴世光	中国人民大学统计系
雷洁琼	北京大学国家政治系	全慰天	中国人民大学经济系
王康	中国社会科学院社会学研究所	陈道	中国社会科学院规划局
袁方	北京大学	林耀华	中央民族学院民族研究所
吴泽霖	中央民族学院	李有义	中国社会科学院研究生院民族学系
何肇发	中山大学社会学系	赵凤岐	中国社会科学院
徐经泽	山东大学	熊子云	中国人民大学马克思主义研究所
马句	北京市委党校	贾春增	中国人民大学
项子纲	同济大学管理学系	陶正熠	天津经济干部管理学院
李宪如	河北大学哲学系	陈钟舜	天津医学院精神医学教研室
吕万和	天津社会科学院日本研究所	邱世杰	中山大学
佟庆才	中国社会科学院情报所	周运清	武汉大学
丁克全	东北师范大学政治系	何炳济	新疆社会科学院
韩明谟	北京大学	夏学銮	北京大学
沈关宝	复旦大学分校	刘豪兴	复旦大学分校
李梦白	中国城乡建设环境保护部政策研究室	刘儒	天津财经学院
吴江霖	广州师范学院	林传鼎	北京师范学院
伍棠棣	教育部教科所	赵璧如	中国社会科学院哲学研究所
李沂	中国科学院心理学研究所	孙晔	中国科学院心理学研究所
汪青	北京大学心理学系	徐联仓	中国科学院心理学研究所
何钟秀	天津市科委	郑日昌	北京师范大学心理学系
沈德灿	北京大学心理学系	张世富	昆明师范学院
孟庆茂	北京师范大学心理学系	段淑贞	中国科学院心理学研究所
罗大华	中国政法大学	张世臣	北京师范学院
朱传一	中国社会科学院美国研究所	刘恩久	南京师范大学
郑杭生	中国人民大学	何建章	中国社会科学院社会学所
陆学艺	中国社会科学院社会学所		

注：1987—1989年人数略有缺失。

资料来源：张龙：《社会学"南开班"（1981—1982）》，北京大学2016年硕士学位论文；南开大学：《关于南开大学举办社会心理学助教进修班的报告》，南报字[1984]70号，1984年5月5日，档案号：2-DZ-06-76，南开大学档案馆藏；南开大学：《关于社会心理学教师进修班改为助教进修班的请示报告》，南报字[1984]55号，1985年4月12日，档案号：2-DZ-10-821-6，南开大学档案馆藏。

南开大学社会学系外籍学者长期讲学统计表（1981—1989）

时期	外籍教授	开设课程	学校
社会学专业班（1981.2—1981.12）	彼得·布劳（Peter M. Blau）	社会学理论	美国哥伦比亚大学社会学系
	林南	社会学调查方法	美国纽约州立大学奥本尼分校社会学系
	李哲夫	社会统计学	美国天主教大学社会学系
	芭芭拉·贺萨（Barbara Hazard 中文名贺碧丽）	社区研究	西德自由柏林大学社会学系
	伯格（Johannes Berger）	组织社会学	西德比勒菲尔德大学社会学系
社会学研究生班（1982.2—1984.7）	亚里克斯·英格尔斯（Alex Inkeles）	社会现代化与社会规划理论	美国斯坦福大学社会学系
	林南	社会调查研究方法	美国纽约州立大学奥本尼分校社会学系
社会心理学教师进修班（1983.9—1984.7）	达克斯	实验心理学	荷兰
社会学博士班（1986.6—1989.3）	约翰·罗根（John Logan）	社会统计与方法（I）	美国纽约州立大学奥本尼分校社会学系
	福斯特（Foster）	社会学理论（I）	美国纽约州立大学奥本尼分校社会学系
	瑞克特（Maurice Richter）	社会分层	美国纽约州立大学奥本尼分校社会学系
	贺查理（Richard Hall）	劳动社会学 组织社会学	美国纽约州立大学奥本尼分校社会学系
	梅思乐（Steve Mecthel）	社会调查方法（II）	美国纽约州立大学奥本尼分校社会学系
	海斯（Advian Heyce）	社会学理论（II）	美国纽约州立大学奥本尼分校社会学系
	林南	社会调查方法（III）	美国纽约州立大学奥本尼分校社会学系
	特德斯科（Jame Tederchi）	社会心理学	美国纽约州立大学奥本尼分校

续表

时期	外籍教授	开设课程	学校
社会学博士班 （1986.6—1989）	菲尔逊 （Richard Felson）	社会心理学方法	美国纽约州立大学奥本尼分校
	李斯卡	越轨社会学	美国纽约州立大学奥本尼分校社会学系
	钱萍	法律社会学	美国纽约州立大学奥本尼分校社会学系

资料来源：张龙：《社会学"南开班"（1981—1982）》，北京大学 2016 年硕士学位论文；国家教委高教司文科处编：《高校社会学在发展》，北京：高等教育出版社，1995 年；苏驼与林南来往的信件；南开大学校刊《南开大学》的新闻报道等。

南开大学社会学系外籍学者中期讲学情况统计表（1981—1989）

外籍教授	教授课程	学校	时间
富永健一	经济社会学（2次） 日本社会结构变迁 社会现代化理论	日本东京大学	1984、1987、1989
安德森	犯罪社会学	加拿大里加纳大学	
雅各布斯	社会文化人类学 符号认知人类学	美国西密执根大学	1987
尼斯曼	美国和拉美农村发展	美国南佛罗里达大学	
波普	政治社会学 社会组织	美国印第安纳大学	
下田直春	社会学理论和方法	日本立教大学	
唐诺休	农村社会学	美国明尼苏达大学	
波波维奇	马克思主义社会学	南斯拉夫贝尔格莱德大学	1984
蔡文辉	社会学理论	美国印第安纳大学	1985
	社会心理学	荷兰	
	社会结构	波兰	
	定性分析的社会学方法	美国	
Rowena Feng	教育社会学	美国	1989

资料来源：国家教委高教司文科处编：《高校社会学在发展》，北京：高等教育出版社，1995年；南开大学大事记；等。

南开大学社会学系外籍学者讲座统计表（1981—1989）

外籍教授	学校或学系	时间	备注
玛格丽特·惠勒	美国纽约州立大学	1981.3	演讲主题：美国社会分层
Burton Pasternak	美国纽约州立大学	1981.9	人类学
英格尔斯	美国斯坦福大学	1981	演讲主题：社会现代化
张晓之	美国衣阿华州立大学社会学系	1982.8	教授
梅介文	美国	1983.1	教授
布朗	澳大利亚新南威尔士大学	1983.1	
彼得·布劳	美国哥伦比亚大学社会学系	1983 1987	1973—1974年度 美国社会学协会主席
卡罗尔·A.史密斯	美国杜克大学	1984	人类学教授 演讲主题：分析发展中国家城市系统的一种方法
爱丽丝·罗西	马萨诸塞大学 社会和人口研究所	1984.2	1984—1985年度 美国社会学协会主席
木野	日本爱知大学	1984.9	演讲主题：我所了解的社会学
凯·T.埃尔克森	美国	1984.10	1985—1986年度 美国社会学协会主席
罗伯特·H.索尔兹伯里	美国华盛顿大学	1984.10	政治学教授
杰拉尔德·E.克朗兰	美国衣阿华州立大学社会学系	1984.11	社会学系系主任
张晓之	美国衣阿华州立大学社会学系	1984.11	
格林伯	美国西密执安大学 国际教育学院	1985.5	院长
曼德尔夫人	美国宾夕法尼亚大学	1986.1	
扎奈斯基	波兰华沙大学 社会学系与社会学研究所	1986春	演讲主题：波兰社会学的发展
梁浙西（Jersey Liang）	美国密歇根大学	1986.5	老年学研究中心主任
Richard Adelman	美国密歇根大学	1986.5	老年学研究中心
查露西	美国加州大学洛杉矶分校	1986.5	环太地区研究中心主任 演讲主题：社会发展理论
古德夫妇	美国斯坦福大学社会学系	1986.5	演讲主题：社会控制问题

续表

外籍教授	学校	时间	备注
青井和夫	日本东京大学	1986	日本社会学访华代表团团长 日本社会学会会长
彼得·布劳	美国哥伦比亚大学	1987 夏	1973—1974 年度 美国社会学协会主席
李胜生	加拿大萨省大学	1986 冬	华人文化协会会长
英格尔斯	美国斯坦福大学	1987	
查露西	美国加州大学洛杉矶分校 环太地区研究中心	1988	客座教授
福武直		1989	日本社会学会前会长

资料来源：南开大学大事记；南开大学校刊《南开大学》；苏驼老师处收藏的信件。

附录5　南开社会学纪略

1921年　南开大学文理科社会科学门设置了社会学部，社会学部有三门课程：一是社会学初步（Outlines of Sociology）；二是社会来源及组织学（Social Origin and Institutions）；三是社会心理（同心理学类）（Social Psychology）。经济学部有社会心理学课程，商学专科第二年设置选修科目社会学。

1921年　美国人罗素（Russell）受聘南开大学，教授英文文学及社会学。

1922年　陶孟和在南开大学暑期学校开设教育社会学、社会学课程。同年，罗素（Russell）先生在南开大学举办过社会学班，并组织社会调查团，调查天津社会情况。

1923年　南开大学设立人类学系，李济博士担任人类学系系主任，讲授社会学和人类学课程，主持人类学系工作。

1925年　李济从南开大学离职，人类学系随之取消。

1925年3月　美国社会学家华尔德博士应青年会之邀来津，在南开大学演讲"工业制度与平民主义""舆论之能力与平民主义""试验期中之俄国"等。

1926年　南开大学哲学系汤用彤教授发表《气候与社会之影响》一文，从社会学角度专讲气候与人的行为的关系，受到好评。

1926年　南开学校设立社会视察委员会，聘任赵漠野先生为专任干事，负责策划。实施"社会视察"意在使学生到社会上去做实地的观察与研究，增加他们的生活经验和适应未来工作的知识，促进青年的"现代化"。大学部以所事较专，故命名为"社会调查委员会"，由各科教授视所学科目分类领导学生调查各问题。

1926—1929年　南开大学设置哲学社会学系，汤用彤和萧公权等都开设过社会学课程，文科诸教员合授社会学ABC课程。

1927年9月10日　南开大学经济研究所成立（当时称为社会经济研究委员会），何廉博士任主任。该所研究对象以本国经济为主，研究范围最初从社会经济重要问题开始，嗣后逐步扩大到"社会学的全部"。自创立到抗战以前，该所的研究工作大致分为三个阶段：第一阶段（1927—1931），工作范围偏重于天津物价调查、统计分析，编制物价指数，及有关城市工业问题；第二阶段（1931—

1935）。调查范围已经推及地方财政、经济地理、经济史诸方面，同时进行大学教材编著工作；第三阶段（1935—1937），研究范围由经济逐步扩大到一般社会问题。具体研究工作：经济问题方面、政治问题方面、社会问题方面。社会问题研究主要结合对经济、政治问题调查研究的地区与专题，进行经济因素、社会因素相互联系与影响的研究，并以河北省高阳县为重点，调查农业社会进入工业社会的原因，工业发展对农业社会的影响，以及城市与农村的差异等问题。1935 年，经济研究所还与清华大学、燕京大学、金陵大学、协和医学院联合组成"华北农村建设协进会"，以山东省济宁县为基地，进行农村建设的实验。

1930 年 南开大学文学院课程设置中，社会学和社会心理学是必修课程。

1933 年 《南开大学经济学院课程纲要》设置有社会调查方法课程，由吴颂先授课，三学分，每周两小时。本课程讲解社会调查之原理与方法，并作相当之实习，内容包括调查之方法、调查之准备、调查之进行、调查表格之审查与整理，同时研究各主要国政府之调查事业以为参考。

1934 年 社会学家陈序经受聘南开大学经济研究所，先后讲授社会学、乡村社会学等课程。陈序经借助经济研究所的力量开展工业发展对社会影响的研究，分别在河北省高阳县和广东省顺德县开展社会调查。

1942 年 南开大学边疆人文研究室成立，社会学家、人类学家陶云逵担任研究室主任，主持开展西南边疆社会研究。研究室以边疆人文为工作范围，以实地调查为途径，以协助推进边疆教育为目的，因时、因地，对滇边少数民族地区的社会经济、人文地理、语言与民俗开展调查研究，并出版刊物《语言人类学专刊》（乙集）三种、双月刊《边疆人文》四卷。

1943 年 陶云逵受聘南开大学历史人类学教授。

1980 年 4 月 1 日 杨心恒老师起草并向学校提交《关于建立社会学研究室的请示报告》，提出有必要在哲学系建立社会学研究室。滕维藻副校长对此报告做了批示，他认为基于目前的条件，应以先成立社会学研究组为宜，待条件成熟之后，再成立社会学教研室。哲学系随即成立了社会学研究组，由杨心恒负责。

1980 年 8 月 10 日 费孝通到南开大学，与滕维藻、郑天挺、王赣愚、吴廷璆、苏驼、李国骥、赵文芳等座谈，宣传社会学，并决定在南开大学开办社会学专业班。

1980 年 9 月份开始，南开大学哲学系安排七七级五十余名学生进行了为期六周的整理资料工作,其中社会学小组编写印出《社会学书目索引》。

1980 年下半年 南开大学哲学系 77 级开始社会调查课,22 名师生就民族资产阶级改造问题进行了为期 40 多天的典型调查。同学们分成 7 个调查组,分别就 7 个资本家进行典型剖析,写出了 7 份调查报告。

1980 年 10 月 7 日 南开大学向教育部提交《关于举办社会学专修班的请示报告》。

1980 年 10 月 18 日 哲学系给南开大学作《社会学学科发展情况》的汇报。

1980 年 12 月 15 日 南开大学向教育部提交《关于拟办社会学专业报告》。

1980 年 12 月 27 日 教育部批准南开大学建立社会学专业和举办社会学专业班。

1981 年 2 月 16 日 受教育部委托,南开大学与中国社会科学院社会学研究所联合举办的社会学专业班举行开学典礼,来自全国 18 所重点大学的 43 名 77 级学生成为专业班学员。南开社会学专业班是 1949 年以来我国重点综合大学开设的第一个社会学专业班。

1981 年 2 月至 6 月 天津配件公司援外办公室崔约翰(John T'sui)在社会学专业班讲授专业英语,教材为 1977 年美国出版的《社会学入门》一书的某些章节。

1981 年 2 月至 6 月 天津财经学院刘儒副教授在社会学专业班讲授社会经济统计学原理。

1981 年 2 月 24 日至 6 月 4 日 《社会学概论》(试讲本)编写组在社会学专业班讲授社会学概论。

1981 年 2 月 27 日 费孝通教授为社会学专业班介绍中国社会学的基本情况。

1981 年 2 月 28 日上午 费孝通教授为社会学专业班做了四个小时的报告。

1981 年 3 月 7 日 中国人民大学统计学家戴世光教授为社会学专业班讲统计与调查研究。

1981 年 3 月 12 日至 4 月 21 日 中国社会科学院理论规划局局长陈道在社会学专业班讲授马克思主义社会学。

1981 年 3 月 14 日 吴泽霖教授给社会学专业班介绍美国几位社会学奠基人的基本情况。

1981 年 3 月 21 日 中国人民大学全慰天教授给社会学专业班讲半殖民地

半封建社会分析。

1981年3月27日 由教育部主持、南开大学哲学系具体筹备的为期半个月的《社会学概论》初稿讨论会结束。

1981年3月30日至4月13日 中国人民大学马克思主义研究所熊子云同志在社会学专业班讲解马克思《1844年经济学哲学手稿》。

1981年3月31日 美国纽约州立大学人类学系玛格丽特·惠勒教授在社会学专业班做了题为"美国社会的分层"的专题讲座。

1981年3月 南开大学社会学专业班任课教师何炳济对专业班学生情况做了调查，并撰写了调查报告报送领导参阅。

1981年4月4日 中国社会科学院哲学所赵凤岐副研究员在社会学专业班讲授南斯拉夫哲学及社会学。

1981年4月6日 中国人民大学贾春增老师在社会学专业班讲授苏联、南斯拉夫等国社会学的发展情况。

1981年4月11日 中央民族学院林耀华教授在社会学专业班讲授新中国民族学发展的情况。

1981年4月18日 中央民族学院李有义教授在社会学专业班讲授人类学的发展现状。

1981年4月23日至24日 南开大学哲学和马列主义教研室张汉如老师在社会学专业班讲授关于人才学问题。

1981年4月25日 天津大学管理学系项子纲老师在专业班做了"国内外行为科学发展状况"的讲座。

1981年5月6日 中国社社会科学院社会学研究所副所长王康同志在社会学专业班讲话。

1981年5月9日 北京大学国际政治系袁方教授在社会学专业班讲授劳动就业问题。

1981年5月13日 北京大学国际政治系袁方教授在社会学专业班讲授中国人口问题及孙本文的《社会学原理》。

1981年5月16日 马克思列宁主义研究所马旬同志在社会学专业班做了题为"科学社会主义"的讲座。

1981年5月18日至6月15日 美国哥伦比亚大学和纽约州立大学奥本尼分校彼得·布劳（Peter Blau）教授在社会学专业班讲授社会学说史。

1981年5月18日至6月中下旬 美国纽约州立大学奥本尼分校林南教授

在社会学专业班讲授社会调查方法。

1981 年 5 月 23 日　北京市副市长、北大国际政治系雷洁琼教授在社会学专业班做了题为"社会学和社会问题"的讲座。

1981 年 6 月 5 日　南开大学外文系钱建业副教授在社会学专业班做了题为"怎样学好外语"的讲座。

1981 年 6 月 11 日　南开大学物理学资料室杨老师在社会学专业班做了"关于库恩《科学革命的结构》一书"的讲座。

1981 年暑假　南开社会学专业班学员进行暑期社会调查，分别就青年婚姻状况、城市劳动力就业问题进行了广泛的社会调查，写出了十二篇具有一定水平的调查报告。参加劳动就业问题调查小组的代表，还被邀请出席团中央、青少年研究所八月份在哈尔滨举行的青少年就业问题座谈会。

1981 年 8 月 31 日　天津商院林秉贤老师在社会学专业班讲授社会心理学。

1981 年 9 月 1 日至 8 日　美国纽约州立大学帕斯特奈克（Passternek）教授在社会学专业班讲授人类学。

1981 年 9 月 2 日至 10 月 14 日　南开大学经济学人口教研室李竞能副教授在社会学专业班讲授人口学。

1981 年 9 月 12 日　费孝通教授来社会学专业班座谈，教育部高教一司季啸风副司长发表讲话，中国社会科学院社会学研究所副所长王康同志随行前来。

1981 年 9 月 14 日　中国社会科学院社会学研究所副所长王康同志在社会学专业班做了题为"美国社会学简介"的讲座。

1981 年 9 月 17 日至 19 日　河北大学哲学系李宪如老师在社会学专业班讲授日本哲学和日本社会情况。

1981 年 9 月 26 日　天津社会科学院日本研究所吕万和老师在社会学专业班做了题为"日本概论"的讲座。

1981 年 10 月 4 日至 11 月 6 日　西德比勒菲尔德大学伯格（Johannes Berger）教授在社会学专业班讲授欧美社会学流派和组织社会学。

1981 年 10 月 12 日　南开大学向教育部上报关于举办社会学研究生班的报告。

1981 年 10 月 16 日至 21 日　中国社会科学院情报所佟庆才同志在社会学专业班讲授苏联社会学介绍。

1981 年 10 月 19 日　中国社会科学院社会学研究所副所长王康在社会学专业班讲话。

1981年10月24日下午 中国社会科学院社会学所党委书记吴承毅同志来社会学专业班讲话。

1981年11月12日 东北师范大学政治系丁克全教授在社会学专业班讲授历史唯物主义和社会学。

1981年11月18日至25日 陶正熠同志在社会学专业班讲授社会主义学说史。

1981年11月20日至12月11日 西德柏林自由大学芭芭拉·贺萨（Barbara Hazard）助理教授（中文名贺碧立）在社会学专业班讲授社区分析。

1981年12月2日至18日 美国华盛顿天主教大学李哲夫教授在社会学专业班讲授社会统计学。

1981年12月 南开社会学专业班"同学会"在南开大学成立，会员是南开大学社会学专业班学院43名学生，另外包括十几名进修、旁听生。成立同学会的目的是加强联系、互通情报、交换资料、团结一致，献身于祖国社会学事业。同学会设会长、副会长和秘书长，由会员选举产生，并聘请南开大学校长滕维藻为顾问，该会不定期编发《会员在各地》通讯。

1981年12月5日 南开大学向教育部提交《关于社会学专业班毕业生分配问题的请示报告》，请示南开大学社会学专业班毕业生的分配问题，希望教育部部分调整七七级分配方案，减少该专业班学生原在专业的分配名额，相应增加社会学专业毕业生分配名额。

1981年12月8日至10日 天津医学院精神医学教研室陈钟舜老师在社会学专业班讲授弗洛伊德及其精神分析学派。

1981年12月9日 南开大学向教育部补报社会学研究生班指导教师名单和来校指导时间。

1981年12月13日 南开社会学专业班在南开大学主楼316教室举行结业典礼，费孝通教授，教育部、市文委和学校有关负责同志参加了结业典礼。苏驼老师做专业班总结报告后，费孝通、张再旺等分别做了讲话。

1981年底 教育部批准南开大学哲学系举办社会学研究生班。

1982年 费孝通在南开大学会见美国社会学家巴博德和英格尔斯教授。

1982年2月 哲学系77级本科毕业生宗力、唐忠新、张乐宁、郭大水、薛荣昌、王玲留校任教，从事社会学专业的教学与行政工作。

1982年2月 南开大学哲学系社会学研究生班开学。

1982年2月10日 中共天津市委文教工作部经一九八二年二月三日部务

会议讨论,同意苏驼同志任南开大学哲学系主任,免去其哲学系党总支书记职务。

1982年2月19日 南开大学哲学系成立社会学教研室,杨心恒担任教研室负责人。

1982年春 南开大学社会学研究生班师生在南开大学第十一届科学讨论会上宣读了十二篇论文,讨论社会结构理论问题。

1982年3月至5月 南开社会学研究生班进行为期两个半月的社会调查。本次社会调查分为三组,分别是苏驼老师负责的"今日定县"调查(白红光、宋丁、余艳菊、王勋、马和建、林征宇)、杨心恒老师负责的武清县(今天津市武清区)农业生产责任制调查(边燕杰、周华、梁向阳)和何桂林老师负责的天津纺织行业"四班三运转"制度调查(王来华、方明、彭华民、边馥芹、折晓叶)。

1982年5月 中国社会学研究会在武汉召开中国社会学年会,南开大学社会学系苏驼担任中国社会学代表会议主席团成员、中国社会学会第一届理事会理事。

1982年6月7日 南开大学举行仪式正式聘请美籍华人学者、美国纽约州立大学奥本尼分校社会学系和大众传播系教授兼社会学系系主任林南为哲学系社会学客座教授。滕维藻校长及哲学系师生代表出席了聘任仪式。

1982年7月上旬 南开大学社会学系研究生班接待了美国坦普尔大学代表团的四位学者。接待工分为两个阶段。第一阶段是讲学,代表团的四位学者根据他们各自的专业进行了一周的讲学,讲学题目分别是:美国人类学发展状况、美国的家庭社会学、美国的妇女运动和社会地理学。第二阶段是座谈会,在第一周讲学的基础上,美国学者就家庭问题、妇女问题和性解放运动问题与研究生班的师生进行了座谈。

1982年7月16日 南开大学哲学系和社会学专业分开办公,苏永和任哲学系办公室副主任,分管社会学专业。

1982年7月 王处辉、侯钧生和杨栋梁到南开大学哲学系社会学专业任教。

1982年8月 美国衣阿华州立大学社会学系张奚之教授来南开大学交流讲学,苏驼等人接待。

1982年9月1日 南开大学党委会议同意设立南开大学社会学系,会议并研究决定了哲学系、社会学系中层干部的任免。

1982年9月 南开大学正式成立社会学系,苏驼同志任社会学系主任。

系下设社会学理论与方法、社会心理学、应用社会学、分支社会学 4 个教研室；社会心理学研究室、科学社会学研究室 2 个研究室。此外还有一个社会心理学实验室。主要研究社会学理论与方法、经济社会学、社会心理学等，并与河北大学合作，在定县设立调查基地，开展农村社区研究。

1982 年 10 月 《南开学报》编辑部副主任何桂林副教授调到社会学系，担任副系主任，并开始招收经济社会学方向硕士研究生，刘长春成为社会学系第一位硕士研究生。

1982 年 10 月 13 日 南开大学社会学系杨心恒老师赴美访学。10 月 15 日至 12 月 16 日，杨心恒分别访问了纽约州立大学奥本尼分校、华盛顿天主教大学、纽约哥伦比亚大学、俄亥俄州大学、芝加哥大学以及斯坦福大学。

1982 年 10 月 23 日 校长办公室发布《关于启用社会学系印章的通知》，经教育部批准，南开大学增设社会学系，从发文之日起启用该系印章。

1982 年 12 月 9 日 南开大学教务处长来系通知：本月 20 日左右文教部召开高等院校教务处负责人会议，高教司季啸风同志希望南大社会学系出示一个材料，谈通过办社会学专业班和研究生班培养师资的经验，要求在 12 月 18 日之前完成；12 月 18 日，社会学系提交《关于举办社会学专业班和研究生班的情况汇报》，汇报最终呈交给胡乔木同志。

1983 年 为了满足社会学教学、研究和学科建设的需要，向社会学者提供学术交流的平台，南开大学社会学系自筹经费，创办学术期刊《社会学与现代化》。

1983 年 美国著名社会学家彼得·布劳教授到社会学系交流讲学。

1983 年 1 月 5 日至 6 日 中国社会科学院李有义教授在社会学系讲学。

1983 年 1 月 10 日 美国梅介文教授来社会学系讲学。

1983 年 1 月 26 日 澳大利亚新南威尔士大学布朗教授来社会学系讲学，由滕维藻校长会见并宴请。

1983 年 3 月 5 日 经南开大学学术委员会投票表决，及校党委讨论决定，社会学系教师孔令智晋升副教授。1983 年 6 月 8 日，天津市文教委员会发文，经天津市高等院校教师晋升评审委员会评审，天津市文教委员会审查批准孔令智同志提升和确定为副教授。

1983 年 3 月 14 日至 4 月 21 日 美国斯坦福大学 A. 英格尔斯教授应邀到南开大学社会学系讲学六周，介绍西方有关现代化的理论。英格尔斯教授主要讲了四个题目：现代化的一般理论、研究社会现代化的经验和方法、因素分析法和《迈向现代化》一书的主要内容。讲学期间,滕维藻校长会见并宴请英格尔斯教授。

1983 年 3 月 21 日　南开大学向教育部计划司上报南开大学 1983 年各专业招生计划,社会学专业拟招生 30 人。

1983 年 5 月 4 日　《高教战线》编辑部给南开大学社会学系来信,约请社会学系负责同志结合专业班和研究生班的实际,写一篇关于社会学改革方面的文章。

1983 年 5 月　城乡建设环境保护部政策研究室副主任李梦白同志来社会学系做"社会学与我国城市发展问题""谈谈小城镇的建设与发展"专题报告。

1983 年　为了满足社会学教学、科研与普及的需要,南开大学社会学系与重庆出版社商定,编辑出版一套《社会学教学丛书》。1983 年 5 月 17 日,《社会学教学丛书》编委会举行首次会议,会议确定了丛书编写目的、指导思想、编委会成员、和计划出版书目等问题。

1983 年暑期　南开大学社会学系研究生边燕杰、周华参加中山大学社会学系 1983 年暑期学习班。

1983 年 9 月　受教育部委托,南开大学社会学系举办社会心理学教师进修班,为期一年。来自南京大学、中山大学、山东大学、社会科学院社会学所等 35 所大学、科研单位的 39 位教师、科研人员参与了学习。

1983 年 9 月　南开大学社会学系招收首届社会学专业本科生。社会学专业 83 级本科生计划招生 30 人,实际招生 30 人,总成绩平均分 501.6、最高分 555、最低分 445。录取平均分在文科中仅次于世界经济和经济管理专业,居第三名。

1983 年 9 月 17 日　南开大学发布通知,经学校教师晋升专业学科评审组评审,校领导小组讨论通过批准社会学系侯钧生、孙非、王处辉为讲师,自 1983 年 6 月 30 日算起,郭大水、薛荣昌、张乐宁、宗力、唐忠新为助教,自 1983 年 7 月 30 日算起。

1983 年 10 月 6 日　南开大学表彰 1983 年迎新工作先进集体和个人,社会学系苏永和、王素云、平章起被评为先进个人。

1983 年 11 月　美国纽约州立大学奥本尼分校林南教授来社会学系讲授社会学研究方法课程。

1983 年 12 月　南开大学党委批示成立社会学系党总支。

1983 年 12 月 10 日　社会学系向教务处、人事处提交关于建立社会心理学教研室的请示报告。

1983年12月14日 南开大学向教育部提交《关于落实八四年招生计划的报告》，社会学专业拟招本科生40人。

1983年12月24日 为纪念毛泽东诞辰90周年，天津市社会学学会和南开大学社会学系联合举办毛泽东调查研究思想讨论会，学会部分会员和南开大学社会学系部分师生共50多人参加讨论。

1984年 美国杜克大学人类学教授卡罗尔·A.史密斯来社会学系讲学，做了题为"分析发展中国家城市系统的一种方法"的报告。

1984年1月7日 南开大学社会学系建立社会心理学教研室，孔令智副教授任社会心理学教研室主任。同年，孔令智副教授开始招收社会心理学方向硕士研究生。

1984年1月18日 南开大学社会学系获得全国首批社会学专业硕士学位授予权。

1984年2月22日至25日 美国人类学、社会学代表团一行十人在团长马萨诸塞大学社会和人口研究所社会学教授罗西（Alices. Rossi）的率领下到南开大学参观并在社会学系做报告。林南教授是代表团成员之一。代表团成员都认为中国的社会学在天津最有生气、最有组织、也最年轻，对南开社会学系的研究也最有深刻印象。

1984年2月28日 社会学系党总支向南开大学组织部提交《关于建立健全我系党组织的意见》。

1984年3月3日 社会学系召开了寒假社会调查交流会。寒假期间，社会学系83级本科生回到全国各地的家乡，就各种社会问题学习进行社会调查，30名学生写出了三十余篇调查报告习作。这些文章涉及中年知识分子、农村文化、教育、婚姻状况、城镇住房和交通等四十余个社会问题，其中有的文章受到教师好评。

1984年3月6日 南开大学组织部研究决定，社会学系党总支委员会由唐德增、苏驼、平章起三位同志组成，唐德增同志任党总支副书记，苏驼、平章起同志任党总支委员。

1984年4月4日 南开大学向教育部研究生司提交《关于南开大学和广州师院联合举办社会心理学研究生班的请示报告》，拟与广州师范学院联合举办社会心理学研究生班。

1984年4月12日 南开大学向教育部干部局提交《关于社会心理学教师

进修班改为助教进修班的请示报告》，拟将正在举办的社会心理学教师进修班修改为社会心理学助教进修班，并延长半年时间。

1984年4月25日 南开大学党委组织部对社会学系党总支下属支部做出任命：唐忠新同志任教师党支部书记，宗力同志任教师支部副书记；唐德增同志任行政党支部书记；折晓叶同志任研究生党支部书记，杨继明同志任研究生党支部副书记。

1984年5月15日 南开大学向教育部干部局提交《关于南开大学举办社会心理学助教进修班的报告》，希望南开大学可以在社会心理学教师进修班的基础上，今年再办一期社会心理学助教进修班。

1984年5月16日 社会学系系主任苏驼同志担任南开大学第二届学位评定委员会委员。

1984年6月6日 社会学系孔令智副教授担任南开大学学术委员会委员。

1984年6月30日至7月5日 中国社会心理学会在南开大学举行社会心理学理论与教学问题座谈会。出席人员包括全国社会心理学教师进修班的学员40人、全国各地已经开设和准备开设社会心理学课程的院校教师以及有关科研单位研究人员共70人，涉及的单位有60多所高校和科研单位。中国社会心理学会会长陈元晖出席了会议，并就社会心理学中国化问题做了报告。与会者就社会心理学的对象、任务和方法，社会心理学教学应该包括的内容、应解决的问题以及怎样进行研究交流了经验与意见。进修班学员谈了一年来学习的体会、对未来教学内容的设想，以及在此期间所进行的各方面的调查研究。

1984年7月5日 南开大学第二届学位评定委员会社会学分委员会委员构成：苏驼、孔令智、何桂林、杨瑞森、刘珺珺、李竞能、唐德增，主席是苏驼，秘书是王处辉。

1984年7月7日 教育部同意南开大学试办第二学位班，社会学系社会学专业是十一个试办第二学士学位班的专业之一。

1984年7月7日 南开大学向教育部研究生司提交《关于南开大学申请一九八五年举办研究生班的报告》，其中申请社会学研究生班20人。

1984年8月 南开大学社会学系首届硕士研究生毕业。这届学生共14名，费孝通、张之毅、傅正元、何桂林、高平和吴泽霖六位指导老师，分别指导了他们的毕业论文写作。这届毕业的研究生，一部分分配到中央党校、南开大学和上海大学从事社会学专业教学工作，一部分分配到北京、天津、湖北和山西等地的科研机构担任社会学专业研究人员。

1984 年 9 月 社会学系 84 级本科生开学,计划招生 40 人,实际招生 40 人,总成绩平均分 517.8 分,最高分 557 分,最低分 485 分,平均分仅次于世界经济和经济管理专业,居第三名。

1984 年 9 月 南京师范大学刘恩久教授在南开大学社会学系开设心理学流派系列讲座。

1984 年 9 月 11 日 日本爱知大学木野教授来社会学系交流,并做了题为"我所了解的社会学"的主题演讲。

1984 年 9 月 12 日 天津市人民政府成立咨询委员会,南开大学社会学系系主任苏驼担任咨询委员会委员。

1984 年 9 月 26 日 南开大学向教育部提交《关于报送一九八五年教育事业计划的报告》,社会学专业本科生 1983 年实际招生 30 人,1984 年预计招生 40 人,1985 年计划招生 30 人。

1984 年 9 月 30 日 南开大学物理系黄伟生同志调入社会学系任党总支秘书。

1984 年 10 月 中美学术交流代表团成员、著名社会学家、美国社会学会候任长(1985—1986)凯·T.埃尔克森和华盛顿大学政治学教授罗伯特·H.索尔兹伯里来南开大学社会学系进行学术交流。

1984 年 10 月 11 日至 11 月 8 日 南斯拉夫著名社会学家贝尔格莱德大学教授 M.波波维奇来社会学系作了为期四周的讲学,总题目是"马克思主义社会学理论"。他讲了十六个方面的内容,主要有:阶级与阶层、经济基础和上层建筑、社会变迁的形式和原因、南斯拉夫阶层与阶级分类、南斯拉夫各阶层的生活方式、南斯拉夫自治以及南斯拉夫社会学的一般状况……。

1984 年 10 月 17 日 著名社会学家、南开大学社会学系兼职教授费孝通专程来南开大学社会学系会见 84 级研究生及本科生,并做了报告。费孝通教授充分肯定了南开大学社会学系的工作,他说:"南开大学社会学系是全国最早办的社会学系之一,在建立学科过程中做出了贡献。现在全国许多大学社会学教师是这里走出去的。今后,我们仍然寄希望于南开大学社会学系。"费孝通教授向同学们详细介绍了目前社会学研究的三大课题:小城镇建设、婚姻家庭和大西北建设。费孝通教授在报告中说:"南开历来就有个很好的风气,那就是注重社会调查。"他号召年轻人深入社会,通过调查,了解社会结构,了解社会变化。费孝通教授还专门谈了社会学的教材建设和人才培养问题,并表示愿意在有生之年为年轻人积累更多的一手资料,为造就大批社会学专门人才贡献力量。

1984 年 11 月初　美国衣阿华大学社会学系系主任杰拉尔德·E. 克朗兰教授、衣阿华大学社会学系张冕之教授到南开大学社会学系进行学术交流。

1984 年 11 月 1 日至 12 月 28 日　日本东京大学著名社会学家富永健一教授在南开大学社会学系讲授经济社会学，并被聘为社会学系客座教授。授课的主要内容有经济行动与社会行动、经济系统与社会系统、经济行动与集团组织、整个社会的阶层结构、后发社会的产业化与近代化等。在讲学期间，富永健一教授与社会学系师生进行了广泛的接触，并就某些问题进行了深入的探讨。他回国后，广泛宣传中国社会学的新发展，介绍南开社会学系的成长，努力唤起日本社会学界的关注，为促进中日社会学界的合作与交流进行积极的斡旋，表现了深切的友好情谊。

1984 年 11 月 25 日　南开大学党委组织部同意社会学系党总支的报告，刘祖云同志任研究生党支部书记，王处辉同志任教师党支部书记，边馥芹同志任教师党支部副书记。

1984 年 11 月　南开大学社会学系组织专家学者召开关于社会学研究对象的专题讨论会，欧阳马田、邓子强、江山河、郭大水、关信平、张乐宁、周登科、庞鸣、刘祖云等发表了观点。

1984 年 11 月　中国社会科学院社会学研究所和南开大学社会学系共同编制的《社会学参考书目》由南开大学出版社出版。

1984 年 12 月 13 日　南开大学发布社会学系学术委员会成员名单，主任是苏驼，委员是孔令智、乐国安、何桂林、唐德增，秘书是孔令智（兼）。

1985 年　南开大学社会学系教师苏驼、张向东、曹静被认定为副教授。

1985 年　《社会学与现代化》杂志改为季刊。

1985 年 1 月　林南教授在社会学系讲学，并计划 6 月至 7 月再到社会学系给研究生讲课。

1985 年 1 月 12 日　社会学系孔令智副教授被确定为南开大学博士生导师第三梯队成员。

1985 年 3 月　南开大学分校社会学系正式成立。该系办学宗旨是：为天津各级党政机关、群众团体、企事业等单位培养具有一定社会学理论知识和专业技能的调研人员、管理人才和社会工作者。

1985 年 3 月　南开大学社会学系举办社会学调查方法培训班。3 月 29 日，费孝通教授出席开班典礼，并在天津市委党校给社会调查方法培训班学员做了题为"谈社会调查"的报告。

1985 年 3 月 19 日 费孝通教授在南开大学主楼 303 教室与社会学系研究生进行座谈,主要谈社会学研究的两个课题:小城镇调查研究和西部开发问题。

1985 年 5 月 2 日至 8 日 美国西密执安大学国际教育学院院长林伯教授和文学院院长克拉克教授等来南开大学访问,在社会学系做学术演讲。

1985 年 5 月 29 日 中国社会科学院社会学研究所刘英在社会学系做了题为"婚姻家庭问题研究"的专题讲座。

1985 年 6 月 美国纽约州立大学奥本尼分校社会学系林南教授来南开大学社会学系讲学。

1985 年 6 月 11 至 15 日 由天津市社会学会发起并主持的我国第一个经济社会学研讨会在天津召开。中国社会科学院社会学所、北京大学、中央党校、南京大学、上海大学、南开大学、天津社科院、天津体改办等单位的同志应邀参加了会议。何建章和何桂林同志在会上做了重要讲话,强调了在当前开展经济社会学研究的主要意义,并提出了经济社会学应着重研究与我国经济体制改革有关的重大经济社会问题。

1985 年暑期 美国印第安纳大学社会学系蔡文辉教授来南开大学社会学系讲学交流,给研究生开设社会学概论课程,课余之时,学生经常与其讨论。

1985 年 9 月 应美国纽约州立大学奥本尼分校的邀请,社会学系系主任苏驼赴美商谈关于南开大学与奥本尼分校合办社会学高级班的问题,并进行讲学与访问活动,为期 3 个月。在美期间与奥本尼分校达成举办该班的若干条件。在奥本尼分校访问期间,与社会学系教授进行了广泛的接触,建立了联系。并了解了他们的课程设置、学生与学期制度、系务管理等基本情况。除此之外,以中国城市生活方式问题、中国农村的经济结构问题、农村富裕农民问题以及中国社会保障问题为核心进行了讲学活动。除奥本尼分校,还访问了底特律的密歇根大学社会学系、社会工作部和老年研究所,与老年研究所达成互换学者的口头协议,访问了芝加哥地区的芝加哥大学和伊利诺伊大学,在芝加哥大学拜会了芝加哥大学社会科学院院长、访问了社会学系和社会社区研究中心以及美国社会学顶级刊物社会学季刊编辑部,在伊利诺伊大学访问了亚洲研究中心。在哥伦比亚大学访问了著名社会学者布劳。

1985 年 10 月 19 日 南开大学向国家教育委员会研究生司提交《关于南开大学和美国纽约州立大学奥本尼分校合办博士生班的请示》,根据今年六月南开大学和纽约州立大学奥本尼分校合办社会学博士生班的协议,拟与美国纽约州立大学奥本尼分校合办社会学博士生班。

1985 年 12 月 31 日　第十六次校行政会议审议通过,在社会学系建立科学社会学与科学史研究室。

1985—1986 学年第一学期　中国著名心理学家、吉林大学车文博教授在社会学系开设"美国家庭社会学"课程。

1985 年　为了推动我国社会心理学的快速发展,南开大学社会学系与云南人民出版社商定,编辑出版一套《社会心理学》丛书,并成立《社会心理学》丛书编委会。中国社会心理学会会长陈元晖任总编,北京大学副教授沈德灿、南开大学副教授孔令智、云南人民出版社副总编辑程志芳三人任副总编。丛书包括:专著、译著、教材、工具书、普及读物。编委会负责组稿,拟定近期和长期选题计划,云南人民出版社负责出版。

1986 年 1 月　美国宾夕法尼亚大学曼德尔教授来南开大学社会学系讲学,并和学生们联欢。

1986 年 2 月 3 日　南开大学再次向国家教育委员会外事局提交《关于南开大学与美国纽约州立大学奥本尼分校合办社会学博士生班的请示》。

1986 年春　华沙大学社会学系与社会学研究所扎奈斯基教授来南开大学社会学系讲学,做了题为"波兰社会学的发展"的主题演讲。

1986 年 5 月 13 日至 15 日　美国密歇根大学老年学研究中心主任梁浙西(Jersey Liang)教授和 Richard Adelman 教授来南开大学访问,并就两校的校际交流问题进行了会谈。

1986 年 5 月 12 日至 17 日　美国加州大学洛杉矶分校环太地区研究中心主任查露西教授来南开大学访问,与南开大学社会学系师生进行了学术交流,做了题为"关于社会发展理论问题"的专题报告。

1986 年 5 月 16 日至 18 日　美国斯坦福大学社会学教授古德夫妇来南开大学社会学系访问,做了题为"关于社会控制问题"的专题报告。

1986 年 6 月　南开大学社会学系与美国纽约州立大学奥本尼分校社会学系联合举办的社会学博士班,这是国内第一个博士级的社会学高级人才培养班。来自国内七个单位的十三名硕士毕业生或相当于讲师的同志参加了学习。学员在国内学习三年,由美国派专家来南开大学讲授博士生课程,第四年选拔优秀学生赴美做博士论文,通过者由美方授予博士学位。6 月份开学以来,美方先后派四位教授来南开大学讲授"社会学理论""社会分层理论""社会统计""组织社会学"等课程。

1986 年 7 月初　由南开大学社会学系牵头组织的"社会角色和认知"研

究协作组正式成立。7月9日至12日，来自全国十多个单位的二十多位心理学工作者及研究生在南开大学召开了协作组成立暨规划会议。这种研究对于填补我国社会心理学的空白，建立具有我国特色的社会心理学体系具有重要的意义，对于理解当前存在的一些社会实际问题，更有效地开展社会宣传、教育工作，也具有应该价值。协作组组长为南开大学孔令智，副组长为南开大学乐国安和扬州师院黄煜烽，协作组制定了五年工作计划和近期工作安排。

1986年9月15日　南开大学出版社出版的社会学系教师孙非翻译的美国《社会心理学》一书，荣获全国"优秀畅销书"奖。

1986年10月18日　全国政协副主席、南开大学兼职教授费孝通先生到南开大学讲学。南开大学社会学系教师、研究生、本科生共200余人聆听了费先生的报告。费孝通先生就如何搞社会调查讲了自己的切身体会。他鼓励师生深入实践、深入社会，做好社会调查，为祖国现代化建设做贡献。费先生来校期间，同南开大学负责人及系主任苏驼同志就社会学学科的发展交换了意见。本次费孝通教授演讲的主题为《从"江村"到"温州模式"——小城镇研究的新进展》，整理后的全文，发表在《社会学与现代化》1987年第1期。

1986年10月27日　社会学系推荐的胡明同学，经教务处审核批准，成为本年度南开大学的12名优异生之一。

1986年11月19日　全国哲学社会科学规划领导小组决定，南开大学社会学系苏驼副教授在"七五"期间担任社会学学科规划小组成员，参与社会学学科国家重点项目的制定和落实等工作，并参与了全国哲学社会科学"七五"规划会议。

1986年12月4日　南开大学第十八次校长办公室会议决定，国际问题研究中心成立学术委员会和顾问委员会，社会学系吴忠副教授担任学术研究委员会委员。

1986年11月15日至20日　由中国科学院《自然辩证法通讯》杂志社主办的"科学社会学理论讨论会"在广州举行，南开大学社会学系有13名代表出席会议。这次会议标志着我国学术界开始了科学社会学的学科建设工作。

1986年11月24日至29日　天津市社会学会在天津召开"全国首届社会调查方法学术研讨会"，天津、北京、上海、湖北、云南等十一个省市60多人参加。

1986年冬　加拿大沙省华人文化协会会长李胜生教授来南开大学进行学术交流演讲。演讲主题分为两部分：（1）在学校的演讲：社会学入门、职业社会学、社会不平等、种族和民族关系、社会研究方法；(2)在社会学系演讲：加拿大的种族和阶级不平等、加拿大的华人、加拿大的农业妇女、田野调查中的方法论问题等。

1986 年 以清井和夫为团长的日本社会学访华代表团来南开大学访问，与社会学系师生座谈。

1986 年 南开大学社会学系成立《社会学与现代化》编辑部，曹静副教授任主编，《社会学与现代化》杂志报刊登记号改为天津市报刊登记证第 13 号。

1986 年《社会学与现代化》第 4 期刊登刘珺珺副教授在社会学系教工全体会议上题为《谈谈科学社会学》的发言。

1987 年 南开大学社会学系党总支秘书黄伟生兼任系办公室主任。

1987 年 南开大学社会学系设立社会学理论教研室、社会调查方法教研室，分别由杨心恒和苏驼担任教研室主任，统筹规划社会学理论和方法的教学与研究工作。

1987 年 3 月 美国人类学家雅各布斯教授来南开大学社会学系讲学，并与 86 级研究生合影。

1987 年 3 月 2 日 南开大学文科 38 项科研项目列入国家教委"七五"科研规划第一批重点项目，社会学系有两个项目入选。

1987 年 3 月 31 日 南开大学社会学系人事变动，任命吴忠为社会学系主任，任期三年，免去苏驼社会学系主任职务。

1987 年 4 月 10 日 南开大学社会学系教师白红光、边馥芹、彭华民被聘任为讲师，从 1986 年 12 月 30 日算起。

1987 年 4 月 10 日 南开大学社会学系教师关信平、周登科、李文、欧阳马田被聘为助教。

1987 年 4 月 20 日 社会学系苏驼副教授入选南开大学思想政治教育学科评议组成员。

1987 年 5 月 25 日 经南开大学教师职务评审委员会 1987 年 5 月 19 日审议通过，认定社会学系吴忠同志具有教授资格、乐国安同志具有副教授资格，任职日期从通过资格之日起开始。

1987 年夏 美国著名社会学家彼得·布劳教授在南开大学社会学系讲学，其间做了题为"我的宏观社会结构理论与实证性研究"的学术报告。

1987 年 6 月 26 日 南开大学社会学系资料室资料员韩进水被认定为学校图书资料系列专业技术中级职称馆员，自 1986 年 12 月 31 日算起。

1987 年 7 月 11 日　南开大学社会学系教师张乐宁、郭大水被认定具有讲师资格。

1987 年　日本著名社会学家富永健一访问南开大学社会学系,发表题为"中日近代化过程之比较"的主旨演讲。同时,富永健一作为南开大学的客座教授,为社会学系的研究生讲授经济社会学课程。

1987 年　美国著名社会学家英格尔斯教授来南开大学社会学系讲学,发表"论社会、组织机构和人的现代化——兼谈我对中国现代化的几点意见"的主题演讲。

1987 年　《社会学与现代化》编辑部开辟西方社会学理论专栏,特约在美国攻读社会学博士学位的中国留学生投稿,收集了一系列稿件,专栏旨在系统地介绍现代西方社会学理论,在选题上不受国内现有社会学理论及分支学科的局限;在内容上尽量保持文章原貌;力求系统而真实地展示当代西方的主要社会学理论。陆续发表的文章:赵善阳(美国马里兰大学攻读社会学博士学位),《社会学定义的沿革及现状》,1987 年第 2 期;苏耀昌(美国夏威夷大学社会学系助理教授),《世界体系理论:对阶级分析的贡献》,1987 年第 3 期;王丰(美国密西根大学在读博士),《西方社会学社会分层理论简介》,1987 年第 3 期;周敏(美国纽约州立大学奥本尼分校在读社会学博士生),《达伦多夫与他的冲突论》,1987 年第 4 期;等等。

1987 年 9 月 9 日　南开大学社会学系讲师王处辉被任命为社会学系系主任助理(副处)。任期三年,任期从 1987 年 9 月 3 日开始。

1987 年 9 月 20 日至 25 日　由山东大学、南开大学、中山大学、北京大学、上海大学文学院联合举办的"首届全国高校社会学理论研讨会"在山东省桓台县举行。会议主要探讨了社会学中国化、社会学学科发展及高校社会学专业建设等方面的问题。

1987 年 10 月 20 日至 27 日　由天津市社会科学院、南开大学社会学系、天津市统计局城市抽样调查队、天津人民出版社、中国社会科学院社会学研究所五个单位联合主办的"全国社会改革与生活方式理论研讨会"在天津举行。研讨会主要讨论了深化改革引起的人民生活方式、生活观念的发展变化。

1987 年 11 月 16 日　社会学系教师汪新建、钟元俊被认定具有助教资格。

1987 年 12 月 28 日　社会学系吴忠教授的"科学社会学的理论探索和实践研究"被列为国家教委社会科学青年科研基金项目。

1987 年 12 月 31 日　社会学系孙非等翻译的美国《社会心理学》一书及

王康乐翻译由南开大学出版社出版的日本《人际关系社会心理学》一书被《人民日报》《光明日报》及北京新华书店等10个新闻单位评为全国优秀畅销书。

1988年　南开大学社会学系杨心恒副教授到美国访学,与林南、李哲夫等学者交流。

1988年　南开大学社会学系设立社会心理学实验室,这是全国高校第一个社会心理学实验室。

1988年　美国社会学家查露西教授来南开大学讲学,被聘为社会学客座教授。

1988年1月9日　国家教委发文《对有关高等学校一九八八年增设专业的批复》,不同意南开大学增设社会心理学专业。

1988年1月20日　经南开大学教师职务评审委员会第7次常委会审议并通过,认定社会学系孔令智同志具有教授资格,任职资格从1987年12月31日起生效。

1988年2月9日　南开大学社会学系辅导员平章起被认定为具有助教资格。

1988年4月22日　社会学系系主任吴忠教授担任南开大学第三届学位评定委员会委员。

1988年4月22日　南开大学第二次校务会议同意社会学系试办社会心理学专业,每年招生15~20人。

1988年6月16日　经1988年6月16日南开大学专业技术职务评聘委员会第1次常委会审议并通过,认定社会学系苏驼、刘珺珺同志具有教授资格,孙非同志具有副教授资格。

1988年9月5日　南开大学社会学系教师汪新建被认定为具有讲师资格,平章起被认定为具有助理研究员资格。

1988年9月29日　唐德增同志被任命为南开大学社会学系党总支书记。

1988年9月29日　南开大学发文免去社会学系吴忠教授社会学系主任职务。

1988年9月　冯承柏被任命为南开大学社会学系代理系主任(兼任)。

1988年12月21日　吴清波被任命为南开大学社会学系副主任。

1989年1月4日　王处辉被任命为南开大学社会学系副主任。

1989年初　南开大学社会学系副系主任王处辉到日本立教大学访学。

1989年3月至5月　南开大学客座教授富永健一在社会学系讲学。

1989年4月15日　南开大学社会学系苏驼教授获得天津市总工会颁发的

"七五"立功奖章。

1989 年 12 月 25 至 28 日　冯承柏教授在广州参加"国家教委召开的部分高校文科教育座谈会",代表南开大学参加社会学分组讨论。

1989 年　日本社会学会前会长福武直教授来南开大学社会学系访问。

1989 年下半年　南开大学社会学系成立《社会学与现代化》编委会,杨心恒担任主编,乐国安为副主编,孔令智、冯承柏、刘珺珺、乐国安、孙非、苏驼、张大本、张向东、杨心恒、曹静为编委会成员。李文担任《社会学与现代化》编辑部主任,王晋民、乐国安、关信平、钟元俊、彭华民为编辑。

1990 年　南开大学社会学系举办"社会学在南开"系列讲座。

1990 年 7 月 6 至 12 日　受国家教育委员会委托,南开大学社会学系主办"第一届全国马克思主义社会学理论研讨会"。会议中心议题是马克思主义社会学原著选读设课的目的、教学内容、授课形式等问题。同时,举办马克思主义社会学思想课程研讨班,来自全国 15 所院校的 20 名教师参加,冯承柏、张向东两位教授负责该班的教学与研讨。

1990 年 8 月　由南开大学社会学系主编、全国十三所高等院校社会心理学教师集体编写的《社会心理学》在南开大学出版社出版。

1990 年 9 月 10 日　南开大学任命刘珺珺为社会学系系主任,王处辉为社会学系副系主任,任期三年,时间自 1990 年 9 月 7 日起。

1990 年 11 月 20 日　国务院学位委员会发文《关于下达第四批博士和硕士学位授权学科、专业名单的通知》,南开大学社会学系应用社会学专业获得博士学位授予权。

1990 年 11 月 20 日　国务院学位委员会发文《关于下达第四批博士生指导教师名单的通知》,南开大学社会学系刘珺珺教授被认定为应用社会学专业博士生导师。

1991 年 9 月 6 日至 28 日　日本立教大学社会学系教授于母直春博士应邀来南开大学社会学系讲学。

1992 年　南开大学社会学系社会学专业博士点,因为教师退休等原因被取消;但是 1993 年起,社会学系两名教授开始指导社会学专业或社会学方向的博士生。

1992 年　《社会学与现代化》杂志改为半年刊。同年,《社会学与现代化》编委会改选,王处辉担任主编,侯钧生为副主编,白红光、侯钧生、陈钟林、王处辉、彭华民、方敏、李文为编辑部编辑。

1992年　南开大学社会学系党总支书记唐德增同志退休,王处辉同志担任社会学系党总支书记。

1992年4月1日至4日　南开大学社会学系、中国科学院《自然辩证法通讯》杂志社、中国自然辩证法研究会、中国社会科学院社会学研究所和河南教育出版社联合筹办的"第二届科学社会学学术讨论会"在南开大学召开。会议主题是科学社会学理论研究与评价、科学社会学的实证研究、科学与社会互动和科学的文化意义。

1992年10月10日至26日　"中国城镇化区域比较研讨会"在南开大学召开。此次会议是联合国P04项目"中国不同区域城市化水平、速度比较研究"课题组一次重要的成果交流会。

1992年11月10日至14日　南开大学社会学系承办的"1992年全国高校社会学系主任联席会议"在天津召开。会议主要就社会学学科恢复13年来的成绩、问题以及今后发展的思路等进行了总结和研讨。

1992年12月15日至17日　"中国社会学会社会调查研究方法专业委员会成立大会暨学术研讨会"在天津召开,来自全国各地的社会调查研究方法的理事们参加了大会。大会由社会调查研究方法专业委员会筹备组组长苏驼教授、筹备组成员范伟达、王汉生同志分别主持。理事们选举苏驼同志为理事长。社会调查研究方法专业委员会秘书处设置在南开大学社会学系。会议期间,专业委员会与天津市社会科学界联合会共同举办了全国社会调查研究方法学术研讨会。

1993年　《社会学与现代化》杂志刊发南开大学社会学系《面向社会办学、促进社会学向应用型专业方向转化》一文。文章指出,进入90年代,社会学出现了生源缺乏、经费不足、人心不稳的局面,在这种条件下,社会学需要改革和转型,并提出了面向社会办学的主张,开办各种夜大班、函授班研究生课程班、硕士研究生班等。根据社会需要,社会学系在原来的社会学理论与方法、社会心理学、应用社会学三个方向基础上,增加了公共关系、市场调查和广告策划三个新方向,并相应增加了许多相关的新课程。

1993年3月　南开大学社会学系张向东教授主编的《马克思主义社会学原著导读》由中央广播电视大学出版社出版。

1993年11月29日至12月2日　"中国人口、妇女与发展问题及对策研讨会"在南开大学召开。会上主要讨论了以下问题:人口发展与妇女地位之间的相互关系;计划生育与妇女生活素质;新时期我国人口、妇女与发展面临的挑战。

1994 年　南开大学社会学系成立南开大学社会调查研究中心。

1994 年　南开大学成立南开大学妇女与发展研究中心,是教育部直属重点综合性大学中最早设立的多学科妇女研究中心。

1994 年　因为经费不足,《社会学与现代化》杂志停刊。

1994 年 1 月　南开大学社会学系王处辉副教授两次赴日本名古屋学院大学访问,合作研究"中国学术信息的多媒体系统整理"。

1994 年 1 月　南开大学社会学系彭华民副教授赴美国明尼苏达大学访问讲学,主要讲授"中国家庭"。

1994 年 4 月　南开大学社会学系与天津社会科学院社会学研究所合作举办了"青年社会学者学术沙龙"的首次学术研讨活动。

1994 年 9 月　南开大学社会学系举行"南开大学校庆 75 周年社会学学术报告会"。

1994 年 9 月至 1995 年 3 月　南开大学社会学系杨心恒副教授赴美国进行访问研究,与美国杜克大学社会学教授合作研究"中国农村乡土社会"。

1994 年 11 月　南开大学社会学系王处辉副教授赴日本立教大学访问,合作研究"在华日资企业中方管理人员与中国职工文化比较"。

1994 年 12 月　南开大学社会学系与天津市社会学学会合作举行"天津市 94 青年社会学者学术报告会"。

1995 年　侯钧生担任南开大学社会学系系主任。

1995 年　南开大学社会学系成立南开大学社会学理论研究中心。

1995 年 4 月　乐国安教授赴台湾参加"华人心理学家学术研讨会"并访问台湾大学社会学系。

1996 年 12 月　张向东教授主编的《马克思主义社会学理论研究》由天津人民出版社出版。

1997 年　社会学系设立社会工作专业,并开始招收社会工作专业本科生。

1997 年　经努力恢复社会学专业博士学位授予权,1998 年开始招收社会学专业博士生。

1997 年　社会学系召开 1983 级学生毕业十周年师生座谈会。

1997 年　社会学系与香港中文大学社会学系建立交流合作关系,双方互派教师进行教学和科研交流。

1998 年　社会学系并入法政学院。

1998 年　社会学系成立南开大学心理学研究中心。

1998 年　社会学系成立南开大学社区建设研究中心。

1999 年 2 月　社会学系举办的"中国社会思想史研究与教学学术研讨会"在天津举行。

1999 年 9 月　社会学系设立社会心理学专业，并于 2000 年开始招收应用心理学专业本科生。

2000 年 4 月　社会学系与法政学院联合举行"中国社会保障改革国际学术研讨会"，会议主旨是比较研究中国和英国在医疗社会保障方面的制度政策。

2000 年 4 月　社会学系与欧洲研究中心联合举办"欧洲社会政策（国际）讲习班"，主要介绍国内外学者在欧洲社会政策方面的研究成果。

2000 年 5 月　社会学系在天津召开"西方社会学理论教学与研究研讨会"。

2001 年　南开大学社会学系获得人口学硕士学位授予权。

2002 年 6 月　社会学系召开"当代世界与中国社会学发展国际研讨会"，讨论中国及国际社会学的最新发展。南开社会学专业班的师生们从祖国和世界各地回到南开大学，共同纪念"南开班"学员毕业 20 周年。费孝通教授专程前往参加纪念活动并发表重要讲话。

2002 年 11 月　南开大学社会学系与中国社会思想史研究会在天津召开"中国社会思想研究与教学第二次学术研讨会"。

2002 年 11 月 1 日至 2 日　南开大学社会学系举办建系 20 周年纪念活动。系庆期间分别举办了"社会学与当代中国社会国际学术研讨会""21 世纪企业、政府和社会论坛"和"21 世纪大众传媒与社会论坛"。

2003 年　社会学系获得人口学博士学位授予权，并建立社会学博士后流动站。

2003 年　社会学系社会工作专业单独建系，成立社会工作与社会政策系。同年，设立社会保障硕士点。

2003 年　南开大学周恩来政府管理学院社会工作实验室（Social Work Lab）建立。实验室首先服务于本科生和研究生教学，为学生提供一个实践的舞台和沟通的桥梁。利用实验室的设施条件培养学术兴趣，拓展学生对书本知识和原理的认识，进而获得从事社会工作的实际知识和技能。其次，实验室也是社会工作实务研究的平台，实现社会工作专业教育、实务、科研整合发展。

2003 年 9 月　社会学系应用心理学专业单独建系，成立社会心理学系。

2003 年 12 月　社会学系主办"知识转换与社会政策：社会科学研究在政

府决策中的地位"国际学术研讨会。

2003年12月 中国社会工作教育协会第四届年会暨中国社会工作和社会工作教育理论与实践研讨会在南开大学召开，与会代表300余人。与会者就"我国社会工作专业学科建设""社会工作教育与本土实践理论建构""21世纪中国社会工作者面临的挑战"等问题展开深入研讨。

2003年12月 中国社会工作教育协会社会工作专业实习培育班在南开大学举行，会议就"社会工作实习教学之实践""专业的价值取向与社会工作教育的实践属性"等14个专题举行了讲座，来自全国的250名学员参加了学习培训。

2004年5月 南开大学周恩来政府管理学院成立，社会学系、社会工作与社会政策系、社会心理学系并入周恩来政府管理学院。

2004年 白红光教授担任社会学系系主任。

2005年 南开大学社会学系获得社会学一级学科博士授予权。

2005年6月17日 南开大学在天津举办"劳动力转移就业的社会政策学术研讨会"。

2005年7月30日至8月2日 南开大学社会工作与社会政策系与中国社会科学院社会政策研究中心等单位在南开大学联合举办了"首届社会政策国际论坛及系列讲座"，此次论坛的主题是"社会政策及当代社会发展：国际及中国的理论与实践"。

2006年 南开大学社会学学科被评为天津市重点学科。

2006年 南开大学妇女与发展研究中心，经全国妇联和教育部批准成为首批妇女/性别研究与培训基地。

2006年 南开大学周恩来政府管理学院电话调查实验室（Telephone Survey Lab）建立，主要服务于社会学专业本科生和研究生的教学，为专业课程提供高标准的教学条件和手段；为教师和研究生科研工作的数据采集与分析提供服务平台；同时，还可以为政府（政策研究、经济研究、人口、计划等）各部门、科研机构、专业调查机构、各类企业、各类媒体提供服务。

2006年6月21日至22日 由社会工作与社会政策系、联合国教科文组织北京办事处联合主办的"人类安全与和谐社会：中国与亚洲国际学术研讨会"在南开大学召开。

2006年12月18日 由南开大学主办的"农村劳动力转移就业的社会政策研究学术研讨会"在天津召开。

2007年3月 中国社会学会中国社会思想史专业委员会办事机构秘书处

设置在南开大学社会学系。

2007 年 8 月 社会工作与社会政策系等国内五家学术单位联合举办"中国社会政策国际论坛"。

2007 年 11 月 24 日 在南开大学召开"中国社会保障发展战略研究华北地区及山东等地专家座谈会"。

2008 年 社会心理学系获得心理学一级学科硕士学位授予权。

2008 年 社会学系周斌、张翠翠的作品《农民工返乡创业与新农村建设：阜阳模式研究》获得第十届"挑战杯"全国大学生课外学术科技作品竞赛一等奖。

2008 年 9 月 南开大学成立南开大学—香港中文大学社会政策联合研究中心，主任为关信平教授（中方）和倪锡钦教授（港方），成员包括南开大学与香港中文大学相关专业的专家学者。从 2011 年开始，台湾大学社会工作学系和台湾大学风险社会与社会政策研究中心也参与进来，从而使研究中心成为跨越海峡两岸和我国香港地区的一个学术机构。

2008 年 10 月 24 日至 26 日 中国社会心理学会 2008 年学术大会在南开大学举行，海内外 400 余专家学者参加此次大会。

2008 年 11 月 27 日至 29 日 社会工作与社会政策系与英国格拉斯哥大学中国研究中心和澳大利亚悉尼科技学院中国研究中心合作举办了"中国社会问题与地方福利事业：公共政策与民间努力"国际学术研讨会。

2008 年 11 月 28 日至 29 日 服务学习国际研讨会在南开大学召开。本次活动由联合国儿童基金会发起，南开大学社会工作与社会政策系主办。

2009 年 南开大学社会工作与社会政策系获得全国首批社会工作专业硕士（MSW）的授予权。

2009 年 社会学系硕士生万国威等的《发展与参与：解构城市新贫困社群福利供给的困局——基于湖南省长沙市新贫困社群的调研报告》荣获第十一届"挑战杯"大学生课外学术科技作品竞赛一等奖。

2009 年 1 月 16 日 教育部学位中心授权新浪网公布 2007—2009 年全国 81 个一级学科排名。南开大学与南京大学、中山大学三校的社会学学科并列第三。

2009 年 6 月 "海峡两岸社会福利学术研讨会"由南开大学与财团法人中华文化社会福利事业基金会联合举办，南开大学社会工作与社会政策系承办。此次会议主题为妇女儿童权益保障，来自海峡两岸和我国香港、澳门地区的近百名转学学者、社工人士参会。

2009年11月30日　"可持续发展与社会工作：实务与前瞻"华人社区社会工作研讨会在南开大学召开。大会由南开大学社会工作与社会政策系主任关信平主持。此次研讨会汇集了近百名来自海峡两岸和我国香港地区的社会学专家，以及社会工作实务机构的专业人员。

2010年　南开大学妇女与发展研究中心入选天津市人文社会科学研究重点基地。

2010年　社会心理学系获批在社会学博士学位授权一级学科下自主设置社会心理学二级学科并招生。

2010年　以社会学系王处辉教授为首席专家申报的教育部第二批马克思主义理论研究和建设工程项目"中国社会思想史"教材建设项目获得批准立项。

2010年3月20日　由南开大学周恩来政府管理学院研究生会主办的"学术人生"系列讲座之"我与南开社会学漫谈"在范孙楼116举办。主讲人苏驼先生作为南开大学社会学系第一任系主任，曾直接主持社会学系的恢复与重建工作。社会学系系主任白红光教授、社会学系唐忠新教授和团委廖明希老师出席本次讲座。

2010年4月7日　周恩来政府管理学院研究生学术沙龙之城市新贫困问题探讨在范孙楼440举办。此次学术沙龙邀请到了2008级社会保障专业硕士研究生、第十一届全国"挑战杯"一等奖获得者万国威作为主讲人，社会工作与社会政策系吴帆副教授担任点评嘉宾。

2010年9月　关信平教授获批主持教育部马克思主义理论研究和建设工程项目暨教育部哲学社会科学研究重大课题攻关项目《社会政策概论》教材编写。

2010年12月7日　社会心理学学科创始人孔令智教授因病医治无效，不幸逝世，享年八十四岁。

2011年　社会心理学系获得应用心理学专业硕士（MAP）学位授予权，并开始招生。

2011年　社会工作与社会政策系和美国罗格斯大学就互派交流学生、开展学术交流进行了详细探讨，并正式签署了合作备忘录，举行了合作启动仪式。

2011年5月　社会学教师党支部举行"党员思想素质提升交流会"第二次活动。此次会议的主题为"十二五规划与社会学的发展"。

2011年9月22日　社会学系承办中国科协2001年第13届年会"当代中

国科学家学术谱系研究论坛"，赵万里教授做了题为"科学家的学术谱系与社会支持网络"主题报告。

2012 年　社会建设与管理研究院建立，关信平教授任院长。该院依托社会学学科，整合政治学等相关学科，围绕当代中国社会建设与管理的重大现实问题，开展社会建设、社会治理、社会工作、社会政策、社会心理以及城乡社区建设与管理等领域的理论与应用研究，开展国内外学术交流，为我国社会建设特别是天津市区域经济发展与社会建设提供良好的决策咨询与服务，并为社会建设方面的重大课题研究提供学术平台。

2012 年　赵万里教授担任南开大学社会学系主任。

2012 年 4 月 17 日　社会学系主办天津市社会学学会学术年会。

2012 年 5 月 1 日至 2 日　社会工作与社会政策系主办"中国家庭变迁与家庭政策"研讨会。

2012 年 6 月 8 日至 9 日　社会工作与社会政策系主办"经济社会变迁中的社会工作与社会政策"研究生学术研讨会。

2012 年 9 月 22 日至 23 日　社会学系主办第四届全国科学社会学学术研讨会。

2012 年 10 月 8 日至 9 日　社会学系举办"迈向新时期中国社会学与社会发展学术论坛"，纪念建系 30 周年。

2013 年 3 月　社会心理学系举办基于大规模网络实际测量的个体与群体行为影响分析研究会议。

2014 年 3 月 14 日至 16 日　社会学系和社会工作与政策系举办"新改革时期中国社会的传承与创新"学术研讨会。

2014 年 12 月 15 日至 16 日　社会心理学系主办第六届"心理学与中国发展论坛"。

2015 年　经中国残联批准，成立南开大学残疾人事业发展研究基地。

2015 年 4 月 23 日　社会学系设立"群学南开"微信公众号，组建群学南开学生团队，以服务南开社会学、宣传南开社会学为宗旨，积极办好"群学南开"自媒体平台，竭力组织好南开社会学校友沙龙等品牌系列活动。

2015 年 5 月 13 日　社会学系本科生郝光耀、李琳、王凡参加由中国人民大学社会与人口学院举办的第七届京津地区高校社会学基本知识竞赛。经过激烈的角逐，南开大学代表队最终获得优胜奖。

2015 年 5 月 28 日　香港科技大学社会科学部涂肇庆教授做客南开，做了题为"社会阶层的向上流动——以香港为例"的主题演讲。

2015年6月27日 南开大学社会学系举办"经济新常态下文化自觉与社会治理"研究生学术研讨会。

2015年7月4日至5日 中国社会学会社会政策研究专业委员会、南开大学社会建设与管理研究院、南开大学社会工作与社会政策系联合举办"经济—社会新常态下的社会政策新方向"为主题的中国社会学社会政策研究专业委员会2015年学术年会和第十一届社会政策论坛。

2015年7月15日 南京大学社会学院副院长成伯清教授应南开大学社会学系的邀请，做了题为"整饰、体验与表演——当代情感体制探析"的讲座。

2015年7月16日 东南大学社会学系系主任李林艳副教授受南开大学社会学系邀请，做了题为"道德社会学与中国社会的道德转型"的讲座。

2015年7月20日 复旦大学社会学系于海教授受南开大学社会学系的邀请，向南开师生分享了他关于"布迪厄的社会炼金术与社会实在问题"的理论思考。

2015年9月19日 由青年会全国协会、天津青年会与南开大学合作举办的"青年会义工运动与当代志愿服务发展论坛"在南开大学举行。

2015年10月11日 由南开大学—香港中文大学社会政策联合研究中心、香港中文大学社会工作学系、台湾大学风险社会与社会政策研究中心和南开大学社会工作与社会政策系共同举办的2015年华人社会福利政策研讨会在南开大学新校区召开。

2015年10月15日 香港教育学院心理学讲座教授、南开大学"千人计划"特聘教授张雷在周恩来政府管理学院213室做了题为"留守儿童生命史研究"的讲座。

2015年11月7日 南开大学周恩来政府管理学院社会学教工党支部和天津市社会学会党支部联合主办首届天津青年社会学者论坛，来自南开大学、天津师范大学、天津理工大学、中国民航大学等高校与天津社会科学院的近20位青年学者参会，共同探讨"社会学理论与方法前沿"问题。

2015年12月4日 哈尔滨工业大学社会学系王树生副教授受南开大学社会学系邀请，在周恩来政府管理学院324教室做了题为"关于集体欢腾：与涂尔干理论遗产的对话维度"的精彩讲座。

2015年12月7日 中山大学传播与设计学院讲师、广州市人文社会科学重点研究基地"中山大学大数据传播实验室"副主任何凌南博士受社会心理学系陈浩副教授的邀请，做了题为"互联网和大数据对社会科学研究的新挑战"的学术讲座。

2015 年 12 月 19 日　南开大学历史学院中国近现代史学科和周恩来政府管理学院社会学系联合举办社会科学创新论坛。历史学院院长江沛教授、周恩来政府管理学院院长助理宣朝庆教授，历史学院的贺江枫博士、毛立坤博士，及两学院的高年级本科生、研究生、博士生、访问学者参加了论坛。

2015 年 12 月 25 日　中央民族大学王纪芒教授受南开大学社会学系邀请，在周恩来政府管理学院 324 教室做了题为"多民族国家的国家认同及其建构"的精彩讲座，同时进行了周恩来政府管理学院"灯塔计划"导师受聘仪式暨人才培养合作开发基地的揭牌仪式。

2016 年　天津市大学生创新创业奖学金结果公布，南开大学社会学系博士研究生韩庆龄获得创新特等奖，这也是此次大赛中唯一获得创新特等奖的文科生。

2016 年 1 月 6 日　中国人民大学社会学系李路路教授受南开大学社会学系邀请，做了"阶级化和阶级分析——中国社会的新转型"的专题讲座。

2016 年 3 月 24 日　中山大学社会学与人类学学院朱健刚教授受南开大学社会学系邀请，做了题为"从贫民窟到公民社会——田野调查方法的反思"的讲座。

2016 年 4 月 12 日　南开大学社会学系 84 级校友、英国杜伦大学社会学系杨可明教授应南开大学社会学系的邀请，在周恩来政府管理学院 324 会议室做了题为"社会科学中因果关系的研究设计与方法"的学术讲座。该活动是南开大学社会学系主办的"校友沙龙"系列活动的第一期，整个系列活动旨在于南开社会学创建 35 周年之际，邀请优秀校友回访南开，传承校友精神，指点社会学前沿，分享人生经验，增加学生对行业发展和职场阅历的了解，培养学生的反哺意识，为学科发展提供建议和契机。

2016 年 4 月 16 日　南开大学社会学系 84 级校友、厦门大学公共管理学院副院长胡荣教授做客周恩来论坛暨第二期南开社会学校友沙龙，做了题为"媒介使用与中国城乡居民的政府信任"的讲座。

2016 年 4 月 18 日　南开大学社会学系 85 级校友、中国社会科学院王春光研究员应南开大学社会学系的邀请，做客第三期南开社会学校友沙龙，向师生分享了他近年来从事农村社会学研究的系列成果。

2016 年 4 月 22 日　南开大学社会学系 84 级校友、中国人民大学社会学系于显洋教授应南开大学社会学系邀请，做客"南开青年论坛"暨第四期南开社会学校友沙龙，做了题为"社会治理典型案例分享与解读"的学术讲座。

2016 年 5 月 29 日　南开大学社会学系 95 级校友、山东大学哲学与社会发展学院社会学系林聚任教授应南开大学社会学系的邀请，做客第五期南开社会学校友沙龙，做了题为"社会建构论及其理论挑战"的学术讲座。

2016 年 6 月 3 日　南开大学社会学系 88 级校友、北京大学社会学系副系主任刘能教授应南开大学社会学系邀请，做客第六期南开社会学校友沙龙，在周恩来政府管理学院 324 会议室做了题为"政治情境和当代社会运动理论的适切性"的学术讲座。

2016 年 6 月 4 至 5 日　南开大学社会学系主办"中国社会公平理论与方法"研究生工作坊。

2016 年 6 月 4 日　南开大学社会学系主办中国青年社会学家"社会公平理论与方法"前沿论坛。

2016 年 7 月 14 日　南开大学社会学系 85 级校友、中国社会科学院欧洲研究所所长黄平教授应南开大学社会学系的邀请，做客周恩来论坛暨第七期南开社会学校友沙龙，做了题为"国际格局变化中的中美欧互动"的学术演讲。

2016 年 7 月 21 日至 24 日　南开大学社会学系联合中山大学中国公益慈善研究院共同举办 2016 年"公益慈善与社会创新"暑期研修班。研修班在南开大学举办，内容主要包括名师讲座、专题研讨和实地考察等。7 月 21 日至 22 日主讲嘉宾有：景军（清华大学社会科学学院教授、博士生导师），积极老龄化——幸福守门人、公益广告创意、互助型养老；朱健刚（中山大学社会学与人类学学院教授、博士生导师），公益慈善研究回顾；富晓星（中国人民大学社会与人口学院副教授），主位诉求的志愿服务模式探究——以流动儿童为例；胡小军（中山大学中国公益慈善研究院执行副院长），中国慈善组织发展与社会治理创新。7 月 23 日至 24 日，参观鹤童公益养老集团、天津基督教女青年会、五大道天津历史文化遗迹、天津市博物馆、天津港中海油能源发展有限公司天津培训分公司、天津市滨海新区华纳社区、北塘古镇—中新生态城。

2016 年 8 月 28 日　南开大学社会学系 86 级研究生在相识南开 30 年后，从国内外汇集至南开大学明珠园，参加了"时光倒流 30 年"同学聚会。全班 38 位同学中有 26 位参加聚会，他们来自海外三个国家、国内十四座城市。

2016 年 9 月 16 日　南开大学社会学系 1984 级硕士研究生班的 15 名同学在毕业 30 年后重返南开园。该班学生共 37 人，目前在国内工作的有 31 人，在国外的 6 人。南开大学 84 级社会学研究生班出了三位长江学者：周晓虹（南京大学）、张文宏（上海大学）、胡荣（厦门大学）。

2016 年 11 月 4 日　南开大学社会学系 2000 级校友、中国人民大学劳动人事学院韩克庆教授受南开大学社会学系的邀请，做客第八期南开社会学校友沙龙，做了题为"延迟退休年龄的争议与决策"的专题讲座。

2016 年 11 月 18 日　南开大学社会学系 85 级校友、中国新闻出版研究院张晓斌研究员应南开大学社会学系的邀请，做客第九期南开社会学校友沙龙，做了题为"中国版权相关产业经济贡献的测量"。

2016 年 11 月 26 至 27 日　由中国残疾人联合会、南开大学、残疾人事业发展研究会、国际劳工组织共同主办，南开大学残疾人事业发展研究中心承办的残疾人事业发展研究会二届二次理事会暨第十届中国残疾人事业发展论坛在南开大学八里台校区举行。本次活动本次论坛主题为"就业增收与残疾人全面小康"。

2016 年 12 月 5 日　天津社会科学院首席专家、国家有突出贡献的社会科学专家潘允康研究员受南开大学社会学系邀请，做客周恩来论坛，在周恩来政府管理学院 144 会议室做了题为"中国社会学恢复重建以来的回顾与思考"的学术讲座。

2016 年 12 月 9 日　美国杜克大学社会学系高柏教授受南开大学社会学系邀请，做客周恩来论坛，做了题为"转折 2016：后全球化时代的开始？"的专题讲座。

2016 年 12 月 16 日　中国社会科学院社会发展研究所所长、中国社会科学院社会发展战略研究院院长张翼研究员受南开大学社会学系邀请，做客周恩来论坛，做了题为"土地流转与农村新社会阶层的形成"的专题讲座。

2017 年寒假　南开大学社会学系主办"群学南开"杯学生寒假社会调查活动，本次调查的主题为中国基础教育问题，设置一等奖一名、二等奖二名、三等奖三名、优秀奖与参与奖若干。

2017 年 3 月 3 日　北京大学城市规划与设计学院兼职教授王勇博士受南开大学社会学系的邀请，在周恩来政府管理学院 144 会议室讲演"企业理论研究的两种范式及进展"。

2017 年 3 月 31 日　天津市社会学会会员代表大会暨 2017 年"社会学与天津共享发展"学术研讨会在南开大学省身楼举行，共有来自南开大学、天津市社科院、天津理工大学、天津师范大学、天津市委党校、天津职业技术师范大学、天津体育学院、天津大学、天津农学院、天津职业大学等单位的七十多位代表参加了本次会议。会议通过了第六届理事会工作报告和财务报告，和章程修订案，选举产生了新一届理事会、监事会。理事会有理事42人，关信平教授任理事长，张宝义研究员、赵万里教授、贺寨平教授任副理事长，宣朝庆教授任秘书长。监事会3人，侯钧生教授、潘允康研究员、白红光教授荣任监事。

2017年3月26日 广东省社会科学院社会学与人口学研究所所长左晓斯研究员应南开大学社会学系邀请，在周恩来政府管理学院144会议室做了题为"劳工移民治理：全球趋势与中国困局"的专题讲座。

2017年4月21日 周恩来政府学院社会学师生支部共建活动——青年社会学人午学汇，在学院324会议室举行。青年社会学人午学汇是在学院党委支持下，由社会学教师支部和博士生支部联合主办的活动，每两周举办一次，邀请青年教师与博士研究生担任主讲嘉宾。午学汇旨在塑造更为浓厚的学术氛围，增进师生间的学术和思想交流，拓展基层党建多元化方式，搭建学术交流、教书育人与党建实践的融合平台。本次活动由社会学系讲师王琰博士担任主讲人，社会学教师党支部书记王星教授担任主持人，陈浩副教授担任评议人。青年教师和学院各级本科、硕士和博士生共计26人参与本次活动。

2017年5月7日 美国阿肯色大学杨松教授应南开大学社会学系邀请，在周恩来政府管理学院144会议室做了题为"社会网络分析：历史与应用"的学术讲座。本次讲座由社会学系系主任赵万里教授主持，政府学院和商学院的部分师生参加。

2017年5月8日 南开社会学校友发起设立"苏驼奖教金"，初始资金10万元，用于奖励社会学、社会工作与社会政策、社会心理学三个专业的优秀青年教师。

2017年5月8日 南开大学社会心理学系举办"基因、神经递质与社会行为"研讨会。

2017年5月12日 杨心恒教授精心挑选出部分藏书捐赠给资料室。本次捐赠的图书共58套67册，其中外文图书35套。这些外文图书是20世纪80年代到90年代国外社会学家赠送给杨心恒教授的，大多附有著者的亲笔签名，是南开大学社会学创建初期与国际社会学界交流的重要事证，具有很高的学术价值和学术史意义。

2017年5月12日 周恩来政府管理学院社会学师生党支部共建活动——青年社会学人午学汇第二期成功举办。此次活动由2013级社会学博士生孙晓冬主讲，社会心理学博士生张曜担任评议人，社会学博士生贾岱铮主持。若干青年教师和政府学院、法学院等本科、硕士、博士生共计26人参与本次活动。

2017年5月21日 中国人民大学社会学理论与方法研究中心主任刘少杰教授应南开大学社会学系邀请，在周恩来政府管理学院144会议室做了题为"互联网时代的时空分化与预期冲突"的专题讲座。

2017年5月22日 南开大学社会学系84级校友、上海大学社会学院院长张文宏教授应南开大学社会学系邀请，做客周恩来论坛，做了题为"中国社会分层研究中的几个重要问题"的专题讲座。

2017年6月20日至26日 南开大学社会学系举办2017年"公共社会学与组织研究"暑期研修班。本次暑期班包括理论研讨和研究观摩两个环节。在理论研讨阶段，南开大学社会学系邀请美国威斯康星大学帕克赛分校王勋教授主讲"美国非营利组织与政府的关系""美国非营利组织的运行与发展"，中山大学社会学与人类学学院蔡禾教授主讲"我国的失业与劳动关系的变化"，美国斯坦福大学社会学系周雪光教授主讲"地方官员的流动：理论、发现与意义"，中国社会科学院社会发展战略研究院折晓叶研究员主讲"'田野'经验中的日常生活的逻辑：探索、思考与方法"专题。

2017年6月24日 南开大学社会学系举办"历史社会学视野与方法"工作坊。

2017年6月25日 南开大学社会学系举办"共同体的文化表达与实践形态"博士研究生工作坊。

2017年7月 在中国社会心理学会2017年学术年会上，南开大学社会心理学系乐国安教授被学会授予"终身成就奖"。

2017年7月4日 中国政法大学社会学系杨清媚副教授应南开大学社会学系和南开大学校史研究室邀请，在周恩来政府管理学院144会议室做了题为"巫术与文明：陶云逵的占卜研究初探"的学术讲座。

2017年7月 南开大学社会学系学生在第十四届"挑战杯"天津市大学生课外学术科技作品竞赛中获得特等奖两项，一等奖一项。"地名文化建设"调查组的作品《中华优秀传统文化在地名建设的应用研究——基于天津、河北、河南的调查》获得特等奖，"大学生休闲生活"调查组的作品《休闲教育视角下的大学生休闲生活质量调查》获得一等奖；大三学生赵洁参与的作品《政府引导、市场辅助、社会支撑：产业扶贫共融共治共享机制研究——对三地农产品滞销现象的调研》获得特等奖；宣朝庆教授作为"地名文化建设"及"大学生休闲生活"调查组的指导教师获得"优秀指导教师"称号。

2017 年 9 月 18 日至 9 月 22 日 英国杜伦大学社会学系杨可明教授应南开大学社会学系的邀请，开设定性比较分析（QCA）课程。该课程由社会学系黄旭涛老师主持，吸引了社会学、政治学、管理学等学科的教师和硕士博士研究生的参与。

2017 年 9 月 27 日 美国南佛罗里达大学哲学系 Stephen Turner 教授应南开大学社会学系邀请，在周恩来政府管理学院 144 会议室做了题为"社会学研究中的方法论问题"（Methodological Problems of Sociological Research）的讲座。

2017 年 10 月 22 日 南开大学社会学系著名校友、美国明尼苏达大学社会学终身教授边燕杰教授应南开大学社会学系邀请，做客第十期南开社会学校友沙龙，在周恩来政府管理学院 128 报告厅做了题为"关系社会学与本土知识的国际概念化"的专题讲座。

2017 年 11 月 南开大学社会学系荣休教授杨心恒的学生和亲友捐款，发起设立"杨心恒奖学金"，用于奖励南开大学社会学学科的优秀学生。

2017 年 11 月 南开大学社会学系宣朝庆教授指导社会学本科生王余意等完成的"境遇与选择：当代大学生的休闲生活方式及满意度研究——基于天津市高校大学生的调查"在第十五届"挑战杯"全国大学生课外学术科技作品竞赛决赛中荣获特等奖。该项目旨在关注当代大学生的休闲生活方式，了解其休闲需求与休闲动机，揭示影响大学生休闲选择的原因机制，研究力求为大学生休闲生活质量研究提供参考依据，为中国休闲教育与休闲产业的发展提供实证支持。

2017 年 11 月 2 日 芝加哥大学社会学系终身教授、浙江大学千人计划专家赵鼎新教授应南开大学社会学系邀请，在周恩来政府管理学院 128 报告厅做了题为"历史发展的战争驱动：以春秋战国为例"的学术讲座。

2017 年 11 月 22 日 南开大学社会学系 84 级校友、北京大学社会学系张静教授应南开大学社会学系邀请，做客第十一期南开社会学校友沙龙，在周恩来政府管理学院 144 会议室，做了题为"个人与组织关系的历史变化：经验问题和理论问题"的学术讲座。

2017 年 12 月 8 日 社会学师生党支部共建活动——"午学汇"第三期在学院楼 324 会议室举办。学院党总支书记王慧，社会学系 7 名教师和 22 名学生出席了本次活动。本次活动由社会学教工党支部宣传委员黄旭涛老师主持，活动分两个环节：第一个环节是师生交流十九大报告的学习心得，第二个环节是迟帅老师做学术报告。

2017年12月15日　南开大学社会学系"杨心恒奖学金"颁奖典礼在周恩来政府管理学院128报告厅顺利举行。中粮屯河糖业股份有限公司党委副书记、总经理，杨心恒教授的学生、我系杰出校友周鑫平先生作为捐资方代表出席了颁奖典礼，学院党委王慧书记，副院长赵万里教授，社会学系主任宣朝庆教授，学院团委老师，社会学系部分教师以及本硕博各年级140多名学生参加了本次活动。

2017年12月26日　云南大学何明教授应南开大学社会学系邀请，在周恩来政府管理学院144会议室做了题为"领土化、去领土化与再领土化——跨界民族的形成、特征和文化动态"的学术讲座。

2018年　宣朝庆教授担任南开大学社会学系系主任。

2018年寒假　南开大学团委、周恩来政府管理学院社会学系、"群学南开"团队联合举办"回乡寻访"调查报告有奖征文活动。活动旨在鼓励同学们利用寒假回乡时间，走出书斋，进入社会，以专业的视角体察民情，以学术的方式关爱社会。针对城乡某一社会现象，深入实地调查研究，力图"深描"或全景式地记录呈现某一"事件"或"故事"的全貌，并进行理论链接经验的分析，将课堂所学用于实践。

2018年1月5日　周恩来政府管理学院社会学教师党支部与社会学系、社会工作与社会政策系以及社会心理学系联合举办的"新时代中国社区治理创新暨唐忠新教授荣休座谈会"在南开大学省身楼206室举行。

2018年1月5日　南开大学社会学系系主任宣朝庆教授和副系主任马伟华副教授与2017级硕士研究生就本学期的课程学习、学业发展等方面进行了座谈。

2018年2月19日　南开大学社会学学科重建的重要发起人、著名社会学家杨心恒教授因病逝世。杨心恒教授生于1932年9月，江苏省邳县人，1948年8月参加革命，1955年进入中国人民大学法律系学习，1959年到南开大学任教。1979年拨乱反正后回校，承担社会学学科的恢复重建工作。曾兼任中国农村社会学研究会副会长，任《中国大百科全书·社会学卷》编委等职。杨心恒教授一生追求真理，为南开社会学和中国社会学的传承发展做出了重要贡献。

2018年3月23日　清华大学社会学系沈原教授应南开大学社会学系邀请，在周恩来政府管理学院144会议室做了题为"劳工社会学与清华社会学的劳工研究"的专题讲座。

2018年3月23日至25日　由中国经济社会学专业委员会主办，南开大学社会学系和社会建设与管理研究院承办的首届（2018）中国经济社会学春季论坛成功举办。本次论坛的主题是"技术社会、技能形成与创新型国家建设"。

2018年4月7日　南开大学成立了全国首家马克思主义社会学研究中心。"马克思主义与新时代中国社会学话语体系建构"学术研讨会同期举行，全国50余位社会学领域专家学者与会研讨。

2018年4月13日　国家统计局天津调查总队党组书记、总队长王萍萍应南开大学社会学系邀请，在周恩来政府管理学院144会议室做了题为"住户调查和收支、贫困统计"的专题报告，给大家详细地介绍了国家统计局系统有关住户调查、居民收支统计、农村贫困监测统计的基本规范和调查实践，简要分析了目前存在的问题并提出了改进措施。

2018年4月　南开大学社会学系从南开大学教育基金会得到消息，国际著名社会学家林南教授向杨心恒奖学金捐款6300元人民币。

2018年5月16日　南开大学社会学系本科生徐笔挺、杨逊、周逸然参加中国人民大学主办的"强东杯"第十届高校社会学知识竞赛全国邀请赛，与来自北京大学、复旦大学、南京大学等十四所高校的代表队进行比拼，最终获季军。

2018年5月22日　中央民族大学滕星教授应南开大学社会学系邀请，在周恩来政府管理学院144会议室，为师生带来了题为"教育能给人带来幸福生活吗？"的讲座。

2018年5月27日　西南大学经济管理学院王志章教授应南开大学社会学系的邀请，在周恩来政府管理学院144会议室做了题为"精准扶贫与乡村振兴战略"的讲座。

2018年6月9日　加拿大萨斯喀彻温大学社会学系的终身教授、天津"千人计划"特聘专家宗力教授应南开大学社会学系邀请，在周恩来政府管理学院144会议室做了题为"移民与社会融合的双向过程"的讲座。

2018年7月3日　复旦大学社会学系周怡教授应南开大学社会学系邀请，在周恩来政府管理学院144会议室做了题为"表意、拼贴与同构——上海初老龄广场舞群体的亚文化研究"的学术讲座。该讲座是南开大学社会学系、马克思主义社会学研究中心"中国社会理论传统与创新论坛"的第一场。

2018年7月4日至13日　南开大学社会心理学系举办南开社会心理博士论坛系列讲座。

2018 年 7 月 9 日　杭州师范大学政治与社会学院王小章教授应邀南开大学社会学系邀请，在周恩来政府管理学院 144 会议室做了题为"社会（科）学研究与价值问题"的精彩讲座。该讲座是南开大学社会学系、马克思主义社会学研究中心"中国社会理论传统与创新论坛"的第二场。

2018 年 7 月 11 日　中山大学社会学系王进教授应南开大学社会学系邀请，在周恩来政府管理学院 144 会议室做了题为"从启蒙到卖萌——中国二十世纪启蒙运动失败的社会学反思"的学术讲座。该讲座是南开大学社会学系、马克思主义社会学研究中心"中国社会理论传统与创新论坛"的第三场。

2018 年 7 月 18 日　中山大学社会学与人类学学院周大鸣教授应南开大学社会学系邀请，在周恩来政府管理学院 144 会议室做了题为"理解中国——民族走廊研究的历史意义和现实意义"的精彩讲座。该讲座是南开大学社会学系、马克思主义社会学研究中心"中国社会理论传统与创新论坛"的第四场。

2018 年 7 月 20 日至 25 日　南开大学社会学系举办"中国社会理论与方法"第三届暑期研修班，主讲嘉宾有王处辉教授（南开大学）、刘世定教授（北京大学）、杨可明教授（杜伦大学）、赵万里教授（南开大学），讲座主题分别为"中国传统社会价值观的特性与文化自信""社会学研究中的理论建模""社会科学混合研究方法及应用""批判社会学研究范式：理论与方法"。

2018 年 7 月 27 日　南开大学社会学系举办"治理之道：社会、社区与社群"青年学者论坛。与会学者围绕社会、社区与社群的主题，就护工、城市化、产学研合作、社区治理、"自行车运动"、公民训练等具体问题进行了分享，并展开了深入的讨论。

2018 年 9 月 25 日　南开大学社会学系硕士生与导师见面会在周恩来政府管理学院 324 会议室举行。

2018 年 10 月 13 日　南开大学马克思主义社会学研究中心兼职教授聘任仪式在周恩来政府管理学院 144 会议室举行，院长孙涛教授为吉林大学常务副校长邴正教授颁发聘书，聘任仪式结束后邴正教授做了题为"改革开放以来中国社会发展观的变迁与深化"的学术讲座。

2018 年 11 月 12 日至 13 日　南开大学社会学系主办"中国公益慈善与非营利组织研究前沿"小型研讨会。

2018 年 12 月 21 日　南开大学社会学系校友、美国威斯康星大学帕克赛分校社会系终身教授王勋教授被南开大学百年校庆办公室聘任为为南开大学百年校庆大使。